中國學術思想 _{研究輯刊}

三八編

林慶彰 主編

第 9 冊

一貫道《易》學研究
——以王覺一、張天然、《白陽易經》及儀典為核心

黃國祖 著

花木蘭文化事業有限公司

國家圖書館出版品預行編目資料

一貫道《易》學研究——以王覺一、張天然、《白陽易經》及
儀典為核心／黃國祖 著 -- 初版 -- 新北市：花木蘭文化事業
有限公司，2023〔民112〕
目 4+212 面；19×26 公分
（中國學術思想研究輯刊 三八編；第 9 冊）
ISBN 978-626-344-397-6（精裝）
1.CST：一貫道 2.CST：易學 3.CST：研究考訂
030.8   112010420

ISBN-978-626-344-397-6

9 786263 443976

中國學術思想研究輯刊
三八編 第 九 冊   ISBN：978-626-344-397-6

一貫道《易》學研究
——以王覺一、張天然、《白陽易經》及儀典為核心

作　　者　黃國祖
主　　編　林慶彰
總 編 輯　杜潔祥
副總編輯　楊嘉樂
編輯主任　許郁翎
編　　輯　張雅淋、潘玟靜　美術編輯　陳逸婷
出　　版　花木蘭文化事業有限公司
發 行 人　高小娟
聯絡地址　235 新北市中和區中安街七二號十三樓
　　　　　電話：02-2923-1455／傳真：02-2923-1452
網　　址　http://www.huamulan.tw 信箱 service@huamulans.com
印　　刷　普羅文化出版廣告事業
封面設計　劉開工作室
初　　版　2023 年 9 月
定　　價　三八編 16 冊（精裝）新台幣 42,000 元

一貫道《易》學研究
——以王覺一、張天然、《白陽易經》及儀典為核心

黃國祖　著

作者簡介

　　黃國祖，我的求學過程和很多人不一樣，從高職重機械修護科、軍校機械科、二專工業工程與管理科、補習插大中文系英文系、插大考上大學數學系純數組再考上宗教及統計研究所，這一路的過程總是讓自己在國高中的教學過程中，對學生的自我介紹要用半節課以上的時間，而學生也聽的瞪目結舌。雖然讀書的波折種種，但是反而讓自己在鼓勵學生的時候更能得心應手。

　　常常講的一句話就是：「唸書唸不好就要輕易地結束自己的生命，那麼我該結束幾次呢？」，因為一科唸不好並不代表別科唸不好，先有承認失敗的勇氣之後，再去勇敢的嘗試，終究會找到自己的一片天，讓自己發光、發熱。

　　在考研究所的時候考過二、三十所，舉凡企管、經濟、中文、宗教等科系都考過。這樣失敗的過程當中並沒有讓自己有挫折感，反而讓自己在輔導學生申請入學時的面試技巧能有更多的建議，也讓學生瞭解將挫折拿來當墊腳石的真正意義。自己最終在九十二年時考上了宗教及統計研究所，在九十五年時統研所畢業。

　　十年前自己又考上中原大學的應用數學博士班，念了一年之後內心總覺得不踏實，一直有個聲音問自己：「唸完數學博士班之後，我得到了什麼？」，且自己也教數學將近二十年了，再研究數學對自己也有幫助嗎？對我的教學有幫助嗎？內心一直反覆的思考這些問題，最後在休學兩年後，做出決定不再繼續念數學博士班的決定。

　　如今自己在中文博士班的學習中間因為工作的關係休學一年，在五年的學習中中拿到博士學位，雖然自己已有一點歲數，但是活到老就該學到老，且將自己興趣和工作結合而學習更是人間一大樂事。

提　要

　　根據不完全統計，一貫道現已在全世界 80 多個國家和地區傳播，成為目前最具國際化的中國本土型信仰實體。

　　這樣的一個蓬勃發展的宗教，其《易》學思想卻沒有被發揚光大，甚至在有關於一貫道學術研究的學位論文中，對於一貫道中全盤的《易》學思想的研究也寥若晨星，這是令人相當遺憾的事情。所以，研究者當成為研究王覺一、師尊張天然、《白陽易經》及儀典為核心的易學思想的一員，將其有關《易》學的著作及《易》學在一貫道禮儀上的運用系統性地呈現。

　　對於本研究將設定對王覺一及張天然的《易》學思想系統性的梳理，以有關一貫道的《易》學著作為主軸，再參考一貫道中的前賢大德的著作為輔助，調理出王覺一及張天然的《易》學思想及在一貫道道場中的應用。

　　王覺一認為，最原始的無汙染的「本然之性」，是由理天而來。而其在建構生命之所由來之論述系統中，認為人的性靈由無極理天，經太極氣天，來到皇極象天成為人。點出了道心、人心與理天及氣天之關係。而在一貫道中，所傳之理、氣、象的說法及修行，就是由此而生。而張天然則認為修行一貫道可以超生了死，就是超出陰陽，跳出五行，脫輪迴登極樂。求道才能找回本性良心，始能知道人心，有真有假，真的就是本性良心，亦即是元神。假的就是血心人心，即識神是也。張氏的著作《一貫道脈圖解》八章十四個圖中，將王覺一的理、氣、象的說法融會貫通在其中。將人與天結合，即吾人性、心、身相合一貫之呈現也。

　　這也就是一貫道的修行當中，一再強調的「超氣入理」的修行目標，也就是在象天的修行者，經過內外的修持之後，功果圓滿，由象天脫離氣天的限制，直接回到理天，達本還源，整體建構出一貫道的修行目標及方向。

目
次

圖目次

第一章　緒　論

　　本文研究的內容，為針對一貫道師尊張天然〔註1〕（1889～1947）、王覺一〔註2〕（1821～1886）、白陽易經及儀典為核心的易學思想為研究主題。一貫道自民國十九年起大開普渡，於民國二十八年（1939）元月，十八代祖師張天然特頒訂《暫訂佛規》〔註3〕一書，將道場各種佛規禮節的核心精神與行禮步驟充分闡釋。一貫道十七代祖路中一可以說是現代一貫道正式開展道務的第一代祖師。光緒三十一年（1905），由路中一掌道，稱十七代祖。台灣一貫道道親尊為「白陽初祖」〔註4〕，其訂定的「九品十職」組織體系是今天一貫道職級制度前身。民國十四年（1925），路中一逝世，道務暫由其妹路中節（路姑奶奶）管理，一貫道分裂為三派，道史稱「天字大考」。至民國十九年（1930），始由張天然繼任十八代祖，辦理末後一著三曹普渡。第十八代祖張天然經扶乩取得道務領導權，並在八卦爐會上，經扶乩授命與孫素貞（孫師母）聯姻，實質上掌握該教大權，史稱八卦爐考。〔註5〕後來張氏在《暫定佛規》一書中說到：

〔註1〕張天然（1889年8月15日～1947年9月29日）本名光璧，字奎生、道號天然，又稱弓長祖，山東濟寧人，一貫道祭祀儀軌及教義重要奠定者，一貫道道親尊稱為師尊，在一貫道內被奉為第十八代祖師。

〔註2〕王覺一（1821年～1886年），原名王希孟，號北海老人，道號覺一，山東青州人。為一貫道創始人，在一貫道內被奉為第十五代祖師。

〔註3〕張天然，《暫定佛規》，濟南：崇華堂，1939年。

〔註4〕白陽初祖姓路名中一（彌勒古佛化身，為後東方第十七代祖師。），山東濟寧人，生於前清道光二十八年四月二十四日，自號無線痴人。

〔註5〕林榮澤，《一貫道學研究院文獻館館刊》（第四期），臺北：一貫道學研究院文獻館，2017年，頁93。

余本不才，乃蒙皇申[註6]不棄，賦我以靈性，降生於東魯，又承恩師點傳，授我以心法，救出於苦淵，雖曰生不逢辰，而得遇天道，亦可謂大幸矣。迨至庚午年間，正逢天降大考，竟蒙畀以重任。余自思何德何能，敢膺此命，當即再俟懇辭，以讓賢路。詎料皇申降鸞各壇，不允所請，余祇得勉為其難，順天行事，然而三曹普渡，責重任巨，受命以來，宿夜惶恐。[註7]

由此可以看出一貫道所說的天命領受，對於張氏而言，是千斤萬兩的巨大壓力及使命，也是三曹普渡的重責大任。

民國19年（1930年）7月10日（夏曆六月十五日），在單縣的八卦爐會揭示「聖訓」中（扶鸞），弓長師尊與子系師母同奉老母命，開始三曹大開普渡（三曹為人、鬼、仙，亦即一貫道能渡人、渡鬼、渡仙），師尊師母同被尊為「道統」中的第十八代祖師。於是，弓長師尊與子系師母[註8]，共同為天道的普渡揭開序幕。

同年，張氏將原本設在東門里的總壇正式改名為「崇華堂」，以此為開展道務的中樞，由自己主持，也稱為「中樞壇」。同年，又開設了兩處佛堂，民國二十一及二十二年（1932～1933），分別也各開設了一間佛堂，分別為：

東壇，東方甲乙木，屬仁，為敦仁壇；南壇，南方丙丁火，屬禮，為禮化壇；西壇，西方庚辛金，屬金，為金剛壇；北壇，北方壬癸水，天一生水，為天一壇。[註9]

這四大壇是張氏在領受天命之後，回濟南苦心開創的最早佛堂，且按照東西南北方向，以後天八卦系統，配合天干五行五位之說來命名。

一貫道從1945年抗日戰爭勝利後開始向台灣傳播的同時，也開始不斷向韓國、日本、泰國、緬甸……等東亞及東南亞國家傳播。而在台灣一貫道各組線推動之下，於1996年10月6日，美國洛杉磯成立了一貫道世界總會。此後，在2000年3月26日，泰國一貫道總會成立；2003年12月14日，馬來

[註6]「申」字代表的就是「明明上帝　無量清虛　至尊至聖　三界十方　萬靈真宰。」一貫道將「母」字橫寫作「申」，這是一貫道為「無生老母」特造的字。

[註7] 張天然，《暫定佛規》，頁1。

[註8] 張天然，本名光璧，字奎生、道號天然，又稱弓長祖，山東濟寧人，一貫道祭祀儀軌及教義重要奠定者，尊稱師尊。張天然和其夫人孫慧明合稱為「第十八代祖師」（張為弓長祖，孫為子系祖）。

[註9] 陸仲偉，《中國祕密社會》（第五卷），福州：福建人民出版社，2002年，頁254。

西亞一貫道總會成立；2006 年 4 月 29 日，美國一貫道總會成立；同年 8 月 26 日，日本一貫道總會成立；2007 年 10 月 21 日，奧地利一貫道總會成立……等。根據不完全統計，一貫道現已在全世界 80 多個國家和地區傳播，成為目前最具國際化的中國本土型信仰實體。

　　這樣的一個蓬勃發展的宗教，其易學思想卻沒有被發揚光大，甚至在有關於一貫道學術研究的學位論文中，對於一貫道中全盤的易學思想的研究也寥若晨星，這是相當遺憾的事情。所以，筆者當成為研究師尊王覺一、張天然、《白陽易經》及儀典為核心的易學思想的一員，將其有關易學的著作及易學在一貫道禮儀上的運用系統性地呈現。

第一節　研究源起

　　以王覺一、張天然、《白陽易經》及儀典為核心的《易》學思想為研究選材的決定，是因為從一貫道的經典中，了解其思想之深入及普渡眾生的救世思想，再從一貫道之佛堂擺設及禮節中所蘊含之《易》學思想，敬佩之心油然而生，讓人感佩萬分。而了解其《易》學思想，對於身為一貫道道親是有必然的直接關係。古代的儒者對於《周易》都有研讀及研究，而將《周易》的思想融入修道的行為當中，更是有著令人敬佩的智慧。因此，本節以如何引起筆者對一貫道《易》學思想產生研究動機，並決定以此為選材的相關動機作出說明。更進一步將王覺一、張天然之著作及《白陽易經》的資料蒐集並進行探討分析，分成文本與現代學者研究評論兩部分。期待對王覺一、張天然的《易》學思想的探究有一基本的成果，希望達成研究的目標，更進一步預期本研究可能完成的研究成果。

一、研究動機與目的

　　張氏的救世思想，源於自幼喜讀十五代祖王覺一《理數合解》〔註 10〕一書。其中，〈理數合解序〉、〈學庸序〉《大學解》、《中庸解》、《三易探原》、《一貫探源》、及《理性釋疑》為王覺一闡述理、氣、象三天即交易、不易、變易……等《易》學思想的著作。

　　在《三易探原》云：

〔註 10〕林立仁整編，〈理數合解〉，收錄於《北海老人全書》，臺北：正一善書出版，1994，頁 1～331。

佛曰「明心見性」，道曰「修心煉性」，儒曰「存心養性」。下手之法，
究竟之處，三聖同源。〔註11〕

此處之說法已經有三教同源及三教合一的思想及概念了。

民國二十六年，一位自稱為「東海野人」的道親，到濟南總壇拜見張氏，
回來之後，描述當時情況：

丁丑仲夏，余赴濟晉謁弓長師尊，見其客室有一貫道脈圖解。舉凡
無極太極之理，陰陽八卦之義，以及河圖洛書之五行生剋，無不繪
圖精詳，解釋簡明，洵吾道名著也。余發願刊印，以資流傳，而宏
大道，請於師尊，當蒙嘉許，曰此功德事也，以公同好。〔註12〕

這是張氏在濟南崇華堂正式成立之後，為了闡述大道真理之玄妙，特繪製了
《一貫道脈圖解》八章，懸掛在崇華總壇。內容有「先天無極圖」、「太極炁天
圖」、「兩儀乾坤圖」、「皇極圖」、「氤氳四象圖」、「渾天圖」、「五星緯天圖」、
「五行圖」、「伏羲八卦圖」、「八八圖」、「文王八卦圖」、「節炁圖」、「白陽八卦
圖」、「返本圖」、「河圖生」、「洛書死」等十六個圖。其中「乾坤」、「八卦」、
「四象」、「無極」……等的名詞，在研究《周易》的過程中都是耳熟能詳的詞
彙。

但是，一提到《周易》，十之八九的人馬上就和算命連結在一起。舉凡鐵
板神算、紫微斗數、米卦、金錢卦……等的算命卜卦，都以為這些就是真正的
《周易》。而在一貫道中許多的前賢大德一提到《周易》，總是以學習神通的觀
念視之，甚至將學習《周易》視為綁住心性，以為學習《易》理就是凡事進行
前都要算一算才可以進行？這樣的觀念將無法將《周易》的真正精神了解，將
窮理盡性知天道性命的《周易》哲學拒之門外了。而且師尊張天然的《易》學
思想不僅無法正確的傳承到一貫道道親的修持當中，更是對《易》學思想有嚴
重誤解。所以本論文所要解決的問題有那些呢？其一，將祖師王覺一及師尊張
天然的《易》學思想呈現於本論文，讓世人了解《易》學的思想如何運用在一
貫道的道義及禮節及修行當中？其二，破除道親將《易》學視為算命卜卦學習
神通的觀念，如何讓《易》學中的天、地、人三才的關係和修行互相結合？其
三、身為一貫道弟子，常常說「天恩師德」四個字，所以瞭解祖師王覺一及師

〔註11〕清・十五代祖師北海老人原著，《理數和解》，新北：正一善書出版社，2005
年，頁88。
〔註12〕張天然，《一貫道脈圖解》，天津：崇華堂，1937年，跋。

尊張天然所傳承下來的《易》學思想，如何精神發揚於一貫道的禮節中當中？這才是一貫道弟子真正的修持精神。

所以在初探王覺一及張天然的《易》學思想時，為了闡述大道的玄妙，對於無極太極、陰陽八卦、〈河圖〉、〈洛書〉、五行生剋等皆有獨到的見解。其主要的內容及目的，是要勸人早悟性命之理，能早早修道，讓眾生明白人來到世間的意義及目的，達到達本還原，返回靈性的家鄉。這種教化人心之胸懷，實有一代大儒教化世人之風範。所以研究者欲藉此論文之研究，同時學習大德的行誼，期望能對自己的內涵有所提升。所以必須深入的研究再加以解析透徹，讓自己也藉由這樣的研究增進自己的學養，將其遺留給後學的典型風範請處的呈現於普羅大眾。

而《白陽易經》是由三位仙佛二十四次臨壇批訓所完成的。其中所蘊含的《易》學思想及天人合一的精神更是廣大極深刻。尤其六十四卦的卦序的改變，及陽爻辭變六個字，因爻辭變四個字，其中所蘊含著仙佛給修道人所提示的「簡易」、「不易」及「交易」的精神及修行方針。

而這些《易》學思想，最終須由一貫道的儀典及修道人的言行舉止中表現出來，進而在心性的修持中，找回初心，答本還源。因為禮儀就是修道人立身處世待人接物的基本功夫，一個舉止行為都合乎禮儀的修士，才會給人高尚的感覺，進而才可以敬天地禮神明，最後才可以渡化眾生。

《周易》是中國經學中高深的一門學問，一向被人奉為「群經之首」。也由於《易》學的精深博大，往往被視為是一本「天書」。於是對《易》學中的奧秘、邏輯推理及玄妙之處望而生畏，無法下定決心來研究《易經》。所以對這部經典總是無法得窺全貌，以管窺天、以蠡測海，宛如瞎子摸象般的抱著以偏概全的想法來誤解《周易》。尤其一貫道的道親的修持就是要改毛病去脾氣，行功立德。找回曾經擁有的天心及佛性，達到天人相感、修己安人及體察天地最後達到〈乾〉卦中提到的：「與天地合其德，與日月何其明，與四時合其序，與鬼神合其吉凶」〔註13〕的境界。

而《易經》的第一卦「乾卦」說明了人們的行為要效法大自然的運行法則，體悟出由無到有的、由盈到虧的規則，再把握正確的時機判斷出正確的進退存亡之時機。第二卦「坤卦」是闡述大地的法則，也就是遵循著守本分的原則，

〔註13〕唐‧孔穎達等，《周易正義》，臺北：新文豐出版公司《十三經注疏》，2001年，頁 52～54。

追隨天道卻不超越天道。且要知道防範未然，釐清一切事情的走向及因果的特性，體認到主從關係而能駕馭變化。以柔來克剛，將「坤卦」的謙遜含蓄發揮，逢凶化吉。僅就此兩卦而言就包含了修持的準繩、趨吉避凶及寡過知幾，而這也是一貫道的講道中所講述的內容。而在其他六十二卦中更將各種的吉、凶、悔、吝的因緣示現給人們了解。

《易經‧繫辭下傳》云：

> 將叛者其辭慚，中心疑者其辭枝，吉人之辭寡，躁人之辭多，誣善
> 之人其辭游，失其守者其辭屈。〔註14〕

這段經文中提到將要背叛某人者，在說話中總會不經意的露出羞愧的表情；而心中有所疑惑者，說話總是雜亂無章。有內涵及涵養的人，話總是不多；而生性浮躁的人，總是聒噪的話很多。而要汙衊良善的人，說話一定是游移不定；而有失操守的人，說話一定事理屈辭窮，含混不清。這樣的一段文辭，沒有算命及卜卦，但是孔子卻可以經由日常生活中對人的觀察及做人處事而累積的經驗預測一個人當下及未來的發展及走向，即是所謂的相由心生的道理。

所以會以算命的觀點來看《易經》這部經典的人，真可以說是《周易》的門外漢。曾經有一位道場中的老講師說了一個荒謬的事情，說他有個同學曾經去它開的茶行找她聊天，結果說在幾點幾分幾秒會有客人走進茶行買茶，結果分秒不差。當下一聽到這樣的故事就了解到此人真的是以及偏差的觀念看待《周易》，以為《周易》就是只有算命而已，對《周易》的卦象、卦意沒有基本的瞭解就胡亂批評，可以說對《周易》是一竅不通。對於《周易》以天地自然條件與環境為基礎，對天、地、火、水、山、澤、雷、風等八個宇宙系統的認知與了解全無，更何況是隱含在其中的天道、地道與人道之間的法則的認知。綜合以上所論所以本文才會提出和前賢大德不一樣的觀點來說明師尊張天然的易學思想在一貫道中的運用及研究，讓道親在修持的過程當中感受道師尊將易學思想融入一貫道的修持理念及佛規禮節的苦心及用心。

二、研究方向與標的

基於上述的研究動機，再加上對於王覺一及張天然的相關《易》學整體研究之不足，因此，有研究的必要性；其二，王覺一及張氏的《易》學思想中，

〔註14〕唐‧孔穎達等，《周易正義》，臺北：新文豐出版公司《十三經注疏》，2001年，頁 662。

《易》理思想的宏博，有濟世之風，是否有其他深入的含意，有待詳研；其三，張氏所繪製的《一貫道脈圖解》八章，是否創發出《易》學圖書釋易的另一門徑，實有待仔細的斟酌及研究。綜合以上三部分而言，王覺一及張天然的《易》學思想對於一貫道整體之運作及對修持之影響，是待筆者深入去剖析探究。因此，本研究希望藉由對王覺一及張天然《易》學思想的研究與梳理，欲達成下列的目標與研究方向：

（一）探究王覺一及張天然的易學源流，期望能調理出其《易》學思想的淵源，並系統的呈現其對前人易學思想的承繼及將此《易》學思想融入一貫道的修持中的一貫脈絡。

（二）藉由對王覺一及張天然的《易》學研究及探討與分析，並參酌目前對一貫道的研究資料，期望能歸結出王覺一及張天然的《易》學思想所表現出的主要特色。

（三）能了解王覺一及張天然等對歷來《易》圖研究背景，梳理出對其《易》學思想的影響與關係。

（四）能完整且有系統的解析王覺一及張天然對〈河圖〉與《周易》解釋義理和象數之間的縱橫關係。

（五）能有系統的梳理《白陽易經》與儀典中的《易》學觀。

　　對於本研究將設定對王覺一、張天然及《白陽易經》的《易》學思想系統性的梳理，以有關一貫道的《易》學著作為主軸，再參考一貫道中的前賢大德的著作為輔助，調理出王覺一、張天然及《白陽易經》的《易》學思想及在一貫道道場中的應用。讓一貫道的道親，在一貫道的道場中能夠更感受到祖師王覺一及師尊張天然等將《易》學思想融入日常的修持的苦心。不再一提到《周易》，就是以學習神通的觀念視之，甚至將學習《周易》視為綁住心性，以為學習《易》理就是凡事進行之前都要先算一算才可以進行。藉由上述的目標推進與問題的處理，完成本論文的研究工作，最後達成以下幾項的重要結論：

（一）系統的呈現王覺一及張天然的易學思想。

（二）歸結出王覺一及張天然的易學思想所表現出的主要特色。

（三）釐清歷來《易》圖研究背景的主要內涵，對王覺一及張天然《易》學思想的影響與關係。

（四）有系統的解析王覺一及張天然對〈河圖〉與《周易》的完整關係。

（五）有系統的梳理《白陽易經》與儀典中的《易》學觀。

三、研究範圍與限制

　　本論文將以實際情況與《周易》書籍對照法，從張天然等所著《一貫道脈圖解》及其他著作中推敲其中的易學思想，且從一貫道的佛堂擺設、佛規禮節、講經說法及修行中深入了解易學思想對其之影響。再論述一貫道中道親對易學之研究及誤解影響。

　　由於一貫道的修持理念為五教歸一，張天然等認為五教的經典已經足夠一貫道道親在修持時體悟及參考，所以所留下的著作並不多。所以從一貫道的仙佛借竅批訓及所研究的道場經典及其所留下的《一貫道脈圖解》極《暫定佛規》來探究及深入了解其《易》學思想且進行研究及分析。

　　文論在此採取狹義的說法，僅觸及《易經》在生活及修行中的應用；至於各爻、卦、變爻、錯卦及綜卦等等之變化，則不在本論文之列。

四、研究方法

（一）調查研究法

　　　所謂科學的方法應是屬於系統的、量化的、客觀的、與知識的綜合。
　　　調查研究法的運用正可以具備上述各點，故調查研究法乃是科學的
　　　方法之一種，可以獲得肯定的結論。尤其在自然科學的研究中，多
　　　運用實驗法（Experimental Method）；而社會科學的研究中，多應用
　　　調查研究法，俾使研究的理論與實際相互配合，達成尋求真理的實
　　　踐，及問題的圓滿解決。〔註15〕

因為一貫道有很多有關於前人輩的生活點滴大部分都還沒有被記載成冊，所以都靠著道場講師及點傳師們的口傳心授，讓道親們了解及學習。所以為了要忠實的呈現前輩的修行事蹟，就該以科學的方法，系統的、量化的、客觀的、與知識的綜合做完整的調查及研究，將前人輩的易學思想的實踐，做最完整的呈現。

（二）歸納與分析法

　　　在分析的過程中，新的理解一次又一次的湧現：對相同的事有新的
　　　觀察角度，對因果、對系統功能運作有新的頓悟等等。我們可以信
　　　任研究發現的程度有多少？我們要如何避免一些解釋上的陷阱：起

〔註15〕蔡保田，〈調查研究法在教育上的應用〉，《教育研究方法論》，臺北，師大書苑
　　　　有限公司，民78年，頁5。

> 初看起來是合理的，後來發現卻又是不正確的？研究就是涵蓋事前
> 形成的假設，並冒有犯錯的危險；研究也包含謹慎的努力排除錯誤
> 的判斷——要知道，永遠沒有所謂的完整，而且每一個研究的發現
> 都只是一暫時性的理解而已。〔註16〕

綜觀道場中，常常會有一件事情，卻出現不同版本的說法情形出現。因為在口耳相傳的過程中，難免在說法上會有所出入之處。所以要如何避免一些解釋上的陷阱，在最初看起來是合理的，後來發現卻又是不正確的情形，就必須在調查及研究之後，做最後的歸納與分析，將道場中的易學思想完整的呈現給眾人知道。

（三）相關文獻探討法

> 文獻探討是一種有價值的貢獻，他能真正的節省您的時間。……研究
> 者經常思考，他們雖然知道自己的問題是什麼，但在過程中，成為此
> 種位置，是因為他們並未真正確信自己正在問什麼。您自己把時間投
> 入文獻中，就可以透過其他人的眼光，反思您的問題。您能將自己投
> 入文獻中，而找到為您所要做的研究，並提供支持；或提供其他研究
> 者，所做研究的挑戰，以及他們如何觸及特別的問題。〔註17〕

雖然一貫道成立的年代不是很久遠，但是道場中研究《易》學思想的著作實屬不多。所以在研究一貫道的易學思想時，對於有關文獻的整理及探討，就成為還原整體一貫道易學思想的重要方法。尤其道親投入研究一貫道的各種文獻、禮節、前人行誼……等的論文及著作隨著道務之拓展而越來越多。所以，把時間投入文獻中，就可以透過其他人的眼光，反思自己的問題，最終可以找出答案。

第二節　文獻探討

本研究是以王覺一及張天然的《易》學思想為主，因此除了研究王覺一及張天然所留下的《易》學資料外，並著重其所生長的年代及清代的《易》學及民國時期的相關文獻及資料。像張天然為了闡述大道真理之玄妙，特別繪製了

〔註16〕 Altrichter，Posch&Somekh 著，夏林清等譯，《行動研究方法導論——教師動手做研究》，臺北，遠流出版事業股份有限公司，1997年，頁166。
〔註17〕 Geoffrey E.Mills 著，蔡美華譯，《行動研究法——教師研究者的指引》，臺北，學富文化事業有限公司，2008年，頁36。

《一貫道脈圖解》〔註18〕八章，且對其中的圖形予以解釋及說明，而這也是其易學思想之精華。其中，林榮澤的《師尊張天然》〔註19〕中就鉅細靡遺地提到一貫道的成立背景及祖師及師尊師母及前賢大德們的修道精神及歷程。

而歷代的讀書人對《易經》都有深入的研究，像（東漢）魏伯陽《周易參同契》〔註20〕；（唐）孔穎達等《周義正義》〔註21〕；（宋）程頤《易程傳》〔註22〕；（宋）沈該《易小傳》〔註23〕；（宋）朱熹著《周易本義》〔註24〕；（宋）朱熹《朱子全書·拾參》〔註25〕；（宋）邵雍《皇極經世》〔註26〕等之著作。

近人所編著關於《易》學著作有崔寶豐所整理《易經證釋》〔註27〕；許紹龍所編著《易經的奧秘》〔註28〕；蕭冬然《易傳新解》〔註29〕；寧伊人、常醉山人合著《一貫道脈圖解心性釋義》〔註30〕；寧伊人、常醉山人合著《周易六十四卦心性釋義》〔註31〕；吳秋文主講《易經心傳與天道》〔註32〕；吳秋文《易讀論語》〔註33〕；宋光宇著《天道鉤沈》〔註34〕；鍾雲鶯《王覺一生平及

〔註18〕張天然，《一貫道脈圖解》，天津：榮華堂，1937 年。
〔註19〕林榮澤，《師尊張天然傳》，臺北：一貫義理編輯苑，天書訓文研究中心，2010年，頁 1～146。
〔註20〕東漢·魏伯陽，《周易參同契》，章偉文譯注，北京：中華書局，2014 年。
〔註21〕唐·孔穎達等，《周易正義》，臺北：新文豐出版公司《十三經注疏》，2001 年，頁 1～702。
〔註22〕宋·程頤，《易程傳》，臺南：靝巨出版社，2007 年。頁 5～29。
〔註23〕宋·沈該，《易小傳》，臺北：臺灣商務印書館景印文淵閣四庫全書本第 10 冊，1983 年，頁 1～200。
〔註24〕宋·朱熹著，《周易本義》，臺北：大安出版社，1997 年。
〔註25〕宋·朱熹。《朱子全書·拾參》，上海：古籍出版社安徽教育出版社，2002 年。
〔註26〕宋·邵雍，《皇極經世》，臺北：中國子學名著集成編印基金會，1978 年。
〔註27〕崔寶豐整理，《易經證釋》，第一部。臺南：靝巨出版社，1993 年。乾卦頁 1～87。《易經證釋》第二部。坤卦頁 1～69。
〔註28〕許紹龍，《易經的奧秘》，臺北：大台北出版社，1985 年。頁 1～179。
〔註29〕蕭冬然，《易傳新解》，臺北：正一善書出版社，1993 年。頁 17～230。
〔註30〕寧伊人（本名游經祥，在教育界服務 29 年後，於 2020 年成功高中 4 年校長任期結束後退休）、常醉山人（本名游經順，目前在成功高中擔任數學老師）合著，《一貫道脈圖解心性釋義》，臺北：游經祥，2012 年。頁 3～178。
〔註31〕寧伊人、常醉山人合著，《周易六十四卦心性釋義》，臺北：游經祥，2015 年。頁 1～133。
〔註32〕吳秋文主講，《易經心傳與天道》，臺南：靝巨出版社，1985 年。頁 11～209。
〔註33〕吳秋文，《易讀論語》，北京：中國紡織出版社，2015 年。1～367 頁。
〔註34〕宋光宇著，《天道鉤沈》，臺北：元祐出版社，1985 年。

其《理數合解》理天之研究》〔註35〕；林榮澤編著，《白陽易經讀本》〔註36〕；徐芹庭《易經深入》〔註37〕等之易學專著。

從秦朝的歷史來看，卜筮對秦人的政事、軍事、經濟，都有著巨大的影響。而先秦卜筮《易》的功能轉化為儒家哲理易學思想後，經過兩漢、魏、晉……元、明、清等朝代，易學的內涵發展與領域的擴充，不因為朝代的起落興衰及更替變動而停止，反而發展出更多的不同面向。

而《易經》常被人稱為群經之首，是中國傳統文化的本源，《繫辭上傳》：「《易》與天地準，故能彌綸天地之道」。〔註38〕又云：「夫易，廣矣大矣，以言乎遠，則不禦；以言乎邇，則靜而正；以言乎天地之間，則備矣」。〔註39〕由以上的說法當中，知道孔子在經研《易經》之後，深深了解到《易》理之精深博大且受益良多；於是在《論語述而》篇：「加我數年，五十以學《易》，可以無大過矣。」由此可知孔子對《易》學之推崇。

但是，《周易》因為是上古的典籍，其用詞古奧，句意艱深，所以給初學者造成極大的困難。所以有很多人，對於《周易》的看法，就是一部不容易懂的天書，往往視研究《周易》為畏途。而諸子百家學說，更是從不同的角度對《周易》進行闡釋和延伸，讓初學《周易》者眼花撩亂，而產生氣餒及放棄之心。所幸，研究《周易》的學者，雖非風起雲湧，但也是前仆後繼。讓被儒家尊崇為「群經之首」的《周易》的思想得以流傳於世。

而張天然的出生年代距今不遠，所以對於其所著作之《易》學典籍的蒐集之阻力較少，這讓研究者在研究其《易》學思想時，蒐集資料比較有方便性。而張氏所處的年代中，歷經第一次世界大戰爆、發袁世凱稱帝失敗、軍閥割據等的混亂時代，這樣的經歷讓他決心盡一生的能力喚醒沉睡在世間的迷人，救濟沉溺在苦海中的眾生。

針對一貫道的研究論文到二零二一年二月為止，在「台灣碩博士論文知識加值系統」中，以「一貫道」為關鍵字搜尋碩士論文，共搜尋到一百五十五筆

〔註35〕鍾雲鶯，《王覺一生平及其《理數合解》理天之研究》，臺北：花木蘭出版社，2011 年。

〔註36〕林榮澤編著，《白陽易經讀本》，新北：一貫道學研究院文獻館，2017 年。

〔註37〕徐芹庭，《易經深入》，桃園：普賢出版社，1991 年。

〔註38〕唐·孔穎達等，《周易正義》，臺北：新文豐出版公司《十三經注疏》，2001 年，頁 544～545。

〔註39〕唐·孔穎達等，《周易正義》，頁 558～559。

資料，略舉幾篇並略述其研究成果。例如：林榮澤《臺灣民間宗教之研究：一貫道「發一靈隱」的個案分析》〔註40〕針對發一組靈隱道場的佛堂的組織、伙食團的組織、大廟的組織及社會教化工作來做研究；林浴沂《一貫道天命道統傳承的研究》〔註41〕則是從道統論、心法論、天命論，從宗教發展等觀點探討一貫道之道義傳承；黃郁雯《臨終處境的信仰與希望──以一貫道道親臨終陪伴經驗為例》則是透過宗教觀點詮釋「善終」的意義，希望能協助臨終陪伴家屬更認識生命、更瞭解死亡，提昇其面對死亡與悲傷調適的能力；蔡中駿《一貫道禮儀實踐研究──以發一崇德組為例》〔註42〕從入道儀式進行探討，一貫道的信徒如何將禮儀之精神行諸於生活中，希望從儀式去了解一貫道整個背後神學及義理架構，並探討一貫道信徒如何將宗教情懷行諸於生活；樊儀蓮《《一貫道疑問解答》的修行觀》〔註43〕分析現今一貫道道場中，實際推行三寶心法修行的組線修持之概況，並與《一貫道疑問解答》言及的修行方法做一對照；黃學日《一貫道「十六字心法」義諦之研究》〔註44〕透過本論文之研究，發現一貫道對「十六字心法」之論述與實踐，體現出發揚傳統論述之思路，並能融通既有之義理而有創新義的呈現；陳秋林《淺談一貫道獻香禮節的修持觀》〔註45〕藉由獻香禮節，來探討一貫道與自然界蘊含的玄妙奧秘關係，進而啟發修道者日常行持的妙用，歸納出獻香禮節的修持觀；楊雁智《探析一貫道《白陽聖訓──大學》之「大學之道」》〔註46〕本文以探討《白陽聖訓─大學》之「大學之道」為主題，並就其所對應之妙訓、本訓相互顯發之關係，研究聖訓中「大學之道」的意義及其實踐功夫；曾乃芳《民初救世新教《易經證

〔註40〕林榮澤，《臺灣民間宗教之研究：一貫道「發一靈隱」的個案分析》，臺北，國立臺灣大學三民主義研究所碩士論文，1991年。

〔註41〕林浴沂，《一貫道天命道統傳承的研究》，宜蘭，佛光人文社會學院宗教學研究所碩士論文，2004年。

〔註42〕蔡中駿，《一貫道禮儀實踐研究──以發一崇德組為例》，新竹，玄奘人文社會學院宗教學研究所碩士論文，1999年。

〔註43〕樊儀蓮，《《一貫道疑問解答》的修行觀》，高雄，一貫道天皇學院一貫道學研究所碩士論文，2021年。

〔註44〕黃學日，《一貫道「十六字心法」義諦之研究》，南投，一貫道崇德學院一貫道研究所碩士論文，2020年。

〔註45〕陳秋林，《淺談一貫道獻香禮節的修持觀》，高雄，一貫道天皇學院一貫道學研究所碩士論文，2020年。

〔註46〕楊雁智，《探析一貫道《白陽聖訓──大學》之「大學之道」》，南投，一貫道崇德學院一貫道研究所碩士論文，2018年。

釋》的儒學繼承與開展》〔註47〕則試圖在論述過程中建構《易經證釋》的內在
義理體系等。

在「國家圖書館期刊文獻資訊網」，以「一貫道」為關鍵字搜尋期刊論文，
共搜尋到二百一十四筆資料，略舉幾篇並略述其研究成果。例如：鍾雲鶯〈論
一貫道《學庸淺言新註》的注疏意義〉〔註48〕乃透過《學庸淺言新註》對《大
學》、《中庸》的注解，檢視一貫道的信仰行為，並且探討這本書所呈現的宗教
意義；李京源〈韓國一貫道發展概述〉〔註49〕是從韓國新興宗教發展史的角
度，簡述發源於中國的一貫道傳入韓國的歷程；鄭志明〈一貫道的社會福利事
業〉〔註50〕則是從一貫道的教義內涵入手，探討其救劫的慈悲與慈善等福利服
務觀點，以及落實於社會的具體實踐方式；謝居憲〈一貫道玄關修持管窺〉〔註
51〕將玄關的修持分為兩個層次的功夫：「有欲觀竅守一的覺心」功夫與「無欲
觀竅歸空的復性」功夫來探討；沈曄瀅〈坤道應運：一貫道的女性觀〉〔註52〕
論點為孫慧明擔當祖師一事，往往被視為坤道應運的起點與印證，孫氏作為一
個象徵，代表了女性握有修行主權、更寬廣的修行機會，也用此解釋現代婦女
可以在教內升上更高的職級；陳丁立〈「白陽三聖」的時代使命——大陸時期
（1919～1948）皇母聖訓研究〉〔註53〕將明德出版社《白陽經藏》，收錄民國
38 年以前大陸時期皇母聖訓共 23 篇，作為本文之探討；李皇穎〈《易經證釋》
之義理探討：以乾、坤二卦所揭示的宇宙論〉〔註54〕作者將《易經證釋》視為
非一般讖記預言書，亦不屬於易卦占卜類叢書，乃闡發性理心法與義理道學之

〔註47〕曾乃芳，《民初救世新教《易經證釋》的儒學繼承與開展》，臺北，政治大學中
國文學系研究所碩士論文，2015 年。

〔註48〕鍾雲鶯，〈論一貫道《學庸淺言新註》的注疏意義〉，《臺灣東亞文明研究學刊》
第 3 卷第 1 期，2006 年 6 月，頁 163～187。

〔註49〕李京源，〈韓國一貫道發展概述〉，《華人宗教研究》第 4 期，2014 年 12 月，
頁 147～166。

〔註50〕鄭志明，〈一貫道的社會福利事業〉，《一貫道研究》第 1 期，2011 年 11 月，
頁 65～93。

〔註51〕謝居憲，〈一貫道玄關修持管窺〉，《一貫道研究》第 3 期，2014 年 6 月，頁 65
～88。

〔註52〕沈曄瀅，〈坤道應運：一貫道的女性觀〉，《華人宗教研究》第 7 期，2016 年 6
月，頁 175～198。

〔註53〕陳丁立，〈「白陽三聖」的時代使命——大陸時期（1919～1948）皇母聖訓研
究〉，《一貫道研究》第 3 期，2014 年 6 月，頁 161～197。

〔註54〕李皇穎，〈《易經證釋》之義理探討：以乾、坤二卦所揭示的宇宙論〉，《一貫道
研究》第 5 期，2016 年 9 月，頁 173～188。

典籍來做為研究之方向，而《易經》中的乾、坤二卦本具有特殊地位，針對這兩卦來闡述宇宙觀；李皇穎〈論《易》道與《易》教：以救世新教《易經證釋》乾卦為例〉〔註55〕以《易經證釋》之乾卦為例，就易道而言，有自然天道、幽隱神道和一貫聖道闡發聖人之奧旨；李皇穎〈北海老人《三易探原》義理探頤——以宇宙論為探討核心〉〔註56〕，歸納北海老人宇宙論建構之要素有下列四端：傳承道統道脈、轉化理學思想、順應天時天運、融入個人體悟；游經順〈《白陽易經》編輯詮釋問題與論要〉〔註57〕主要是以一貫道中仙佛借竅時所批的《白陽易經》為研究對象；李興華〈北海老人《理數合解》之「無極理天」析論〉〔註58〕藉由北海老人之遺著《理數合解》，考察其倡導的「無極裡天」之內涵，探究其如何透過儒家思想的詮釋轉化，建構庶民生命實踐的義理依據；李皇穎〈《一貫道脈圖解》義理探析——以「太極歪天圖」為探討範圍〉〔註59〕闡述大道真理之玄妙，探析《一貫道脈圖解》在中國思想史的意涵及深入的文學價值為何等。

　　由這些研究者的論文及期刊來看，有對一貫道禮節與生活之連結來做研究；有對一貫道仙佛借竅所批訓文之研究；有對心法修持之論述與實踐來做研究更有針對一貫道道親臨終陪伴經驗為例來詮釋善終的意涵……等，但是對於一貫道的易學思想之研究卻只有五篇。其中對於一貫道所尊稱的師尊張天然的易學思想的研究卻付之闕如。繫辭上：「一陰一陽之謂道，繼之者善也，成之者性也。仁者見之謂之仁，知者見之謂之知。百姓日用而不知，故君子之道鮮矣。」〔註60〕正是在說明一貫道中，對於張天然易學思想在一貫道中日日使用卻沒有系統性研究及說明的情況的對照。

〔註55〕李皇穎，〈論《易》道與《易》教：以救世新教《易經證釋》乾卦為例〉，《一貫道研究》第4期，2015年8月，頁192～211。

〔註56〕李皇穎，〈北海老人《三易探原》義理探頤——以宇宙論為探討核心〉《一貫道研究》第6期，2017年8月，頁194～211。

〔註57〕游經順，〈《白陽易經》編輯詮釋問題與論要〉，南投：一貫道崇德學院，《中華道統文化的傳承與創新學術研討會，第九屆國際學術研討會論文集》，2018年12月15日，頁C1-1～C1-40。

〔註58〕李興華，〈北海老人《理數合解》之「無極理天」析論〉，《一貫道研究》第8期，2019年10月，頁44～66。

〔註59〕李皇穎，〈《一貫道脈圖解》義理探析以「太極歪天圖」為探討範圍〉，南投：一貫道崇德學院，《中華道統文化的傳承與創新學術研討會，第九屆國際學術研討會論文集》，2018年12月15日，頁C2-1～C-26。

〔註60〕唐·孔穎達等，《周易正義》，頁550～552。

　　對於《周易》的研究及論述，歷來的學者無不在卦爻象與卦、辭之間尋求合理詮釋與解釋的方法。試圖在其中找到學術上，放之皆準的釋《易》體例，使得《周易》的歷史地位得以彰顯出來，將其在人類社會中的神聖且重要的影響呈現給世人。研究《周易》者，除了廣泛地研究前人的著作及想法，更是在研究的過程中，將自己對於《周易》的卦象以及經文釋義之間的連結進行各種不同的發想。唐明邦（1925～2018）先生指出：

> 《易經》未必為文王、周公所作，畢竟是殷周之際作品。大體由古之智者根據上古文化思想資料，加以篩選，去其重複，擇其精萃，作為素材；第二，根據上古原始文化知識，包括自然知識、社會知識、生活經驗、民歌謠諺等；第三，根據上古智者總結群體智慧，凝結而成的哲理格言、人倫規範等抽象思想資料，以上諸方面思想文化資料，構成《易經》的語言文字系統素材，在同六十四卦的符號系統相結合，組成有規則的卦爻辭結合的思想文化體系，是為《易經》。〔註61〕

唐明邦先生對於《易經》的說法及研究，認為《易經》並非一家一言而成，其中提到「大體由古之智者根據上古文化思想資料，加以篩選，去其重複，擇其精萃，作為素材」。現時一般認為《易經》是集體創作，並非一家一言。金忠烈（1938～2008）先生亦指出：

> 《易》的研究對象不超越天地的範圍（易與天地準，故能彌綸天地之道）。《易》的內容當中，重點要把握的是天地的運行規則（軌道），依其規則的四時推移及依其四時推移的萬物循環生成秩序等對生存起決定作用的因素。即《易》的研究對象不是超自然、絕對者、創造主等宗教方面的內容，而是現今世界的實際生存本身。其論究方法不是依據揭示或他力，而是通過人類本身與生活接觸而獲得的諸多經驗累積得到的窮理之知和德行之知。即天地自然萬物和人類之間不介入任何事物而相交通。〔註62〕

也就是說，《易經》「是通過人類本身與生活接觸而獲得的諸多經驗累積得到的窮理之知和德行之知」而不是一般人心目中的天書的形象。因為《易經》是如此的貼近人類的日程生活，若是能夠將《易經》當中的義理學問，轉而成為可以在日常生活中的學問，天書的形象不就破除了嗎！所以本論文在第五章將

〔註61〕朱伯崑主編，《國際易學研究》第 5 輯，北京：華夏出版社 1999 年，頁 2。
〔註62〕朱伯崑主編，《國際易學研究》第 5 輯，頁 312。

會對一貫道的《易》學思想在日常生活的實踐作一介紹。

對於一貫道《易》學思想的研究,大部分的研究,可說是寸地尺天而不夠全面。雖然這些研究者亦是花費心力企圖將一貫道中的《易》學思想呈現在世人面前,但終究是零光片羽而不夠全面。其中,僅舉其中和一貫道易學思想較相近的論文資料來做參考及分析。

一、游經順〈《白陽易經》編輯詮釋問題與論要〉

民國六十七年(1978)農曆年底,韓湘子大仙於靈隱寺批示〈白陽八卦〉(圖 1-2-1)與〈申〉字訓,將先天八卦順時針方向轉九十度之卦位,而揭開了《白陽易經》的序幕。其中〈申〉字置於其中的訓中訓,將《白陽易經》整體的內容作了說明,也將白陽修士的修身養性、行道培德以及救人渡世的方針目標作一個重要的指引。

圖 1-2-1:白陽八卦圖

游經順指出:「在〈白陽八卦〉與「申」字訓之鎮壇詩「人間大夢誰先覺,登上鰲山請元魁;流水終年向東去,有朝風轉還西回」。在此已經揭示人性的迷惘,天時天運之急迫,上天不得不降下依歸之指南,並述及上天之殷殷期盼,希望佛子能夠「流水終年向東去,有朝風轉還西回」。」〔註 63〕「實透露著天時已至,該是醒悟盡心修辦道的時刻,不得再沉迷於鏡花水月。」〔註 64〕也就是上天藉由這樣的方式,在啟示著人們,天時的緊急及當下的醒悟。

〔註 63〕游經順,〈《白陽易經》編輯詮釋問題與論要〉,頁 C1-14。
〔註 64〕游經順,〈《白陽易經》編輯詮釋問題與論要〉,頁 C1-15。

　　一貫道在 1946 年由各組前賢大德開荒傳入臺灣之後，直到 1987 年才被允許合法立案。而所謂的「三才」，是一貫道在扶鸞（又稱開沙）儀式中的三種角色，他們將仙佛或亡魂所要表達的訊息，透過儀式所用的鸞筆和沙盤傳達出來。《白陽易經》的全部內容，就是藉由「三才」的開沙儀式中，由三位仙佛二十四次臨壇批訓所完成的。游經順的論文中，將《白陽易經》全部二十四次批示的訓文內容、臨壇仙佛、批示時間農曆國曆對照、當時節氣，以及批訓地點等資料輯錄及彙整如附錄一：〈《白陽易經》內容綜整表〉〔註65〕。

　　游經順認為：「全部共在十處不同佛堂批訓（臺南有兩處），脗合《河圖》十數。仙佛臨壇二十四次批訓，總共分佈於九個不同區域，正脗合《洛書》九數。若以臨壇最多的新豐為中心，則明顯可見，中心以北四個區域八次批訓，以南亦四個區域九次批訓；亦正如北以八次批訓合八卦之數，南以九次批訓合《洛書》九數之分佈，十處佛堂批訓合《河圖》十數；亦招示將以此〈白陽八卦〉展現修行與渡眾之大用（《洛書》為用），最終以合於《河圖》之本體，而其能達本還源。」〔註66〕；〈白陽八卦〉之應運而出，正是因緣於仙佛之開啟白陽修士之迷濛，參研〈白陽八卦〉及六十四卦聖訓時，應該細細體會其中人事時地與卦的關係及因緣，如此才能掌握住其中的奧妙及真諦。

　　因為受限於篇幅的關係，游經順所發表的這篇四十頁的論文，對於《白陽易經》而言，僅只是一枝一節。仙佛批訓的苦心及用心，實在呈現的不夠全面。尤其在《白陽易經》當中，卦中陰爻辭以四個字來表示，陽爻辭以六個字表示，簡易的精神未能呈現出來，未來在本論文中，將會予以論述，補足不足。

二、李皇穎〈《一貫道脈圖解》義理探析──以「太極朕天圖」為探討範圍〉

　　李皇穎認為：「目前兩岸學術界對一貫道的認識，還不夠全面，從一些著作中可見一般，尚未能深入研究一貫道的義理內涵。」〔註67〕，所以對一貫道的研究，應該要「發展一套深入道義內涵的論述，將一貫道義理做系統呈現，發抉一貫道義理精粹，厚植一貫道道學內蘊，累積學術質量，……」〔註68〕，

〔註65〕游經順，〈《白陽易經》編輯詮釋問題與論要〉，頁 C1-8。
〔註66〕游經順，〈《白陽易經》編輯詮釋問題與論要〉，頁 C1-10～C1-11。
〔註67〕李皇穎，〈北海老人《三易探原》義理探頤──以宇宙論為探討核心〉《一貫道研究》第 6 期，2017 年 8 月，頁 195。
〔註68〕李皇穎，〈《一貫道脈圖解》義理探析──以「太極朕天圖」為探討範圍〉，頁 C2-2。

這也是筆者所要論述此篇論文的原因之一。因為一貫道的信眾很多，研究的經典橫跨各大宗教，甚至一貫道中，由師尊張天然所留下的典籍也不少，但是，卻沒有一個系統將這些典籍完整的呈現給信眾，甚為可惜。李皇穎在文中提到：

> 十八代祖師張天然（師尊），繼承十五代祖王覺一《理數合解》的思想，奠定深厚的道學基礎，為了闡述大道真理的玄妙，特繪製《一貫道脈圖解》，以「圖」、「文」闡述「大道的命脈底蘊，性理心法。」使眾弟子了解大道的殊勝，掌握修辦道的要領。〔註69〕

由此可知，李皇穎認為張天然所繪製的《一貫道脈圖解》，實為了解一貫道殊勝之處為何，及掌握修辦道的要領的一套重要的白陽典籍。而限於篇幅關係，李皇穎以《一貫道脈圖解》中「太極炁天圖」為探討範圍，探究其中的義理內涵及修辦道的主張。

李皇穎指出，「太極炁天圖」（圖 1-2-2）〔註70〕主要由三部分組成：

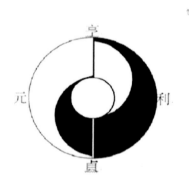

圖 1-2-2：太極炁天圖〔註71〕

〔註69〕李皇穎，〈《一貫道脈圖解》義理探析——以「太極炁天圖」為探討範圍〉，頁 C2-2。

〔註70〕李皇穎，〈《一貫道脈圖解》義理探析——以「太極炁天圖」為探討範圍〉，頁 C2-4。

〔註71〕李皇穎，〈《一貫道脈圖解》義理探析——以「太極炁天圖」為探討範圍〉，頁 C2-14。

（一）中間為圖。

（二）圖下有詩云：「聖聖淵淵賴此傳……體具先天用後天。」

（三）兩旁解云：「太極者，陰陽之炁，……然非中間一理主之，則
　　　不能流行而不息也矣。」〔註72〕

兩旁的文字為：「太極者，陰陽之炁，升降之理，流行之炁天也。白者，陽儀
也；黑者，陰儀也。黑白二儀者，乃陰陽之屆限也。夫陰極生陽，白以漸而長，
黑以漸而消，元亨以應之，春夏是也；陽極生陰，黑以漸而長，白以漸而消，
利貞以轉之，秋冬是也。一年如是，一月如是，一日、一時亦如是；以至元、
會、運、世，亦莫不如是。其炁機流行，未嘗而息也。故曰：「周天」。每至戊
戌二字，曰閉物，曰混屯，然非中間一理主之，則不能流行而不息矣。」李皇
穎認為：「圖下的詩句和兩旁的詳解，皆以解釋中間之圖為主，主要在闡述萬
物生成化育之哩，以「理氣象三天」宇宙論為基調，兼以闡發大道殊勝，三教
一理勸世修行等教義為輔。欲探求《一貫道脈圖解》的義理內涵，需先掌握《易》
圖的特性，並了解太極觀在歷史上的演變，如此方能叫確切理解「太極炁天圖」
的底蘊。」〔註73〕

　　李皇穎分三點：1. 繼承第十五代祖王覺一而有所創新；2. 轉化理學思想
並加以創新詮釋；3. 對儒家經典《大學》、《中庸》、《易經》的圓通創新詮釋來
說明：

（一）繼承第十五代祖王覺一而有所創新

　　首先在探討張天然的「太極炁天圖」之前，李皇穎先將十五代祖王覺一的
生平及著作做一探討。因為張氏的救世思想，根源於十五代祖王覺一的《理數
合解》一書，所以奠下了其道學的基礎，所以對王覺一的生平及其思想做一初
步的了解。其中，李皇穎認為：「『太極炁天圖』（如圖1-2-2），很有可能是根
據王覺一祖師《一貫探原》「太極圖」〔註74〕，而有所更改。」〔註75〕

〔註72〕李皇穎，〈《一貫道脈圖解》義理探析——以「太極炁天圖」為探討範圍〉，頁
　　　　C2-4。

〔註73〕李皇穎，〈《一貫道脈圖解》義理探析——以「太極炁天圖」為探討範圍〉，頁
　　　　C2-4-2-5。

〔註74〕清・王覺一著，林立仁編，《十五代祖北海老人全書》，臺北：正一善書出版社，
　　　　1994年，頁226-2。

〔註75〕李皇穎，〈《一貫道脈圖解》義理探析——以「太極炁天圖」為探討範圍〉，頁
　　　　C2-14。

　　李皇穎指出：師尊「太極炁天圖」與王覺一祖師《一貫探原》「太極圖」，圖下詩皆云：

　　　　聖聖淵淵賴此傳，彌綸一炁即真詮，隨機赴感方方現，附物照靈在在圓，著策非神神自有，卦爻是象象終捐，周流萬類微之顯，體具先天用後天。〔註76〕

李皇穎認為：「兩者在文字上，並無二致。……，所不同者，在於師尊『太極炁天圖』，除了以黑白部分代表陰陽兩儀環抱，展現陰陽二炁相生相存，循環不息，其實，中間另有一圓，此圓即『先天無極理』，王覺一祖師《一貫探原》『太極圖』則無，此乃師尊『太極炁天圖』創建之處。」〔註77〕也就是將「無極」的概念由「太極炁天圖」中提點出來。所以李皇穎認為：「『太極炁天圖』中間有一圓圈，代表無極理天，此無極之理，主宰太極陰陽二炁之流行」〔註78〕《一貫道脈圖解》「先天無極理」云：「無極者，無形也、無名也，……靜極而動，萬物漸生，元、會、運、世，以賴轉動。」〔註79〕「太極者，陰陽之炁，升降之哩，流行之炁天也。……一年如是，一月如是，一日、一時亦如是；以至元、會、運、世，亦莫不如是。」〔註80〕就說出無極及太極的區別，為先無極而後太極，而非同時。

（二）轉化理學思想並加以創新詮釋
1. 對邵雍「元會運世論」的轉化

　　　　日為元，元之數一月為會，會之數十二星為運，運之數三百六十辰為世，世之數四千三百二十則是一元。〔註81〕

這是宋代理學家邵雍（1011～1077）在《皇極經世》中提出「元會運世」的觀念。簡單來說，以數學來算的話，一元＝12會×360運×30年＝129600年。這便是《皇極經世》中，把世界從開始到消滅的一個周期叫做一元，天地一始終的數目。也是一貫道場中在講課時所說的，要十二萬九千六百年才遇上一次

〔註76〕佚名，《道脈圖解》，頁11。

〔註77〕李皇穎，〈《一貫道脈圖解》義理探析——以「太極炁天圖」為探討範圍〉，頁C2-15。

〔註78〕李皇穎，〈《一貫道脈圖解》義理探析——以「太極炁天圖」為探討範圍〉，頁C2-15。

〔註79〕佚名，《道脈圖解》，頁6。

〔註80〕佚名，《道脈圖解》，頁10。

〔註81〕宋・邵雍，《皇極經世》，台北：中國子學名著集成編印基金會，1978年，頁55。

大開普渡，若不知把握難得機會來求道修道，此期若錯過，試想等到下一元會你能再得人身又遇大開普渡的機會的意義。

2. 對朱子「理氣二元論」的轉化

李皇穎引用朱熹（1130～1200）的理氣二元論，及張氏《一貫道脈圖解》「先天無極理」詳解中的一段話來作對映：

> 天地之間，有理有氣。理也者，形而上之道也，生物之本也。氣也者，形而下之器也，生物之具也。〔註82〕

> 此理雖然神妙以渾然，實條理之分明，……雖不離乎氣，亦不雜乎氣；貫乎太極之中，包乎太極之外。〔註83〕

李皇穎認為張氏的這一段話所包含的涵義為：「此據朱熹「理氣二元論」，說明無極與太極，相即不離，理與氣的關係，雖屬性不同，然可以相互貫通，往來不忒。」〔註84〕這和我們所認知的「無極而太極」〔註85〕之說有所出入，李氏之說有待商榷。再引用《一貫道脈圖解》「太極炁天圖」詳解，云：

> 太極者，陰陽之炁……然非中間一理主之，則不能流行而不息也矣。〔註86〕

所以，李皇穎認為：「師尊將理學家的『理』，轉化為宗教上的思想，建構『先天無極理』，成為一神聖實存的宇宙空間，成為宗教修行的核心理念。」〔註87〕由此觀之，張氏的救世思想，並不是憑空而有的；而是經過學習先賢先聖的思想及著作之後，在融會貫通內化為自己的知識，再加上自己所研究的心得，最後將這樣的思想及心得，去蕪存菁，融入一貫道的修行理念當中，讓信眾得以有所成就。

3. 對儒家經典《大學》、《中庸》、《易經》的圓通創新詮釋

李皇穎認為：「師尊接續第十五代祖王覺一，融合三教學說此一思想脈絡，

〔註82〕宋・朱熹著，陳俊民校編，《朱子文集》第六冊，卷58，臺北：德富文教基金會，1990年，頁2798。

〔註83〕佚名，《道脈圖解》，頁6。

〔註84〕李皇穎，〈《一貫道脈圖解》義理探析——以「太極炁天圖」為探討範圍〉，頁C2-20。

〔註85〕宋・周敦頤著，陳克明點校，《周敦頤集》，卷一，北京：中華書局，1990年，頁3。

〔註86〕佚名，《道脈圖解》，頁10。

〔註87〕李皇穎，〈《一貫道脈圖解》義理探析——以「太極炁天圖」為探討範圍〉，頁C2-20。

化用三教經典術語,而以儒術為主。……將《大學》、《中庸》、《易經》三者作義理上的圓通,而以闡發內聖精義,重視內修,成聖成賢為歸趨。」〔註88〕例如在《一貫道脈圖解》云:

> 凡人喜、怒、哀、樂未發時,中也;發而中節者,和也。不守中和,自暴自棄者,愚夫也。固守斯道,變化賢人氣質者,賢人也。〔註89〕
>
> 喜怒哀樂未發謂之中,發而接中節謂之和;中也、和也,是為無欲,無欲則精神魂魄意各安其位,聽其先天主宰。〔註90〕
>
> 中也者,天下之大本也,即土居中,和合四象也;和也者,天下之達道也,即四象在外,一氣流行也。中者,和也,一氣也,總是太極也。〔註91〕

這三段話,就是張氏將《中庸》:「喜怒哀樂之未發,謂之中;發而皆中節,謂之和。中也者,天下之大本也,和也者,天下之達道也。致中和,天地位焉,萬物育焉。」的哲學思想轉化為宗教觀念,也提到無欲則精神魂魄意各安其位,聽其先天主宰後天的重要思維。

三、余盈螢《一貫道的天命觀研究──以王覺一〈中庸解〉為核心之探析》

余盈螢認為:「在王覺一的理天思想中,心性為未生以前得之於理天者,乃人人所固有。《中庸》開宗明義言天命之謂性,即是首在讓人明白天之明令於人為何物,「性既為人人所固有,則天即為人人所當學」。因此,本研究在於整理學術文獻之「天命」觀念,而以《理數合解》之〈中庸解〉為主要參考文本。因王覺一之思想認為三教雖屬一理,此於〈中庸解〉融通儒釋道三教義理即可明確看出,循此脈絡,三教經典亦是本研究的參考範圍。但又因本研究著重於《中庸》,故會以儒教的經典為主。」〔註92〕也就是一貫道道場中,認為人的靈性是由理天而來,由此來了解靈性之本源。

〔註88〕李皇穎,〈《一貫道脈圖解》義理探析──以「太極炁天圖」為探討範圍〉,頁C2-20。

〔註89〕佚名,《道脈圖解》,頁16。

〔註90〕佚名,《道脈圖解》,頁47。

〔註91〕佚名,《道脈圖解》,頁43。

〔註92〕余盈螢〈一貫道的天命觀研究──以王覺一〈中庸解〉為核心之探析〉,南投,一貫道天皇學院碩士論文,2011年,摘要。

四、鍾雲鶯《王覺一生平及其〈〈理數合解〉〉理天之研究》

此篇論文主要在闡述：《理天在宗教上的意義。如何呈現理天在修道上的意義，才是王覺一思想的關鍵所在。他如何在整體思想中展現人生的終極目的，強調宗教修煉的意義，亦即討論宗教人修道的最後目標與正鵠，尋探回歸人的根源處，本章擬就扣緊宗教意義以探討理天主體的核心。》〔註93〕

五、徐錦文《王覺一「三教歸一理」之儒學思想研究》

徐錦文認為：「其中「以儒為宗」的思想來探討三教歸於一理之思想探討，看到繼承大量的、宋代理學程、朱思想來說明心性本體，他的三教所本皆論此心，而此心不離「理、氣、象」三天之影響，「理、氣、象」三天構成理性（道心）、氣性（人心）、質性（血肉之心）之差異。「理氣論」，本是朱熹形上學之思想，王覺一據此以宗教的角度來闡揚特有的心性本體論。王覺一又承襲邵雍的「元會運世」論，建構其宇宙觀，從「先天圓方圖」（見內文64頁）、「十二辟卦」（見內文67頁），從這些數象之說，可探循宇宙循環有其生滅，從中帶出入世救劫的人文終極關懷與價值。」〔註94〕也就是說，王覺一參考了朱熹的思想，來對人心做「理、氣、象」三天的論述基礎。

六、蔡中駿《一貫道禮儀實踐研究——以發一崇德組為例》

蔡中駿認為：「儀式在宗教上是一種人神溝通的方式，雖然冥想或祈禱也是人神溝通的方式之一，但儀式通常是多人共同而為，且需配合舞蹈、咒語，此外儀式進行的場所也涉及神聖空間的建立，神聖空間的觀念可追溯該宗教之宇宙觀，從儀式預期想達到的結果可探討該宗教的濟度觀。因此宗教儀式的研究可對該宗教作一全盤了解。」〔註95〕將人神的溝通方式做深入的探討。

關於王覺一的易學思想分面，雖然有些研究者有所著墨，但是，真正的對其著作整體的分析的研究者卻是少數。尤其對張天然的易學思想的研究者更是吉光片羽，少之又少。這也是身為一貫道弟子投入研究的主要原因之一。

〔註93〕鍾雲鶯，《王覺一生平及其〈〈理數合解〉〉理天之研究》，國立政治大學碩士論文，1994年，摘要。

〔註94〕徐錦文，《王覺一「三教歸一理」之儒學思想研究》，高雄：高雄師範大學經學研究所，碩士論文，2014年，摘要。

〔註95〕蔡中駿，《一貫道禮儀實踐研究——以發一崇德組為例》，新竹：玄奘人文社會學院宗教學研究所，碩士學位，1999年，摘要。

第二章　王覺一及其易學著作與思想

　　王覺一少年之時家中貧窮，所以未能有讀書的機會。故而在成長之後，一有機會，就發奮讀書。而王覺一之天資聰慧，博覽群經詩書，且得到姚祖之指示，因而智慧大開，涵養本源而悟大化。本章分三節，分別是：第一節，「生平」。第二節，「易學思想與著作」。第三節，「三教合一思想」。第四節，「小結」。論述如下：

第一節　生平

　　王覺一，原名王學孟，又名希孟，道號覺一，又號北海老人，山東青州益都縣城東北八里闞家庄人，約生於道光元年（1821），年幼時孤苦伶仃，三歲父親亡，七歲母親逝世，幸有族叔收養。但是，秉性聰慧的他，卻能夠努力上進，十二歲為劉府牧牛時，即著有「嘆五更」之詩傳世。〔註1〕王覺一生平喜好研究道，常常是手不釋卷，潛心於三教奧旨的研讀及體悟。二十七歲時，由雲南洱東劉萬春之引而拜姚鶴天為師。求得大道之後，回到青州（山東）潛心修行，講述道理度化群眾，成為一方的領導人物。光緒三年（1877），無生老母的靈體降臨東震堂，將天命傳給王覺一令其為十五代祖，續辦收圓的神聖大事。王覺一承接天命的八年間，盡心盡力的為道奔波，足跡遍及南北十餘省。光緒八年（1882），清朝政府疑其教唆群眾暴動，將其子王繼太斬首。王覺一遭此沈重的打擊後，於光緒十年（1884）的三月，病死在天津楊柳青。期間，

〔註1〕清・十五代祖師北海老人原著，《理數和解》，新北：正一善書出版社，2005年，北海老人簡介。

致力於著述道書，以此來宏揚天道，所著有：《大學解》、《中庸解》、《三易探原》、《一貫探源》、《理性釋疑》。在理數合解序中提到：「北海老人，生平所得力以示人者，彙集成編，分為四卷：知理之本於學、庸，故以「學、庸」為先。知數之本於大易也，故「三易探原」又次之。知理不離數，數不離理；體用同歸，顯微一致也，故「一貫探源」又次之。凡以釋性理之疑也，故以「理性釋疑」終焉。」〔註2〕也就是說，光緒21年（1895）由竹坡居士將北海老人之著作精華合併，易名為《理數合解》，並加〈理數合解序〉及〈學庸序〉二篇。其他北海老人還有《談真錄》、《祖師四十八訓》、《歷年易理》、《三教圓通》等著作。

　　王覺一在《一貫探源》中提到：

> 余也生長蓬蓽，竊不自揣，自童子之時，即深慕聖人之道，以為可學而至，……至二十七歲，蒙洱東萬春劉師之引進，得山西鶴天姚師之指示，入室靜坐，涵養本源，由靜而悟大化，始知心源性海，三教合轍，登峰造極，萬聖同歸。〔註3〕

這就在說明，年輕時的王覺一雖然知道要認真學習，但是沒有名師之指引，所以無緣見道。但是，因為深慕聖人之道，平日亦是博覽群經，以為可以從經典當中，尋得大道的來源。但是，千點萬點，不如名師一點。直到二十七歲時，蒙洱東劉萬春之引進，得求山西姚鶴天所傳先天道，才有體悟。從此，悟得大化流行、生生不息的天人智慧。進而體悟天道是理、是路、是心性、是源頭，只有認識道，依道而行，才能返璞歸真達到登峰造極，萬聖同歸的境地。

第二節　易學著作與思想

　　王覺一的著作中，本論文所參考的資料有《大學解》、《中庸解》、《三易探原》、《一貫探源》及《理性釋疑》。光緒21年（1895），由竹坡居士將北海老人之著作精華合併，易名為《理數合解》，並加〈理數合解序〉及〈學庸序〉二篇。其他北海老人還有《談真錄》、《祖師四十八訓》、《歷年易理》、《三教圓通》等著作。

〔註2〕清・十五代祖師北海老人原著，《理數和解》，頁3。
〔註3〕清・十五代祖師北海老人原著，《理數和解》，頁143。

一、《大學解》

《大學解》中，主要是王覺一在詮釋《大學》中的宗教觀點，將這些內容，透過自己的理解及建構，成為修行的指標。其中，對程朱「理」的概念有深入的分析及轉化，對陽明之學亦多所闡述及研究。王覺一在吸收及內化之後，將此兩股思想主張，融入一貫道的道亦思想中，成為修行的方針。

王覺一在《大學解》中提及：

> 河圖之數：
>
> 二七在南屬火，火主暖，故南方多暖，此文明辭讓，禮之端也。
>
> 一六在北屬水，水主寒，故北方多寒，此沉潛是非，智之端也。
>
> 三八在東屬木，……，則能生火……，此慈愛惻隱，仁之端也。
>
> 四九在西屬金，……，則能生火……，此果敢羞惡，義之端也。
>
> 五十居中屬土，統四端，兼萬善，為性心之本體，信實之大用。〔註4〕

三八在東，象東方甲乙木。四九在西，象西方庚辛金。二七在南，象南方丙丁火。一六在北，象北方壬癸水。五十居中，象中央戊己土。在五行而言，中央土生西方金，西方金生北方水，北方水生東方木，東方木生南方火，南方火生中央土，形成五行相生。其中「木、金、火、水、土」稱為五元，五元既具，五德「仁、義、禮、智、信」即於此而寓之。仁、義、禮、智為「慈愛惻隱、果敢羞惡、文明辭讓、沉潛是非」之端，信實為「統四端，兼萬善，為性心之本體」。又云：

> 此土居中央，而應八方；戊己自居生數五，合東三南二，北一西四
>
> 而一之者也。〔註5〕

這裡所提及的亦是〈河圖〉的方位，由此可知，〈河圖〉之數在王覺一的著作中，有深厚的影響。又云：

> 易之三百八十四爻，除乾坤坎離之本爻，亦當用三百六十爻也。一
>
> 月三十日，一年十二月，三百六十日，即三百六十爻也，此為大周
>
> 天，而洛書之氣屬之。一日十二時，一月三十日，三百六十時，即
>
> 三百六十爻也，此為小周天，而八卦之象屬之。〔註6〕

《周易》有六十四卦，每一卦有六爻。所以64×6＝384爻，扣除乾坤坎離之

〔註4〕清·十五代祖師北海老人原著，《理數和解》，頁9。

〔註5〕清·十五代祖師北海老人原著，《理數和解》，頁38。

〔註6〕清·十五代祖師北海老人原著，《理數和解》，頁44。

本爻 $4 \times 6 = 24$，所以才說：「亦當用三百六十爻也」。其中，將一年之三百六十日對應三百六十爻，以大周天稱之；一個月之三百六十時一可對應為三百六十爻，為小周天稱之。將《周易》與年月之連結，得窺天的之奧妙。《皇極經世》有云：「卦有六十四而用止於六十者何也？六十卦者，三百六十爻也。故甲子止於六十也，六甲而天道窮矣。是以策數應之。三十六與二十四合之則六十也，三十二與二十八合之亦六十也。」〔註7〕又云：

> 「大學之道」者，聖經之總冒也，是為無極而太極。「明明德」者，天一也。一者，奇也。奇圓圍三，三用其全。「新民」者，地二也，二者耦也，耦方圍四，四用其半。三三見九，天之數也；二三如六，地之數也。「至善」之理，乃無極之至真，合天九地六，而一之者也。〔註8〕

這裡提及，大學之道為聖人及仙佛成道之後所留下的經典，是無極大化之總樞紐。天地之數的生數為 1，2，3，4，5，奇圓圍 1，3，5 等三數，偶方圍 2，4 兩數，故天數為 $1+3+5=9$，地數為 $2+4=6$。1 為天數為奇數，為萬物的源頭，2 為地數為偶數為 4 之一半，四個實心圓可以圍出一個正方形，而四耦只用其半。圓及正方形為人世間最常見的形狀，以此 1 表示陽為本體，2 陰為用，以此象徵人類生生滅滅的循環及輪動。以 $3 \times 3 = 9$ 代表陽之全域，以 $2 \times 3 = 6$ 代表陰之全域，以 9、6 代表陽及陰，涵蓋所以看的到的有形象之物。所以在修行的過程中，隨時在感動人心的過程中，不斷的精進，在無極而太極的一個變化中，讓我們去尋回我們的至善本心，這也是王覺一為修行人無極而太極的生發過程及心性的體悟。

又提到「男本乾九也，而用少陰之八；女本坤六也，而用少陽之七；此陰陽互根，水火互藏之妙也。南方之國，暖多於寒，女多於男者，用九變八，乾之大用在離也。北方之國，寒多於暖，男多於女者，用六變七，坤之大用在坎也。」〔註9〕也就是將乾卦中間的陽爻變為陰爻而為離卦，由先天八卦中乾卦的方位，變為後天八卦的離卦方位。將坤卦中間的陰爻變為陽爻而成為坎卦，由先天八卦中坤卦的方位，變為後天八卦的坎卦方位。後天八卦圖又稱為文王

〔註7〕宋・張行成撰，《皇極經世》〈觀物外篇衍義卷三〉，杭州，浙江大學圖書館，2009 年，頁 39。
〔註8〕清・十五代祖師北海老人原著，《理數和解》，頁 16。
〔註9〕清・十五代祖師北海老人原著，《理數和解》，頁 34～35。

八卦圖，即為起始點，位列。《說卦傳》：「帝出乎震，齊乎巽，相見乎離，致役乎坤，說言乎兌，戰乎乾，勞乎坎，成言乎艮」。也就是說，按順時針方向，依次為震卦、巽卦、離卦、坤卦、兌卦、乾卦、坎卦、艮卦；方位為正東、東南、正南、西南、正西、西北、正北、東北。其中，象徵的節氣，則震為春分，巽為立夏，離為夏至，坤為立秋，兌為秋分，乾為立冬，坎為冬至，艮為立春。離為火為立夏，方位在南，所以才有「南方之國，暖多於寒，女多於男者，用九變八，乾之大用在離也」之說法。坎為水為冬至，方位在北，故說「北方之國，寒多於暖，男多於女者，用六變七，坤之大用在坎也」。將後天八卦之妙用，在著作中提點給修持者，讓修行者可以體悟文王聖人之用心。

二、《中庸解》

　　一貫道第十五代祖王覺一之著作〈中庸解〉，收錄於《理數合解》中。在王覺一的理天論述中，人的心性之源頭，為起始於理天，是人人所固有。《中庸》開宗明義言「天命之謂性」，就是說明生命之緣起及所由來，進而探討一貫道的「天命」觀。

　　王覺一在《中庸解》中提及：

> 春即河圖之八，少陰之數也；夏即河圖之七，少陽之數也。春之數在河圖為三八，內為少陽，外為少陰。在洛書則春當左三之位，純為少陽；夏當載九之位，純為老陽。夏至之後當二之位，是為少陰；冬至之前，當六之位，是為老陰。此陰陽互根之義也，而四象分矣！由是而推之，而八卦，而六十四卦，而三百八十四爻，衍之而為萬有一千五百二十策數，而天度鑒矣，化原彰矣。智、愚、賢、否、壽、殀、窮、通，從此而分矣。〔註10〕

此處所提及的即是四象生八卦，八八六十四卦，到三百八十四爻，再到一萬一千五百二十策數的過程。而這裡所提到的策數，就是在占筮的時候，每四根一數，所以，陽爻九乘以四為三十六。例如：乾卦六爻全部都是太陽，再乘以六，即二百一十六，為乾之策數。而陰爻六乘以四為二十四，例如：坤卦六爻全部是太陰，再乘以六，即一百四十四，為坤之策數。所以，六十四卦共有三百八十四爻，乾陽爻有一九二爻，坤陰爻一九二爻，合其乾陽策數六千九百一十二策與坤陰策數四千六百零八策，共為一萬一千五百二十之策數（192×36＋192

<hr>

〔註10〕清・十五代祖師北海老人原著，《理數和解》，頁51～52。

×24＝6912＋4608＝11520），表徵萬物之總數。《繫辭傳》就有提及：「乾之策，二百一十有六；坤之策，百四十有四；凡三百有六十，當期之日。二篇之策，萬有一千五百二十，當萬物之數也」〔註11〕又云：

> 天地相交，天地即二五也；雌雄相交，雌雄即二五也。二五相交，
> 而無極之真，無不渾合其內。二五有形，生有形之質，無極無形，
> 作無形之性。〔註12〕

《繫辭上》：「天數五，地數五，五位相得而各有合。天數二十有五，地數三十，凡天地之數，五十有五，此所以成變化，而行鬼神也。」〔註13〕所謂的二五講的就是「天數五，地數五」天數五者，為一、三、五、七、九此五個數。地數五者，二、四、六、八、十亦是五個數。五位者，就是五數。所以說，在河圖上、下、左、右及中央，天數及地數各有五處之位。所謂相得者，一對六，二對七，三對八，四對九，五與十對於中央。有合者，一、六居北，二、七居南，三、八居東，四、九居西，五、十居中央，皆一奇一偶同居於一隅。此十數相加為五十五，再加上大衍之數卜筮而知人吉凶，所以才說「此所以成變化，而行鬼神也。」。

三、《三易探原》

《三易探原》、其中所分析的「理、氣、象」三界理論，「一貫道」的基本論述來源。其中對「不易之易」、「變易之易」及「交易之易」有深入的論述。不易為理、變易為氣、交易為象，建構出理天、氣天、象天的道義基礎。

在《三易探原》中，開宗明義就講說：「《易》之為書：不易、變易、交易，之義明，而理學、數學、象學，之法備。大而聖域賢關，盡性至命，天道之微；次而綱常名教，持身涉世，人事之顯。再次而治歷明時，陰陽盈虛，物類消長，吉凶休咎之變；先天下開其物，後天下而成其物。此「易」所以為諸經之祖，萬法之源也。」〔註14〕王覺一認為，《周易》涵蓋的範圍十分廣泛，從成聖成賢這種攸關性命的大事，到修持自身與人相處，追求本質，想著探討根本問題，注重變化，講究方式方法，陰陽互為其根，相互構成陰陽變化的各種發用，……。種種的變化都和《周易》息息相關。所以才有「此『易』所以為諸

〔註11〕唐・孔穎達等，《周易正義》，頁576～577。

〔註12〕清・十五代祖師北海老人原著，《理數和解》，頁53。

〔註13〕唐・孔穎達等，《周易正義》，頁575～576。

〔註14〕清・十五代祖師北海老人原著，《理數和解》，頁59。

經之祖，萬法之源也。」〔註15〕之感嘆。

而王覺一在《祖師四十八訓‧皇極經世》提及：

> 學人先讀《易經》及《皇極經世》，於天地之始終，物類之變化。胸
> 有成竹，方不為異說旁門所惑。〔註16〕

王覺一認為要先研究《易經》及《皇極經世》，而且需要深入地去研讀及了解，這樣的話，才能夠於天地始終之說及物類之變化有所掌握，才不會為異端邪說所迷惑，而誤入歧途。由此可見，其人對《易經》及《皇極經世》的推崇及喜愛。

北海老人在《三易探原》中云：

> 河圖之數：二七在南屬火，為文明之禮，火性炎上，故南方多暖，千
> 古不易。一六在北屬水，而為沉潛之智，水性潤下，故北方多寒，千
> 古不易。三八在東屬木，為好生之仁，木能生火，故大明出於扶桑。
> 四九在西屬金，為果斷之義，金能生水，故河源發於崑崙。五十居中
> 屬土，為誠實之信，故陰陽調寒暑時。此三者亦千古不易。〔註17〕

這裡，北海老人以「河圖」之口訣：天一生水，地六成之；地二生火，天七成之；天三生木，地八成之；地四生金，天九成之；天五生土，地十成之。結合各地的環境及氣候之特色，得出陰陽調寒暑時之千古不易的說法，將「不易」以「河圖」之數作一番詮釋。符合一般所認知的「河圖」為體、為對待，所以不易之說法。

在《三易探原》中云：「何為變易？洛書是也。」〔註18〕又云：「洛書為變易之易者，一氣流行，無日不變，無時不易也。自一至九，復臨泰壯夬乾。由冬入夏，此太極之陽儀也。自九至一，姤遯否觀剝坤。……，此兩儀之生四象也。……，五黃為元氣之本體，居中宮而應八方，為九宮之極紐，八卦之主宰。……，一候之變，五日有奇。合之得三百六十五日，四分日之一。……，除零不用，得三百六十日，為三百六十爻，作六十卦。加以元氣之本體為乾坤，用為坎離，而六十四卦，三百八十四爻，而一歲之氣周矣。此變易之易，太極氣天也。」〔註19〕在此將「變易之易」以兩儀、四象、八卦……作完整的詮釋。

〔註15〕清‧十五代祖師北海老人原著，《理數和解》，頁59。
〔註16〕清‧王覺一著，林立仁編，《十五代祖北海老人全書》，頁87。
〔註17〕清‧十五代祖師北海老人原著，《理數和解》，頁60。
〔註18〕清‧十五代祖師北海老人原著，《理數和解》，頁59。
〔註19〕清‧十五代祖師北海老人原著，《理數和解》，頁62。

又云：

> 太極之氣，半陰半陽。陰氣為寒，陽氣為暖。陽自冬至半夜子時上
> 升，一月過一宮，歷子、丑、寅、卯、辰、巳至夏至，陽全在天，陰
> 全在泉，故暑在地上，寒在地下。至夏至後，陰進陽退，歷午、未、
> 申、酉、戌、亥至冬至，則陽全在泉，陰全在天，故暑在地下，寒在
> 地上。陽氣上升，則百谷草木，春發夏長，陽主生也。陰氣下降，
> 則草木黃落，秋收冬藏，陰主殺也。……，飛者不自飛，氣升則感
> 之飛。潛者不自潛，氣降則感之而潛。由此觀之，四時不自寒、熱、
> 溫、涼，發、長、收、藏也，氣使之然也。〔註20〕

這一段話，將太極分陰分陽做了精闢的解析。也將上下尊卑、高低、剛柔之往
來，做了完整的說明。尤其最後提到「由此觀之，四時不自寒、熱、溫、涼，
發、長、收、藏也，氣使之然也。」說明了陰陽二氣的交感變化生化出萬物造
化發育的形式及契機。這也符合一般人所認知的「洛書」為用、為流行，所以
為變易。其中，北海老人將理天及氣天的概念定義為：

> 理天者何？無極是也。氣天者何？太極是也。……理天、氣天雖雖
> 皆無形，然氣天流行，寒暑代謝，動而有跡可見；理天不動，靜而
> 無象難窺。〔註21〕

這一段的說明，就是現今一貫道道場中，稱人類居住的世界為象天，抬頭可以
看到的天為氣天，而最終修道要修到回歸本來，和大自然融為一體，返回無極
理天之所由來。陳來云：「神祕體驗是指人通過一定的心理控制手段，所達到
的一種特殊的心靈感受狀態。在這種狀態中，外向體驗者感受到萬物渾然一
體：而內向者則感受到超越了時空的自我意識，即整個實在。」〔註22〕

　　而一貫道的終極目標是脫離世間的輪迴，最終回到先天佛境，也就是一貫
道所說的無極理天當中。在《三易探原》中提到：

> 此理又超乎慾界、色界、無色界而外，為無極理天，最上之理，無
> 為真靈，人得之而終古逍遙，萬劫長存。〔註23〕

王覺一認為，所謂的無極理天是超越三界，代表至高無上之真理，是萬物真靈

〔註20〕清‧十五代祖師北海老人原著，《理數和解》，頁64～65。
〔註21〕清‧十五代祖師北海老人原著，《理數和解》，頁66。
〔註22〕陳來（1952～），《有無之境——王陽明哲學精神‧心學傳統人的神祕主義問
　　　　題》，北京：人民出版社，1991年3月，頁352。
〔註23〕清‧十五代祖師北海老人原著，《理數和解》，頁60。

之主宰。也就是說，無極老中（明明上帝）是至高無上的真主宰，可以生天、生地、生萬物。以超脫超乎慾界、色界、無色界這樣的概念來傳達「無極理天」的無限性。在《三易探原》中，提到了理天：

> 大無不包，明無不照，猶不足以盡佛法之妙。惟「無」則無微不入，無聲無臭，無形無象，無始無終，無左而無不在，此不易之易也。
> 〔註24〕

這就是在說明理天的本質雖然為無形無象，但是又是本來就存在。說它沒有存在，卻又是充盈於天地之間。說它存在於天地之間，卻又是無形無象的沒有具體形象。就像在太上清靜經中所提到的：「大道無形，生育天地。大道無情。運行日月。大道無名。長養萬物。吾不知其名。強名曰道。」也就是說，大道是宇宙萬物生命的根源，祂雖然沒有雄偉的外在形象，但是祂能生育天地。祂沒有私人的感情，卻能夠讓日月順利的運行，將光芒普照大地。祂沒有為什麼顯耀的名份，但是祂能夠讓萬物欣欣向榮代代相傳。我不知該如何來稱呼祂，因此只能暫時稱祂為「道」。「道」雖然無形、無象、也無名相，但卻能夠讓萬物各遂其生，各長其長，生生不息，這就是大道無私的包容及體現，讓宇宙中萬物的成長順利無礙的運行於天地之間。《三易探原》又云：

> 無極之說，出於老子，孔孟之書，不多概見。至宋濂溪周子，著太極圖說，始表而出之。數傳之後，鮮有會其意者，大都以太極為理，置無極於無關緊要之地，豈知太極已落陰陽，非氣而何？若以是為性，非氣質之性而何？告之杞柳之性，湍水之性之說，荀子性惡之論，足以動人之聽聞，而孟子性善之說，反起學士之疑慮者，蓋因理微氣顯。微則難見，顯則易知。毫釐之差，天淵之異。此道之所以易失其傳也。理天氣天雖皆無形，然氣天流行，寒暑代謝，動而有跡可見；理天不動，靜而無象難窺。〔註25〕

黃宗羲云：「孔孟之後，漢儒只有傳經之學，性道微言之絕久矣，元公崛起，二程嗣之，又複橫渠清大儒輩出，聖學大昌。故安定、莜徠乎有儒者之矩範，然僅可謂有開之必先，若論闡發心性，義理之精微，端數元公之破暗也。」〔註26〕這裡提到了理學是中國文化的高峰，周濂溪正是此一高峰的代表人物，因

〔註24〕清·十五代祖師北海老人原著，《理數和解》，頁76。
〔註25〕清·十五代祖師北海老人原著，《理數和解》，頁66。
〔註26〕明·黃宗羲，《宋元學案濂溪學案下》，臺北：世界書局，1973年，頁284。

此，周濂溪的重要性由此可知。梁紹輝云：「《太極圖說》最後完成了道家弟子於數百年來對宇宙本體的探索，提出了無極而太極』的著名命題，將我國傳統的宇宙本源學說推向一個嶄新的階段。」〔註27〕因此，王覺一在這裡提到「無極」這一詞的說法，數傳之後，卻少有會其意者。王覺一認為，大多數的人只知道「太極」這一說法，但是這已經落入陰陽。例如性善及性惡之說之爭論，即是落入是非對錯之分別，差之毫釐，而有天淵之別，因此成為道之所以易失其傳之原因。而王邦雄先生和王覺一的認知卻有所不同，他認為：「周子的《太極圖說》全文，首先說太極道體為宇宙生化之根源，繼又敘說宇宙萬物的生化過程，最後以人之立人極、聖人之與天地合德，說明宇宙的生化，是以實現道德的價值為最終目的者。此文對宇宙之生化作出道德的說明，將儒家道德的形上學之義蘊扼要的表達了出來。」〔註28〕

針對太極圖，杭辛齋云：

> 載周子《通書》，濂溪得自陳希夷，希夷得自《道藏》，唐真元妙品經已有此圖……可見此圖相傳已古，宋儒恐其出自道家，有異端之嫌，故諱希夷而不言，謂周子之所發明，其實可以不必也。〔註29〕

杭辛齋認為此圖並不是由北宋的周敦頤所自創，而是「相傳已古」。他根據清代著名樸學家毛奇齡的考證，認為《周子太極圖》應是出自道家，可以由陳摶而上溯其根源。這或許是北海老人在當時的時空環境之下，有所疏漏而判斷錯誤之處。

其中，王覺一云：

> 「本然之性」，稟於有生之初，出於理天，即周子所謂「無極之真，與二五之精，妙合而凝也」。〔註30〕

也就是北海老人認為最原始的無汙染的「本然之性」，是由理天而來。朱子註：「夫天下無性外之物，而性無不在，此無極、二五所以混融而無間者也，所謂『妙合』者也。」〔註31〕將太極本體與無極之真相對應，回歸自然本性。又云：

> 迨自有生而後，太極之氣，由口鼻入，從此呼吸往來，為體之充，

〔註27〕宋·周敦頤，《周敦頤集》，梁紹輝點校，長沙：湖湘文庫出版社，2007年，頁127。

〔註28〕王邦雄編，《中國哲學史》，臺北：國立空中大學出版社，2005年，頁525。

〔註29〕清·杭辛齋，《學易筆談》二集，臺北：廣文書局，1974年，頁74。

〔註30〕清·十五代祖師北海老人原著，《理數和解》，頁66。

〔註31〕宋·周敦頤，《周敦頤集》，北京：中華書局，1990年，頁5。

此時分氣之際；正當某宿某度，則斯人得某宿某度之氣而生。〔註32〕

建立「本然之性，出於理天，太極之氣，由口鼻入」的思想體系。這已經是在建構生命之所由來之論述系統，也就是人的性靈由無極理天，經太極氣天，來到皇極象天成為人的過程。又云：

> 道心出自理天，不入陰陽，不落五行，故純而不雜，靜而能明，神以
> 致妙。人之道心，出於氣表，貫乎氣中，號曰「元神」。……人之人
> 心，處於身中，號曰「識神」。此神無時不與氣天相通，……〔註33〕

至此，點出道心、人心與理天及氣天之關係，一貫道中，講師及點傳師所傳之理、氣、象說法，就是由此而生。

又《三易探原》云：

> 達不易之易，則範圍造化，為之聖域。達變易之易，則明於造化，
> 為之賢關。聖域無為，是為天德。賢關有為，是為王道。若只知道
> 交易之易，則知顯而不知微。知有象而不知無象者，未足以言道
> 也。……氣盈出於變易，朔虛生於交易；而不易不予焉，此不易之
> 大用也。〔註34〕

王覺一解釋為：「變易之易，出於上經之『乾』，乾為天；先天之乾變而為後天之離，乾之用九即用離也。『乾道變化，各正性命』，天之用也。大明終始，六位時成，時乘六龍以御天，日之用也。天、日運轉，而寒暑變易，故曰：變易。交易之易，出於上經之『坤』，坤為地；先天之坤，變為後天之坎；坤之用六，用先天之坎也。乾用後天，坤用先天者，陽順陰逆之別也。坤為地，坎為月；坤厚載物，地之用也；萬物化光，月之用也。地因天交，則發長收藏；月與日交，則晦朔弦望；地、月皆因交而易，故曰：交易也。」〔註35〕將變易之易與交易之易解釋清楚。

其中，這段文字對交易、變易、不易做了一番詮釋：

> 達乎交易、變易、不易之源，則體用合一，本末兼該，有無不二，
> 顯微無間，靜聖動王，執兩用中，此謂「正法」。若達交易、變易，
> 而不達不易；則有用無體，知有而不知無，知顯而不知微，有動王
> 而無靜聖，囿於慾界、色界，而不達無色界之外，謂之「相法」。再

〔註32〕清・十五代祖師北海老人原著，《理數和解》，頁67。
〔註33〕清・十五代祖師北海老人原著，《理數和解》，頁68。
〔註34〕清・十五代祖師北海老人原著，《理數和解》，頁73。
〔註35〕清・十五代祖師北海老人原著，《理數和解》，頁72。

次則達於交易，而不達變易、不易，則囿於欲界，而輪迴生死，此

謂末法。〔註36〕

王覺一認為，交易、變易、不易之運用缺一不可。唯有三者並用，才可以達到

「體用合一，本末兼該」，才稱得上是「正法」。若達交易、變易，而不達不易

謂之「相法」，再次則達於交易，而不達變易、不易，謂之「相法」。

而朱熹的陰陽對立，又稱陰陽交易，是指兩氣相互對待。他說：「陰陽，

有相對而言者，如東陽西陰，南陽北陰是也。」〔註37〕朱伯崑分析朱熹的陰陽

對立指出：「所謂『交易』，即陰陽對立面相互滲透。」〔註38〕既名「交易」，

即是日月交、陰陽交、雌雄交所產生，就是源自太極之氣。這也說明王覺一的

思想來源。

又云：

躬行實踐，儒能成聖，釋能成佛，道能成仙，謂之「正法」。千年而

後，正法失傳；儒則執於訓詁。失意以傳言。釋、道，則囿於焚誦，

誦言而忘昧；執於顯而不達於微，囿於人而不達於天；足以為善人，

而不足以為聖人、神人，此之謂之「相法」。千年而後，相法式微；

儒者淪於辭藻，以四書、六經，作利祿之階梯。僧、道則專為衣食，

借仙經、佛典為乞食之文憑。至此則三聖遺言，亦在若存若亡之間，

即善人亦不易見矣！此則謂之「末法」。〔註39〕

也就是將何謂「正法」解釋清楚，讓修行者能確切了解修行的方針，「躬行實

踐，儒能成聖，釋能成佛，道能成仙」其次，文中提及當「正法失傳」時，「儒

則執於訓詁」、「釋、道則囿於焚誦」，也就是在外圍之旁枝末節下功夫而無法

見性，這樣的修行之法，謂之「相法」，「足以為善人，而不足以為聖人、神

人」。而何謂「末法」？「儒者淪於辭藻」、「僧、道則專為衣食」，所有的行為

模式都淪為形式上的追求「利祿」及「乞食之文憑」。此時，「三聖遺言，亦在

若存若亡之間，即善人亦不易見矣！」再一次的以具體文字解釋清楚「正法」、

「相法」及「末法」之不同，讓修行者的認知更為明確，在修行的路上，審慎

〔註36〕清‧十五代祖師北海老人原著，《理數和解》，頁 69。

〔註37〕南宋‧黎靖德（生卒年不詳）編：《朱子語類》，4 冊，卷 66，長沙市：岳麓書
社，1997 年 11 月，頁 1434。

〔註38〕朱伯崑（1923～2007）：《易學哲學史》，4 冊，第 3 編第 7 章，臺北：藍燈文
化事業股份有限公司，1991 年，頁 509。

〔註39〕清‧十五代祖師北海老人原著，《理數和解》，頁 69～70。

地以修「正法」，如此才可以「儒能成聖，釋能成佛，道能成仙」。

《繫辭傳》中，對於卜筮有所說明。而王覺一對卜筮過程中之西南得朋有這樣的解釋：「以卜筮而言：則坤為所占之卦，西南為坤之位；坤見坤為同類，同類曰朋，故曰西南得朋。」〔註40〕王弼注曰：「西南，致養之地，與坤同道者也，故曰得朋。」〔註41〕正義曰：「坤位居西南。《說卦》云：「坤也者，地也，萬物皆致養焉。」坤既養物，若向西南，與坤同道也。」〔註42〕也就是說，王覺一的思想學說，可以在前人的經典中，找到印證，並非將自己的思想及見解限制於一偶。又云：「交易若人之形質，陰陽交則易也。變易若人之氣稟，自少而壯，自壯而老，自然而變也。不易若人之元神，形有生死，氣有變遷；而神則無生死、無變遷，出捨入捨，不增不減，故曰『不易』。」〔註43〕又曰：「佛曰：『南無』，南者乃先天乾位，乾為天；天則大無不包，此變易之易也。又為後天離位。離為日，日則明無不照，此交易之易也。大無不包，明無不照，猶不足以盡佛法之妙，惟『無』則微無不入，此不易之易也。」〔註44〕將「變易」、「交易」、「不易」以「人之氣稟」、「人之形質」及「人之元神」來說明。再以「先天乾位」、「後天離位」及「無」來解釋「變易」、「交易」、「不易」之特性。又云：

> 易曰：「一陰一陽之謂道」，指占卜而言也。占卜本於象數，象數不離陰陽，此乃卜筮之道，非大學之道，率性之道也。非不易之易，乃交易、變易之易也。大學之道，率性之道，雖本於不易之易，然乃人人各具之道；又非生天生地，不可道不可名之道也。〔註45〕

「占卜」，是太卜之官統管卜筮之事的基礎，這樣的操作被人們認為有一定的意義及神秘的屬性或力量。藉由「占卜」所產生事理變化的現象，作為解說占事的理由或啟示，能通天地鬼神，進而了解吉、凶、悔、吝之道。北海老人認為這樣之操作「乃卜筮之道，非大學之道，率性之道也。非不易之易，乃交易、變易之易也。」

又云：

〔註40〕清・十五代祖師北海老人原著，《理數和解》，頁74。
〔註41〕唐・孔穎達等，《周易正義》，頁56。
〔註42〕唐・孔穎達等，《周易正義》，頁57。
〔註43〕清・十五代祖師北海老人原著，《理數和解》，頁75～76。
〔註44〕清・十五代祖師北海老人原著，《理數和解》，頁76。
〔註45〕清・十五代祖師北海老人原著，《理數和解》，頁81。

色界之陰陽，則星斗、日月之類。此乃有象之陰陽，大半屬乎交易。
無象之陰陽，如青氣之天，載日月星辰，與大地山河，……此乃無
象之陰陽，屬乎變易。……變易之氣動而流行，有終有始。大限不
過十二萬九千六百年，終歸窮盡。不易之理，靜而能應，無終無始，
不落陰陽，而實能主宰陰陽、終始陰陽，而為一陰一陽之母。[註46]

也就是說，王氏將「不易」、「交易」及「變易」，以卜筮之道、星斗、日月、陰陽……等來做說明。其中，提到：「大限不過十二萬九千六百年」就是宋代理學家邵雍（1011～1077）在《皇極經世》中提出「元會運世」的觀念。簡單來說，以數學來算的話，一元＝12會×360運×30年＝129600年。其中王船山亦云：「一陰一陽，變化之妙，無有典要，而隨時以致其美善也。」[註47]也就是說，人要合宜的應對時機之變化，這就是重「時」或是重時變。因此，《易》學之道，在「窮盡變化」中，隨時取其義的變化，這就正是重視時之「變」。透過時之「變」，就能夠了解「時」與「氣」的陰陽聯結關係。又云：

河圖、洛書，一順一逆。河圖順行相生，一本萬殊，由體入用。洛
書逆行相剋，萬殊一本，攝用歸體。[註48]

《周易‧繫辭傳》：「河出圖，洛出書，聖人則之。」[註49]其中提到「順行相生」，在《繫辭傳》中有提到：「天數五」正義曰：「為一、三、五、七、九也。」，「地數五」正義曰：「為二、四、六、八、十也」。[註50]《周易淺述》曰：「一六為水居北。左旋而東、則水生木。又旋而南、則木生火。又旋而中、則火生土。又旋而西、則土生金。又旋而北、則金生水。此以其運行之序言之、左旋而相生也。」[註51]也就是說，河圖走向：自北之陽1開始，轉東之3入南之7，行中央之5，終西之9，最後回到北之陽1其走向是按順時針方向（順行）1、3、7、5、9。故之陽數始於一，終於九。九則陽氣已極，稱老陽或純陽，故乾取之以為用九。這樣的運行順序，為水生木、木生火、火生土、土生金、金生水，故稱為「左旋而相生」（如圖2-1-1）

[註46] 清‧十五代祖師北海老人原著，《理數和解》，頁81～82。
[註47] 王船山，《周易內傳》，《船山全書》第一冊，長沙：嶽麓書社，1998年，頁529。
[註48] 清‧十五代祖師北海老人原著，《理數和解》，頁89。
[註49] 唐‧孔穎達等，《周易正義》，頁594。
[註50] 唐‧孔穎達等，《周易正義》，頁575。
[註51] 清‧陳夢雷，《周易淺述》，北京：中央編譯出版社，2012年，頁91。

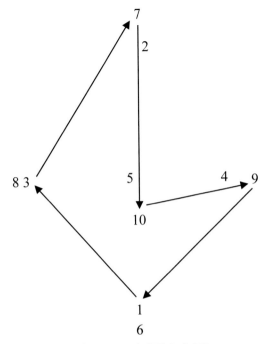

圖 2-1-1：河圖走向圖

《周易淺述》又曰：「洛書自北之西、一六之水尅二七之火。火南行、尅四九之金。金東行、尅三八之木。木轉中、尅中英「英」當作「央」、從文瀾本之土。土北行、又尅一六之水。此洛書之右轉相尅、異于河圖之左旋相生者也。至以其相對待言之、則東南四九之金、生西北一六之水。而東北三八之木、生西南二七之火。」〔註52〕這段話再說，洛書的走向已分成兩個系統—「東南四九之金、生西北一六之水」、「東北三八之木、生西南二七之火」（如圖 2-1-2）為洛書走向之示意圖。

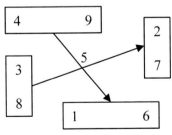

圖 2-1-2：洛書走向圖

　　《三易探原》又云：

〔註52〕清・陳夢雷，《周易淺述》，北京：中央編譯出版社，2012 年，頁 102～103。

> 河圖，天之數積二十有五，地數之積三十，天地積數五十有五；除
> 五不用，其用四十有九。五為太極之用，一為太極之體。四十九者，
> 七七之積數也。〔註53〕

《周易・繫辭》云：「大衍之數五十，其用四十有九，……天數五，地數五，
五位相得而各有合。天數二十有五，地數三十，凡天地之數五十有五，此所以
成變化而行鬼神也。」〔註54〕天數有五，即是一、三、五、七、九。地數亦
五，即所謂二、四、六、八、十，此即說明《河圖》之數就是天地之數，所以
成變化而行鬼神者也。也就是說，王覺一的論述在前人之著作中已有見說，而
王覺一將這些解釋清楚，讓後者得以了解《易》學中，數的來源及使用。

四、《一貫探原》

《一貫探原》有云：

> 乾為純陽，動中動，而行健。離為動中靜，而次健。坎為靜中動，
> 而行遲。坤為靜中靜，而以不動為正矣。〔註55〕

王覺一將〈乾〉、〈離〉、〈坎〉、〈坤〉定義為「動中動，而行健」、「動中靜，而
次健」、「靜中動，而行遲」及「靜中靜，而以不動為正矣」。說卦傳中有云：
「乾，健也；坤，順也；……坎，陷也；離，麗也……」〔註56〕又云：「乾天
也，故稱父，坤地也，故稱母，……坎再索而男，故謂之中男；離再索而得女，
故謂之中女……」〔註57〕《易經・乾卦》的象辭說：「天行健，君子以自強不
息。」〔註58〕所以王覺一才云「動中動，而行健」。《周易・坤卦》文言曰：「坤
至柔而動也剛，致靜而德方」〔註59〕，故稱為「靜中靜，而以不動為正矣」。
《周易・離卦》象曰：「離，麗也。日月麗乎天，百穀草木麗乎土。重明以麗
乎正，乃化成天下。柔麗乎中正，故亨，是以畜牝牛吉也。」〔註60〕，稱為「動
中靜，而次健」。而《正義》曰：「『習坎重險』者，釋習坎之義。言習坎者習
行重險，險，難也。若險難不重，不為至險，不須便習亦可濟也；今險難既重，

〔註53〕清・十五代祖師北海老人原著，《理數和解》，頁 91。
〔註54〕唐・孔穎達等，《周易正義》，頁 572～576。
〔註55〕清・十五代祖師北海老人原著，《理數和解》，頁 105～106。
〔註56〕唐・孔穎達等，《周易正義》，頁 677。
〔註57〕唐・孔穎達等，《周易正義》，頁 678。
〔註58〕唐・孔穎達等，《周易正義》，頁 31。
〔註59〕唐・孔穎達等，《周易正義》，頁 67。
〔註60〕唐・孔穎達等，《周易正義》，頁 270。

是險之甚者，若不便習，不可濟也，故注云：習坎者，習重險也」。」〔註61〕，故稱為「靜中動，而行遲」。〈乾〉為陽中之陽，數字以九代表之；〈離〉為陽中之陰，數字以八代表之；〈坎〉為陰中之陽，數字以七代表之；〈坤〉為陰中之陰，數字以六代表之。

王覺一又云：

> 神龜出洛，謂之洛書。其數：戴九履一，左三右七，二四為肩，六八為足，五數居中，以應八方；縱橫皆十五數。縱橫之數，始於八者，八節之謂也。推而至於二十四者，二十四氣之謂也。每氣十五日，五日六十時；三五一氣，一百八十時，三元一周，而復氣始交，此正參伍以變也。三五，不曰「三五」？而曰：「參伍」者；宗動天，三百六十五日，四分日之一，升降一周。〔註62〕

《周易‧繫辭上》曰：「河出圖，洛出書，聖人則之」〔註63〕王覺一提到洛書之口訣：「載九履一、左三右七、二四為肩、六八為足、五居中央。」將洛書之來源及形象作介紹。其中提到「縱橫之數，始於八者」乃在說明後天卦位之終艮始艮。以數學符號表之為：「1 日＝12 時辰。5 日＝5×12＝60 時；1 氣＝3×5＝15 日，365÷15＝24 節氣」其中說「三五，不曰『三五』？而曰：『參伍』者」，根據王覺一自己的解釋為：「『三五』而曰『參伍』者，氣非形質之比，雖有節次，實無間斷，分而未嘗不合。參者、混合無間之謂也。錯者、陽順陰逆，各行其道，流行不息。對待而觀，總不離縱橫十五之數。」陳夢雷云：

> 七十二候，一年二十四氣。一氣有三候，初、中、末是也。立春，正月節也，東風解凍，蟄蟲始振，魚上冰，此立春之節，氣之三候也。雨水，正月中也，獺祭魚，鴻雁來，草木萌動，此雨水中氣之三候也。周二十四氣，則七十二候備矣。……乾坤雖分主乎一候，而十二中炁皆乾坤之所生也。不特此也，「六十卦可以配七十二候，一卦六爻當一日，六六三十六」，以之分配三百六十日可也。〔註64〕

在這裡，「七十二候，一年二十四氣。一氣有三候，初、中、末是也。」中國有農民曆，為指導農事活動之曆法，其中之知識，結合天文、氣象及物候。以

〔註61〕唐‧孔穎達等，《周易正義》，頁 260。
〔註62〕清‧十五代祖師北海老人原著，《理數和解》，頁 107～108。
〔註63〕唐‧孔穎達等，《周易正義》，頁 594。
〔註64〕清‧侯官人陳夢雷（1650～1741）所編輯，《欽定古今圖書集成》〈曆象彙編〉曆法典第 074 卷，頁 73。

五日為一候，三候為一氣，六氣為一時，四時為一歲，一歲有二十四節氣，共有七十二候。以數學算式來表示為：「$365÷5＝72$ 候；$72÷3＝24$ 氣；一時＝5 日×3 候×6 氣＝90 日；90 日×4 時＝360 日。」而在張天然的「節炁圖」中，亦有類似之論述，在後面的篇章中將會有所討論。王覺一在《三易探原》中云：

> 何為不易？河圖是也。何為變易？洛書是也。何為交易？日月為易是也。……陽自冬至半夜子時上升，一月過一宮，歷子、丑、寅、卯、辰、巳至夏至，陽全在天，陰全在泉，故暑在地上，寒在地下。至夏至後，陰進陽退，歷午、未、申、酉、戌、亥至冬至，則陽全在泉，陰全在天，故暑在地下，寒在地上。陽氣上升，則百穀草木，春發夏長，陽主生也；陰氣下降，則草木黃落，秋收冬藏，陰主殺也。〔註65〕

將「不易之易」、「變易之易」、「交易之易」做了一番詮釋。也將十二天干和陰陽寒暑做對照，陰陽之消長與萬物的連結，有所說明。

王覺一云：「理學、數學、象學，即上中下，三乘之分。」〔註66〕而在理學、數學、象學方面，明末清初重要思想家黃宗羲（字太冲，號梨洲，1610～1695）就著有重要《易》著《易學象數論》。汪學群曾云：「黃宗羲的《易學象數論》是《易》學史上第一部對象數學進行科學性總清算的專著，……他的批判開清初批判宋《易》象數學的先河，流風所被，黃宗炎、胡渭、毛奇齡等繼起，系統地考辨宋《易》圖書學和先天太極說，導致清初《易》學學風的轉變。」〔註67〕在象數中「數」的部分，梨洲云：「自一至十之數，《易》也所有也；自一至十之方位，《易》之所無也。一、三、五、七、九之合於天，二、四、六、八、十之合於地，《易》之所有也；一、六合，二、七合，三、八合，四、九合，五、十合，《易》之所無也。天地之數，《易》之所有也；水、火、木、金、土之生成，《易》之所無也。」〔註68〕

王覺一又云：

> 太和元氣，以全體而言，則謂之太極；以動靜而言，則謂之兩儀；

〔註65〕清・十五代祖師北海老人原著，《理數和解》，頁 64。
〔註66〕清・十五代祖師北海老人原著，《理數和解》，頁 110。
〔註67〕汪學群，《清初易學》，北京：商務印書館，2004 年，頁 340～341。
〔註68〕清・黃宗羲撰：《易學象數論・圖書三》，收入清・永瑢，紀昀等纂修：《景印文淵閣四庫全書・經部》卷 1，頁 7。

以流行不息，運轉周天而言，則謂之四象、八卦、六十四卦，三百
八十四爻，以及二十四氣，三百六十五日，四分日之一，莫非元氣
之運用也。故易曰：「範圍天地之化而不過，曲成萬物而不遺；通乎
晝夜之道而可知，故神無方，而易無體。」神也、易也、道也、天
也，莫非理與氣之別名也。〔註69〕

《周易‧繫辭上》曰：「是故易有太極，是生兩儀；兩儀生四象，四象生八卦；
八卦定吉凶，吉凶生大業。」〔註70〕張崇俊在《皇極經世辨釋》〈邵伯溫經世
四象體用之數圖說〉中云：「太極生兩儀、兩儀形之判也、兩儀生四象、四象
生而後天地知道備焉、道生一、一為太極、一生二、二為兩儀、二生四、四為
四象、四生八、八為八卦、八生六十四、六十四具而後天地之道備焉」〔註71〕
正義曰：「案《易緯稽覽圖》云：卦氣起中孚，故離、坎、震、兌各主一方，
其餘六十卦，卦有六爻別主一日。凡主三百六十日餘有五日四分日之一」〔註
72〕王氏將平常自己所研讀的經典著作，經過自己的融會貫通之後，在自己的
著作中呈現出來。對於候學末進之一貫道《易》學研究，時有莫大之助益。

五、《理性釋疑》

王覺一云：

金丹之說，始於漢朝魏伯陽，其所註參同契，於日月之盈虧，一氣
之升降，易象易數，雖頗詳盡；然達於交易、變易，而不達不易之
理。此性命之道，歧途百出之由來也。〔註73〕

也就是說，北海老人將金丹之說轉為提升心靈尋求心性清淨之學說，而不是追
求外在煉丹之道家術士之法。而《周易參同契》又名《參同契》，是一本講煉
丹術著作，被稱為「萬古丹經王」，相傳作者是東漢的魏伯陽（？～？）。《周
易參同契》結合《周易》之道理，探討天道之運行及其表現，結合《周易》之
理，對金丹爐火之術的藥物、火候、鼎器等問題作有系統之說明；《周易參同
契》還將大易、黃老之關係做相關之結合，以體用的方式貫通道體與器用，溝

〔註69〕清‧十五代祖師北海老人原著，《理數和解》，頁157。
〔註70〕唐‧孔穎達等，《周易正義》，頁591～592。
〔註71〕張崇俊，《易經皇極經世辨釋》，臺北：上英印刷股份有限公司，1993年，頁
　　　　24。
〔註72〕唐‧孔穎達等，《周易正義》，頁224。
〔註73〕清‧十五代祖師北海老人原著，《理數和解》，頁164。

通形而上與形而下之理路思緒，從而建構起一個有體有用的獨特丹道哲學理論體系。明朝楊慎《古文參同契序》也指出：「《參同契》為丹經之祖，然考隋唐《經籍志》皆不載其目。惟《神仙傳》云：『魏伯陽，上虞人，通貫詩律，文辭贍博，修真養志，約《周易》作《參同契》。』」〔註74〕

北海老人云：

> 夫金丹者，乃仙家之寓言，實屬易學之真諦也。何謂金？補離成乾之謂也。何謂丹？萬殊歸一之謂也。〔註75〕有以離中之真陰為性，坎中之真陽為命者；離中乃夏至之氣也，坎中乃冬至之氣也。以陰陽二氣為性命，乃氣質之性，氣數之命也。此說較之告子，猶下一籌。何也？告子雖言性，未嘗教人矯揉造作，團結龜蛇，運搬龍虎也。
>
> 人身之氣，呼吸升降，本於自然；如必升者使降，降者使升，妄動氣血，有乖天常；不惟不能成道，妄動氣血之病，從此生矣！〔註76〕

其中提到：「人身之氣，呼吸升降，本於自然；如必升者使降，降者使升，妄動氣血，有乖天常」也就是北海老人認為，人本就該崇尚自然，返回自然。若是一味的違反天常，則會「不惟不能成道，妄動氣血之病，從此生矣！」這裡所提及的就是道家的抽坎填離。卦上來說，坎中滿，坎上下是兩個陰爻，中間是一個陽爻，離和坎正好相反，離中虛，離卦上下兩個陽爻，中間一個陰爻。把坎中的一陽爻抽出來填到離卦中，就是後天返先天，就是把坎離變成了乾坤，修養心性。使得坎下離上火水未濟卦，成為離火在下，坎水在上的水火既濟卦。而道家將之用於運用身體的能量即氣和意念，在身體內進行周天運轉，其中還分為大周天即小周天。用生命源泉之水（腎水）去滋養生命動力之火（心火），不斷的為生命之火來提供補充，從而壯大和擴展生命的力量，引導腎水練精化氣的過程。希望達到身體內陰陽的平衡，恢復人體先天自然充足的能力，進而讓身體能夠健康強壯，容顏煥發，百病消除。而北海老人認為：「於是火降水升，金木交並，抽汞填鉛，種種造作，苦死無成；尚且終身不悟，以訛傳訛，自誤誤人，可悲可憫。」〔註77〕修天道，應該是尊崇自然，而不是「如必升者使降，降者使升，妄動氣血，有乖天常」。

北海老人又云：「易不始於先天之畫，畫前原有真易；道不始於中天之傳，

〔註74〕蕭登福，《周秦兩漢早期道教》，臺北：文津出版社，1998年，頁310。
〔註75〕清・十五代祖師北海老人原著，《理數和解》，頁153。
〔註76〕清・十五代祖師北海老人原著，《理數和解》，頁164。
〔註77〕清・十五代祖師北海老人原著，《理數和解》，頁165～166。

不傳豈無至道？」〔註78〕又云：「無極而太極，是為天命之謂性，先天變後天，自天而人，即河圖之順行相生，乃原其始之所自來也。太極還無極，是為窮理盡性以至命，後天返先天，超凡入聖，即洛書之逆行相剋，乃要其終之所由歸也。」〔註79〕言明道創生萬物由無到有，由一到多，由簡單到複雜的過程。修行感應源於心的感召，修行重在修心，而修行的目的就是反其道而行，將落入後天的混濁之心，經由修行的約束及體悟，回復原始的面目。即所謂的：「一本散萬殊，萬殊歸一本」唯有在修行的路上，精進修行，才能讓生命的境界得到完美的提升，以及獲得最終的覺悟而解脫。《周子全書》九江本中云：「自無極而為太極。太極動而生陽，動極而靜，靜而生陰，靜極復動。一動一靜，互為其根；分陰分陽，兩儀立焉。陽變陰合，而生水、火、木、金、土。五氣順布，四時行焉。五行，一陰陽也；陰陽，一太極也；太極，本無極也。五行之生也，各一其性。」〔註80〕所有事物皆有陰與陽，既相互依靠又相互制約且存有相互轉化的關係。從大道化萬物的順序看的話，是從太極分陰陽開始的，而後有五行的產生。而逆著來路，尋求清靜無為的來路，返回到大道與道同體，達本還源回復原始的面目，這才是真修實煉。

　　故而，北海老人言：「無極者、理也、神也。太極者、氣也、數也。理、神、經也。氣、數、緯也。經者常而不變。緯者變而有常。常則不疾而速，不行而至，無為而成。變則有名可稱，有跡可循，往來代謝。」〔註81〕北海老人認為理、氣之間實際上就是經與緯的關係，理是靜態的，常而不變；氣是動態的，變而有常；而象則稟承理、氣而生。恆常之事理「不疾而速，不行而至，無為而成」，因為一個東西如是常態的話，那麼它的性質一般而言不會改變。但是如果這個東西一直處在變化之中的話，那麼它的每一個性質狀態就很難保持很久。呂大臨則曰：

> 喜怒哀樂之未發，則赤子之心。當其未發，此心至虛，無所偏倚，故謂之中。以此心應萬物之變，無往而非矣。……此心度物，所以甚於權衡之審者，正以至虛無所偏倚故也。……何所準則而知過不及乎？求之此心而已。此心之動，出入無時，何從而守之乎？求之於喜怒哀樂未發之際而已。當是時也，此心即赤子之心，即天地之

〔註78〕清・十五代祖師北海老人原著，《理數和解》，頁 168。
〔註79〕清・十五代祖師北海老人原著，《理數和解》，頁 172。
〔註80〕宋・周敦頤，《周子全書》，臺北：臺灣商務印書館，1978 年，頁 4～14。
〔註81〕清・十五代祖師北海老人原著，《理數和解》，頁 171。

心，即孔子之絕四，即孟子所謂「物皆然，心為甚」〔註82〕
即《易》所謂「寂然不動，感而遂通天下之故。」此心所發，純是義理，與天下之所同然，安得不和？亦即，人之思慮活動，皆是具體的經驗現象，故稱之已發；而所思及所慮，無論為善或惡，都是由氣心負責。故而赤子之心，就是一顆率直、純真、善良且淡泊而無動於衷但是，生命力卻旺盛的心，就像那不知笑的嬰兒一樣純潔無瑕。故而，北海老人言：「無極者、理也、神也。太極者、氣也、數也。」至於超越之天性本體，則是絕對至善、純是天理，回歸無極，不為氣稟所雜，故稱之為未發。北海老人又云：

> 理也、氣也、象也，此不易、變易、交易，三易之所自來也；亦愚人、賢人、聖人之所由分也。愚人執象，賢人通氣，聖人明理。學易者，皆言「先天」、「後天」，而未言及「理天」者，何為先天？生天者是。何為後天？天生者是。生天者，理也，至靜不動天也。天生者，象也，經星緯星天也。一氣流行，默運四時，宗動天也。道心，理也。上應至靜不動天，此生天生地，常而不變之天也，造此者謂之聖域。儒曰：「大成至聖」，釋曰「大覺金仙」，道曰「大羅天仙」，三教歸一者，歸於理也。故儒曰「窮理盡典」，道曰：「三品一理」，釋曰：「一合理相」，言雖不同，而理則一也。〔註83〕

亦即，北海老人認為「生天者，理也，至靜不動天也」「此生天生地，常而不變之天也，造此者謂之聖域」，也就是「不易」之「理天」。而三教雖然有不一樣的說法或稱呼，但是「言雖不同，而理則一也」，也就是三教歸一的概念。其中提到：「何為先天？生天者是。何為後天？天生者是。」這段論述，在道場中的道義宣講中，是最基本的論述。只要是道親，都習慣於一貫道稱自己的佛堂為先天佛堂，而其他宗教為後天寺廟及鸞堂。先天的修行法，必須由人間象天，經由慧、命雙修，且積功累德，等到功德圓滿之後，脫離象天即氣天的限制，超氣入理，返回常而不變之理天聖域，成仙、成聖、成佛。又云：「先天下而開其物，後天下而成其務。此易之所以為五經之祖，萬法之源也。明乎此，則宮商角徵羽可從而辨，君臣民事物可得而理。……若明乎理為宗祖，氣為父母；象為同氣，同理之由來，則三教一家，萬國一家，……君臣、父子、

〔註82〕宋・程顥、程頤著，王孝魚點校：《二程集》，北京：中華書局，2006 年，頁607〜608。

〔註83〕清・十五代祖師北海老人原著，《理數和解》，頁 177。

夫婦、兄弟、朋友，各盡其職。如此則，堯天舜日，可以復見；賢關聖域，可以同登。而大同之世，即在於今日矣！」〔註84〕由此可見，北海老人對於《周易》之推崇，認為「此易之所以為五經之祖，萬法之源也」「若明乎理為宗祖，……而大同之世，即在於今日矣！」。將《周易》之思想融會貫通於道中，引導修道人回歸無極，不為氣稟所雜，達本還源。尤其一貫道常常將白水老人韓雨霖（1901～1995）所說的一句話在道中宣講：「修天道要由人道做起」也就是將《孟子‧滕文公》：「父子有親，君臣有義，夫婦有別，長幼有序，朋友有信。」在現實生活中實踐。只要做到這些，北海老人認為：「堯天舜日，可以復見；賢關聖域，可以同登。而大同之世，即在於今日矣！」

第三節　三教合一思想

　　王覺一對於宇宙時間之生滅，乃受邵雍《皇極經世》「元會運世」的觀念所影響。〔註85〕「變易之氣，動而流行，有終有使，大限不過十二萬九千六百年，終歸窮盡。」〔註86〕也就是說一元＝12會×360運×30年＝129600年。這便是《皇極經世》中，把世界從開始到消滅的一個周期叫做一元，天地一始終的數目。所以李皇穎在《北海老人《三易探原》義理探賾——以宇宙論為探討核心》中就提到：

　　　　王覺一的學說思想並非憑空而來，乃有所根據，其將《皇極經世》
　　　　「元會運世」之觀念，推崇為正宗嫡傳思想，修辦者皆需通曉，方
　　　　可掌握過去、未來，運諸指掌，否則便是自欺欺人，乃千古之罪人。
　　　　此「元會運世」觀念，顯然對王覺一教義建構上的影響極深。〔註87〕
由此可知，王覺一希望修道者是要「掌握過去、未來，運諸指掌，否則便是自欺欺人，乃千古之罪人。」是要有所本而不是盲修瞎煉。所以才會將《皇極經世》中的觀念如此的看重，將其中的理論融入一貫道的道義當中。

　　《朱子文集》中的〈答黃道夫一〉一書云：

〔註84〕清‧十五代祖師北海老人原著，《理數和解》，頁181～182。
〔註85〕鍾雲鶯，〈一貫道《道統寶鑑》的道統觀與王覺一的宗教改革〉，《台灣宗教研究》，第15卷第2期，2016年12月，頁141。
〔註86〕清‧十五代祖師北海老人原著，《理數和解》，頁82。
〔註87〕李皇穎，《北海老人《三易探原》義理探賾——以宇宙論為探討核心》，頁202頁。

天地之間，有理有氣，理也者，形而上之道也，生物之本也；氣也
者，形而下之器也，生物之具也。是以人物之生，必稟此理然後有
性，必稟此氣然後有形，雖不外乎一身，然其道氣之間，分際甚明，
不可亂也。……《詩》曰：「天生蒸民，有物有則。」周子曰：「無極
之真，二五之精，妙合而凝。」所謂「真」者，理也；所謂「精」
者，氣也；所謂「則」者，性也；所謂「物」者，形也。〔註88〕

朱子認為，天地間有兩種根源存在，一是為「理」，是形而上之道，是為生物
之本；一是為「氣」。是形而下之器，是生物之具。因為有「理」、「氣」的存
在，所以才會有人性及人身的存在。所以，人身自父精母血媾精之後，精賴血
養，血賴精成，無極真理亦即天賦即降予人身，產生創造的天道及道體。

朱子對「理氣二元」提及多次，云：

夫「天生蒸民，有物有則」，物者，形也；則者，理也。形者，所謂
「形而下」者也；理者，所謂「形而上」者也。〔註89〕

此處提及理為形而上，而器物形體為形而下。但是，因為有性理賦予氣凝結而
成的形體，如此才能成無一器物。因此，朱子下一語云：「形而上者謂之道」，
物之理也；「形而下者謂之器」，物之物也。〔註90〕也就是說，朱子以「理器
（氣）二元」的型態等同於《易經》的「形而上者，謂之道；形而下者，謂之
器；」。〔註91〕

在《朱子語類》中有云：

「形是這形質，以上便為道，以下便為器，這個分別得最親切。……」
又曰：「形以上底虛，渾是道理；形而下底實，便是器。」〔註92〕

在這裡，朱子將《易經》〈繫辭上〉的「形而上者謂之道，形而下者謂之器」
做了一番解釋，讓天象地形上存在的抽象原理及天地變化、陰陽交感所生的具
體事物做了關係的梳理及界定。所以說，朱子所提到的「形而上」與「形而下」
或「理」與「氣」，雖然看起來是二個不同的概念，然而，彼此之間卻是緊密

〔註88〕宋・朱熹，《朱子文集》，〈答黃道夫一〉，本文採版本為陳俊民校編：臺北：德
　　　　富文教基金會，2000年，卷58，頁2799。
〔註89〕《朱子文集》，〈答江德功二〉，卷44，頁1968～1969。
〔註90〕《朱子文集》，〈答呂子約十二〉，卷48，頁2186。
〔註91〕唐・孔穎達等，《周易正義》，頁598。
〔註92〕《朱子語類》，採用版本為朱傑人等編：《朱子全書》，上海：上海古籍，2002，
　　　　卷75，頁2571。

的連結並非是隔離而不交通的二元型態。

朱子云：「太極無方所，無形體，無地位可頓放。……動靜陰陽皆只是形而下者。然動亦太極之動，靜亦太極之靜，但動靜非太極耳，故周子只以『無極』言之。」〔註93〕認為「理也者，形而上之道也，生物之本也；氣也者，形而下之器也，生物之具也。」「形以上底虛，渾是道理；形而下底實，便是器。」而王覺一認為「理天者何？無極是也。氣天者何？太極是也。」

鍾雲鶯在《王覺一生平及其理數合解理天之研究》提到：

> 王覺一繼承、吸收了邵雍與朱子的學說思想，並加以轉化，對邵雍「元會運世論」的轉化方面，側重時間的描述；對朱子「理氣二元論」的轉化方面，則側重空間的描述，據此建構完整的宇宙觀。理學思想經過王覺一的再詮釋，轉化成為傳道立教所需的教義思想，有所創新，非固守傳統之說。理學思想透過宗教的發展，在民間的延續，亦由此可見。〔註94〕

例如王覺一剖析朱陸兩者格物之說云：「有以格物為格事物之物者，朱子之學也；有以格物為格物慾之物者，陸子之學也。」〔註95〕其深入的研究才能將朱陸學說之差別分辨清楚，進而有自己的創見，將此心得融入道義當中，轉化成為傳道立教所需的教義思想。

李皇穎在《北海老人《三易探原》義理探賾——以宇宙論為探討核心》，云：

> 王覺一融合三教學說，吸收理學家的學理基礎，並加入個人修辦道的體悟，透過《大學》、《中庸》、《易經》等經典的注解，建構了理／氣／象的宇宙論。他與理學家最大的差異，在於他將理學思想融入修行理念之中，以修行的層面為理學注入新生命。如《三易探原》中，王覺一解釋「格物」云：「格物之法，有要道焉：先格無極之理，窮天地之大源；次格太極之氣，究萬物之父母；再格兩儀之象，分動靜之由來。」〔註96〕

王覺一以修辦道的體驗，以道的觀念，窮究天地的根源，探究萬物的造物者，

〔註93〕宋・朱熹，《朱子語類6》，北京：中華書局，1986，卷94，頁2369。

〔註94〕鍾雲鶯：《王覺一生平及其《理數合解》理天之研究》，臺北：花木蘭出版社，2011年3月，頁124。

〔註95〕清・十五代祖師北海老人原著，《理數和解》，頁26。

〔註96〕李皇穎，《北海老人《三易探原》義理探賾——以宇宙論為探討核心》，頁208。

分析動靜本源之由來。不再像理學家為了學問爭論「格物」之義，而是要為生死輪迴的大事，跳脫後天的框架，探究天地的本源。且將理、氣、象的宇宙論融入修行理念之中，用天道的自然規則或者宇宙規則來解釋「格物」的本義。在《大學解》中云：「大學之道，必須真師指點，理天、氣天、象天之源⋯⋯然後知：得之理天者，乃惟微之道心。道心即明德，明德即至善。得之氣天者，為惟危之人心；得之象天者，為血肉之心。」〔註97〕《中庸解》云：「得之理天者、神為元神，心為道心。開竅於目。得之氣天者、神為識神，心為人心，開竅於口鼻。」〔註98〕《三易探原》云：「無極理天，包乎太極氣天之外，貫乎太極氣天之中；包乎太極氣天之外，為天外天、不動天、大羅天、三十三天；貫乎太極氣天之中，為天中之天、天地之心。」〔註99〕又云：「理天者何？無極是也。氣天者何？太極是也。⋯⋯置無極於無關緊要之地，豈知太極已落陰陽，非氣而何？⋯⋯理天氣天雖皆無形，然氣天流行，寒暑代謝，動而有跡可見；理天不動，靜而無象難窺。」〔註100〕又云：「若以理天為天，則天即道，道即天，不分彼此，何有出入？若以氣天為天，則天之大源出於道，而道之大源不出於天。」〔註101〕《一貫探原》云：「氣天、象天、雖分九重：而造曆之法，實本於三。」〔註102〕又云：「五常即至靜不動，常而不變之理天也。修理天之果者，則以性為理。修氣天之果者，則以性為氣。修象天之果者，則以性為離，為日、為汞、為龍、為鼎、為奼女。」〔註103〕⋯⋯。所以說，王覺一的「理、氣、象三層天」，是一貫道在闡述宇宙論時的根本核心，建構出修行者的修行層次的觀念及目標，也就是超氣入理的成道目標。且將各大家及各教的精華，融匯貫通，建立「以儒為宗」的修行法門。由此可知，王覺一除了將「理氣二元」之說融入道義當中成為修道的準則，更將「理」的範圍擴大解釋，成為和其他宗教不一樣的中心思想，成為他在詮釋宗教上的獨創性。

《三易探原》云：

> 《清靜經》以清靜為主，《金剛經》亦言清靜，《大學》以定靜為入

〔註97〕清・十五代祖師北海老人原著，《理數和解》，頁28。

〔註98〕清・十五代祖師北海老人原著，《理數和解》，頁53。

〔註99〕清・十五代祖師北海老人原著，《理數和解》，頁62。

〔註100〕清・十五代祖師北海老人原著，《理數和解》，頁66。

〔註101〕清・十五代祖師北海老人原著，《理數和解》，頁81。

〔註102〕清・十五代祖師北海老人原著，《理數和解》，頁105。

〔註103〕清・十五代祖師北海老人原著，《理數和解》，頁116～115。

手。道曰「虛無」，佛曰「寂滅」，而《中庸》亦曰：「上天之載，無
聲無臭。」道曰「守一」，佛曰「歸一」，而儒亦曰「貫一」。佛曰「色
空」，道曰「有無」，儒曰「顯微」。佛曰「觀音」，道曰「觀心」，儒
曰「顧諟天之明命」。道曰「覆命」，儒曰「復禮」，佛曰「亦復如
是」。佛曰「明心見性」，道曰「修心煉性」，儒曰「存心養性」。下手
之法，究竟之處，三聖同源。〔註104〕

雖然說，三教都各有所遵守的基本教條及成立的條件，但是，在基本的源頭及
理論上，三教之教義原本就有相通之處。如果相互攻擊傷害毀謗，是為忘記道
之根本才會有這樣的情形出現。所以，北海老人才會提到「當時三教分門，互
相牴牾，各執其見，不能歸一者，囿於人不達於天，各據枝葉，迷忘根本也。」
〔註105〕因此，真正的宗教家及修道者，必定要有曠達不羈的心胸及遊目騁懷
的遠見。如果能夠朝著三教合一及五教同源的目標及精神向前邁進，彼此之
間，相互尊重、彼此包容、相處平和，透過溝通對話，存異求同，追求和平共
榮。那麼，這個社就能夠實踐「大道」，在賢能之士的領導之下，人人都能夠
講求仁義道德、追求和諧及融洽的生活，從而建立起互助互愛的生活環境，所
有人都能為他人著想、先人後己、捨己為人，人人一心只為社會貢獻勞力，如
此，世界大同的理想必定會逐漸實踐。北海老人就提到：「孔孟之道，有資於
老聃。周程之學，實本於希夷。柱下吏官，華山道士，皆有益於儒，無害於儒。
奈何自昌黎而後，以毀佛辟老為正事」〔註106〕原本教與教、學派與學派之間
是相互砥礪及幫助的，但是，元和十四年（西元 819），唐憲宗要迎佛骨入宮
內供養三日。韓愈寫下《諫迎佛骨》，上奏憲宗，極論不應信仰佛教。在在顯
示出相互攻擊傷害毀謗，是為忘記道之根本之情勢。因此，王覺一云：「三教
歸一者，歸於裡也。縱使各具枝葉，不肯歸一，天定勝人，終歸於一也。」也
就是說，王覺一認為，三教歸一是必然的趨勢，就像是個枝葉再怎麼茂盛，但
是源頭只有一個。因此才會提到：「儒有存心養性，一貫之道；佛有明心見性，
歸一之道；道有修心煉性，守一之道；躬行實踐，儒能成聖，釋能成佛，道能
成仙，謂之『正法』。」〔註107〕

〔註104〕清‧十五代祖師北海老人原著，《理數和解》，頁 84～88。
〔註105〕清‧十五代祖師北海老人原著，《理數和解》，頁 88。
〔註106〕清‧十五代祖師北海老人原著，《理數和解》，頁 88。
〔註107〕清‧十五代祖師北海老人原著，《理數和解》，頁 69。

　　以儒為宗，佛、道為輔，這是一貫道場中，應時應運的說法。儒、釋、道三教，同出一源，各教平等，皆傳聖賢道脈，所以王覺一這樣說明：

　　　　佛、老亦古聖人也。余愛之慕之，惟恐言之不能盡其詳，行之不能
　　　　造其域，豈但兼及而已哉！〔註108〕

王覺一認為，「佛、老亦古聖人也」，三教聖人所傳的心法及教義是殊途同歸。《一貫探原》云：「昔孔子往聖，曾問：『禮』於道君。當今聖主，猶特重於『佛典』。世祖有歸山之詩，自稱為『西方衲子』。世宗有語錄之傳，己曾言『化城遊歷』。國初諸聖，大都深入佛海，兼重道藏。」〔註109〕又云：「語錄云：『吾本大覺法王，欲紹堯、舜之治，故循周、孔之轍。』此本朝三教並重之由來也。故能道繼二帝，治邁漢、唐，深仁厚澤，曠代未有。」〔註110〕將三教並重真內涵及意義作了一翻說明。又云：「孔子一貫之一，釋迦歸一之一，老子守一之一也。是一也，佛曰：『金剛』，道曰：『金丹』，儒曰：『天命之性』，名雖分三，其實一也。」〔註111〕說的就是，不管是「萬法歸一」、「抱元守一」或是「執中貫一」，所提到的空其執著，不空其條理；又或是清心寡欲，神不外馳；還是固守中庸大道，萬事萬物均通於一理，一以貫之。三教所傳皆為聖賢及仙佛的命脈，並沒有高下或者是主從之分別。因此，在現今的一貫道場中，研究諸如《大學》、《中庸》、《論語》、《孟子》、《金剛經》、《般若波羅蜜多心經》、《道德經》、《清靜經》、《易經》……等的三教經典研究，成為一貫道場的特色。

　　因此，在《一貫道簡介》中云：

　　　　三教原是一理所生，雖分門別戶，言論各有不同，然而究其實際，
　　　　概屬一理。故，宋全真教王重陽云：「儒門釋戶道相通，三教從來一
　　　　祖風。」，又云：「三教不離真道也，喻曰似一根樹生三枝也」。是知
　　　　三教俱是因時而設，應運而興，無非代天宣化，挽救人心，化惡為
　　　　善，化莠為良而已。況道家以虛無為本，注重保養虛靈，返回無極；
　　　　釋家以寂靜為根，注重返觀寂靜，滅除雜慾；儒家之明明德，注重
　　　　私慾淨盡，天理純全。天理就是至善，亦可說是寂靜，寂靜便是無
　　　　極，無極即是真理，三教宗派，皆由無極一理而生也。且佛講萬法

────────────

〔註108〕清・十五代祖師北海老人原著，《理數和解》，頁142。
〔註109〕清・十五代祖師北海老人原著，《理數和解》，頁142。
〔註110〕清・十五代祖師北海老人原著，《理數和解》，頁142。
〔註111〕清・十五代祖師北海老人原著，《理數和解》，頁147～148。

歸一，明心見性；道講抱元一，修心煉性；儒講執中貫一，存心養性。雖三教之傳法不同，要皆以一為本原，以心性為入手，自是由一理而化為三教，猶人之一身而分為精氣神焉。現在三教合一，乃收圓之象，猶之返本還原，俱為不昧之靈性，則又合為一也。三教大道既以性理為宗旨，故其綱常倫理，均係性天中流露性體既明，倫常不習自正，所謂明體達用，本固枝榮，自然之理也。惟今三教早已失其真傳，幾臨廢絕，故性理真傳，必須三教齊修，不偏不倚，行儒門之禮儀，用道教之功夫，守佛家之規戒，擷取三教之精華，方克有成。〔註112〕

三教雖然分門別戶，但是實際所傳概屬一理。各教的教義都是要修行者，代天宣化、挽救人心、化惡為善及化莠為良。其中，佛教講的「萬法歸一，明心見性」，道教講「抱元守一，修心煉性」，儒教講「執中貫一，存心養性」，三教所講的一，就是所謂的道也。道就是真理，而真理就是自己的本性及良心，這本性及良心就是原本的佛性，而這個佛性就是原本靈性的真面目。一貫道所講的三教合一，就是世界大同之收圓之象，就是要返本還原，捐棄成見與我執，成聖成佛。所以，一貫道提倡的性理真傳，必須是三教齊修，「行儒門之禮儀，用道教之功夫，守佛家之規戒，擷取三教之精華，方克有成」。

第四節　小結

　　王覺一的宗教思想橫跨三教，其中在《一貫探原》中舉例釋家神光拜達摩之事蹟：「達摩問曰：『萬法歸一，一歸何處？』……後有偈曰：『不知到底一歸何？是以神光拜達摩，立雪少林為甚事，只求一指躲閻羅。」〔註113〕及道家黃龍機禪師與純陽祖師之問答：「黃龍機禪師問曰：『下邊是何道人？』呂祖應曰：『雲水道人』禪師曰：『雲盡水乾，子歸何處？』呂祖言下大悟，因有詩曰：『棄卻瓢囊摔碎琴，而今不煉礦中金，自從一見黃龍後，始悔當年錯用心。』」〔註114〕來說明佛、道所言及所修持之相同處。又云：「是故王道必本天德，性命不外倫常，體用本末，缺一不可。知此者謂之知道，行此者謂之得道，完此

〔註112〕中華民國一貫道總會，《一貫道簡介》，臺南市：靝巨書局，1988 年，頁 16～17。

〔註113〕清‧十五代祖師北海老人原著，《理數和解》，頁 154。

〔註114〕清‧十五代祖師北海老人原著，《理數和解》，頁 154～155。

者謂之成道。如是大之可為聖賢，次亦無愧名教。持此以繼往，則為堯、舜、文、周，孔子、顏、曾，濂、洛、關、閩之嫡派：持此以開來，則為道德文章，禮樂刑政，忠孝節義之宗師。較之佛門三宗五派，道家五祖七真。似乎亦不甚相背矣！」〔註115〕在這裡，王覺一提到儒家之「道德文章，禮樂刑政，忠孝節義」和佛門及道家之說並不相違背。

所以在《理性釋疑》中云：「孔子以率性而成聖。釋迦以見性而成佛。老君以得性而成道。此明心見性。存心養性。修心煉性；歸一、守一、一貫之所自來也。」〔註116〕又云：「儒曰：『窮神知化』，道曰：『谷神不死』，佛曰：『正法眼藏，涅槃妙心』；言雖不同，而理則一也。」〔註117〕又云：「三教聖人，繼往開來，乃道統之夏也。」〔註118〕又云：「三教聖人，雖天各一方，地分華夷，而其教之不異，若合符節。三教之相同者，心也、性也、一也，道之體也。其或微有不同者，各隨起俗而制其宜也。」〔註119〕……等。凡此種種，皆在證明王覺一的宗教思想不拘於一偶，雖然各教的說法或有相異，但卻是「其或微有不同者，各隨起俗而制其宜也」。

王覺一的思想觀念及研究心得是融匯貫通各教的精華而成，對於一貫道的發展實具有承前啟後、繼往開來的重要地位。一貫道的十五代祖師王覺一，在宗教上的改革及創建及在學術界的立論地位皆是典範。也就因為如此，才能奠定一貫道傳承道統道脈的基礎，至今這個道脈基礎仍為一貫道所遵奉實行。

〔註115〕清・十五代祖師北海老人原著，《理數和解》，頁161。
〔註116〕清・十五代祖師北海老人原著，《理數和解》，頁163。
〔註117〕清・十五代祖師北海老人原著，《理數和解》，頁165。
〔註118〕清・十五代祖師北海老人原著，《理數和解》，頁167。
〔註119〕清・十五代祖師北海老人原著，《理數和解》，頁169。

第三章　張天然及易學著作與思想

　　一個人的成長環境，對於他的種種行為，通常有潛移默化的重要影響。而一份專書對於某人思想的學術研究，更應該從其生長的環境中，了解其出生、從學、做人、做事……等微末之處來予以了解。一件事情的發生，往往就足以成為其著述的發展與建構。因此，對於作者的生平做一個完整的了解，就成為了解其學術思想的重要關鍵。雖然張天然（1889～1947）所處的時代距今不是很遠，但是對於張天然易學思想的研究幾近於缺乏。所以筆者將從其所留下的著作、專集、一貫道中所珍藏的史料書籍、即道場中的佛堂擺設及辦道禮儀做全面的分析及彙整。期望能將其易學思想，經由整理分析後，詳細分析呈現，以供日後對張天然易學思想研究者有參考之依據。

第一節　生平

　　清光緒十五年（1889）歲次己丑七月十九日，張天然生於山東省濟寧城外南鄉雙留店的小康之家，祖籍魯西。張光璧（1889～1947），字奎生，道號張天然、天然子、弓長祖師，一貫道中徒眾相信係濟公活佛轉世，道中人尊稱為師尊。父親張玉璽，母親為喬氏。五歲時開始上家鄉的私塾讀書，父張玉璽亦親自教授詩書，對四書五經及朱子、陸子、王陽明等之理學，十八歲前已閱讀完畢。所學之中，熱愛王覺一祖師之道學、堯舜心法及道佛玄理等。對四書五經中聖賢道理，深刻心中且身體力行，而且以事親至孝聞名而聞名鄉里。宣統元年（1910），張氏二十二歲時曾經離開家鄉，跟隨著姑父張勳章離家出外到南京與上海一帶，投入江房兵營，擔任過清朝時的低階軍官。由於戰亂時期，

看到同胞彼此的殺戮，惻隱之心油然而生。宣統三年（1911），因為接獲父親病危通知，於是辭軍籍返回家鄉，無奈父親身染重病、回天乏術，撒手人寰，悲痛欲絕。

張氏在服喪兩年屆滿時，奉母親之命取朱氏，隔年得一女。但是生產後，朱氏疾病纏身，不久去世。因為老母及幼女無人照顧，於是在民國二年（1913），再與劉氏結婚，生有二子，長子茂田早逝，次子為茂明。

民國三年（1914），第一次世界大戰爆發，日本軍在八月間攻佔山東青島。同年秋季，山東省某些地區暴雨成災，造成人民生命財產重大損失。民國四年（1915）底，袁世凱稱帝引發反袁的革命浪潮，洪憲帝制失敗後，中國進入軍閥割據的混亂時代，讓人民的生活更加困苦。民國四年（1915），張氏二十七歲，有一天遇到一位闡說孔孟聖道地褚思恕老師。褚老師詳述天道降世儒家應運大開普渡的道理，張氏一聽便心生歡喜，並且深受褚老師宏揚儒家聖道的用心感動。回家後稟明母親，為求慎重，由母親先去求道後，覺得所求的道很好，於是才正式求道。求道時，拿了家中的五畝地當功德費，令人動容也顯示出求道的決心。得求一貫道以後，張光璧才真正徹悟到自己自幼勤讀的聖賢之道的精神就在於求道。唯有求道才能真正奉行聖賢之道，也才能渡越生死大海。從此他決心盡一生的能力喚醒沉睡在世間的迷人，救濟沉溺在苦海中的眾生。

求道之後，由於聽說「道」可以超拔父母出苦海，升入天堂。而想起父親早逝的傷痛，基於對父親的一片孝思的原動力，於是張氏發心認真的修道及好好地辦道渡人，以便能超拔父親，報答親恩。於是張氏家中設立佛堂，齊家修道，數年之間，渡人六十四位，但是因為十七代祖佛規所定，渡一百人才能超拔一層父母。而張氏渡了六十四位以後，無法再多渡人，而佛規又規定要渡一百人才可以超拔父母，因此張氏十分憂煩。

褚老師看張氏如此的有孝心及誠心，於是稟明老祖師說：這位張先生想超拔父親，就是不能渡一百人，甚是難過。〔註1〕因此，老祖師懇請老申慈悲。老申云：

> 由此人開始六十四功加一果，從此誠心修道者，渡六十四人就可以
> 超拔父母。〔註2〕

〔註 1〕林榮澤，《師尊張天然傳》，臺北：一貫義理編輯苑，天書訓文研究中心，2010年，頁16。

〔註 2〕白水老人，《祖師師尊師母略傳》，彰化：光明國學圖書館印行，2013年，頁14。

於是在民國七年（1918），張氏獲准超渡亡父，實現了他超拔亡父，報答親恩的願望。張氏對父親、母親的孝思，正是為白陽期的一貫弟子做一個最好的典範，讓白陽修士了解到孝道是修道的首要基礎。

從民國四到九年間，張氏辦道渡人的心很真切，對道的體悟很深。為了渡化眾生，幾乎是挨家挨戶的敲門，苦口婆心地向人闡述孔孟聖道是救世金丹的道理，勸人快來求道。民國九年，褚老師歸空，路祖派人把張氏找來，經由路祖的推薦，成為代表師，從此跟隨路祖四方傳道。

直到民國十九（1930）年，張氏與孫氏同領天命，成為普渡三曹的一代名師，張氏知道自己的使命，就是要將古聖先賢所流傳下來的寶貴真理，讓所有的眾生得以領受。而且除了追求名利溫飽之外，追求靈性的得救與生命的永恆才是最重要的一件事。

路祖時期的辦道方式，資格及條件都非常的嚴格，並非一般大眾可以遵行的。因此，道務推展無法放開手腳受到許多限制，雖然有傳到山東、山西、河南、陝西四省，但其規模並不大。當張氏承領天命之後，將路祖時期的嚴格辦道方式改變為較能普遍大眾接受的方式，不必立刻清口茹素也不用夫妻分房，只要引保師具實推薦身家清白、品行端正就可以求道。所以在離開濟寧後，一貫道得以一展鴻圖，將大道推廣到全中國。其中最關鍵的原因就是將修道落實於日常生活，由人倫做起，確立「修身、齊家、治國、平天下」的基調，實現「儒家應運」以契合時代之變遷，把性命中「明明德」的功夫，以「盡人道，合天道」來圓滿，完全改變佛教徒的修道方式。

在張天然將原本設在東門里的總壇正式改名為「崇華堂」，以此為開展道務的中樞，由自己主持，也稱為「中樞壇」之後，張天然即以濟南的佛堂為單位，開始向外地開荒傳道。期間，張天然除了自己努力開荒之外，更是指派前賢大德們到全國各地開荒傳道。例如在四十年代，山西省全省約有三萬道親，而陽高縣的下梁源村更有84%以上的人是一貫道的信徒。而忻縣在1940到1950十年中，全縣道親已有十七萬人，站當時全縣人口的80%，由此可知一貫道當時的盛況。

民國二十六年（1937），對日戰爭爆發，張氏為了安定人心，並給信眾修道有一定的方向，特頒定《一貫道疑問解答》，共有一百二十個問題解答，分為上下二卷。其中，選擇道親修辦到時常常會遇到的問題，一大部分由張氏親自解答，另外一些由幾位前賢代為解答後，再由張氏修正後集成。其中，張氏

在序言中強調，為何要編此書：

> 總而言之，余之目的，使修道者觀此，徹悟真理，而為進修之指南；慕道者閱之，疑釋理明，而作求道之門徑。人人若能照言實行，縱不能登峰造極，易可消宿世冤愆，齊脫苦海，共登覺路，是余之厚望焉。〔註3〕

在修行的路上，本就有各式各樣的問題及疑難會阻礙修行。如果得不到解答的話，往往會讓修道的道親們產生退道之心。所以，身為弘揚一貫道的領導者，使修道者徹悟真理、疑釋理明、消宿世冤愆、齊脫苦海及共登覺路是其身負的重責大任。而《一貫道疑問解答》一百二十個問題解答的頒定，就成為必定的過程。所以在《認理歸真》中，張氏提到了求得一貫道的好處有哪些：

（一）可以超生了死，就是超出陰陽，跳出五行，脫輪廻登極樂，免了生生死死在苦海，萬劫不能翻身。

（二）可以改惡向善，去邪歸正，求道才能找回本性良心，始能知道人心，有真有假，真的就是本性良心，亦即是元神。假的就是血心人心，即識神是也。

（三）可以消禍劫，解冤孽。禍劫冤孽皆由人自造的，因為人人放失本心，棄了八德，血心用事，所以作為悉違反良心，不合天理正道，因而結冤孽，造因果，殃連禍結，久而久之，遂釀成古今未曾有之大浩劫者，皆由世人失道故也。禍劫冤孽，既因放失本心失道的原因而釀成的，所以必須求道，求回本心，才可以消禍劫而解冤孽者明矣。〔註4〕

超生了死、脫輪廻登極樂、找回本性良心而能消禍劫而解冤孽是修行者的終極目標。這也是一貫道修行的方針，改毛病、去脾氣，讓自己的無名消解，達到阿耨多羅三藐三菩提的無上正等正覺的境地。

　　民國二十八（1939）年，因為華北地區的道務宏展，張天然將道務發展的中樞由天津移到北平。首度在北平鼓樓大街蔣家胡同 50 號，開辦了為期 35 天的「順天大會」，又稱為「爐會」，是由張天然親自主持，另有張五福、宮彭齡……等幾位道長負責一些具體的工作，參加人數多達 200 多人。除了《大

〔註3〕仙佛降鸞修訂，《一貫道疑問解答》，青島：德昌印刷局，1937 年出版，頁 1。
〔註4〕修行前賢，《認理歸真》，臺北：靈隱寺重印本，1992 年，頁 19～21。

學》、《中庸》、《道德經》、《金剛經》等經書的講解外，有很多時候，甚至是由仙佛直接來借竅訓練參加法會者。所以，這些受過鍛鍊的人，出班之後，均立下大愿道各處開荒傳道。而所謂的「爐會」的天數並不一定，有十六天、九天、十五天、十二天等，是一貫道栽培人才的方法，也著實讓一貫道發展迅速。但是，「爐會」的天數太長，衍生一些問題又惹來風言風語，所以到了民國二十九年就停辦了這類大法會。繼而改為三天以內的法會，稱為研究班、仙佛班或是懺悔班等的名稱。

其中，在為期 35 天的「順天大會」，張氏對「道之宗旨」有如下的講解：

> 道之宗旨：敬天地，禮神明，愛國忠事，敦品崇禮，孝父母，重師尊，信朋友，和鄉鄰，謹言慎行，改惡向善。講明五倫八德，闡發五教聖人之奧旨，恪遵四維綱常之古禮。洗心滌慮，借假修真，恢復本性之自然，啟發良知良能之至善，己立立人，己達達人，挽世界為清平，化人心為良善，冀世界為大同，是本道唯一之宗旨。〔註5〕

當時在會中的有三百位的一貫道的子，張氏希望在大會結束之後，每個弟子能夠從五倫八德做起，繼而體會五教聖人的苦心，在亂世當中，恪遵四維綱常之古禮。繼而將原本有的良善天心找回來，再由此為基礎，推己及人，家家生佛，讓這個世界成為大同世界，讓蓮花邦國在這世界中實現。

所以，張天然承繼了傳道的使命，所作所為皆以普傳大道為最重要的目標。得遇天道，得到心法的體悟，讓張氏要將「天道」傳揚開來的決心更加堅定。這一份悲天憫人的慈心，讓有緣的眾生得求自古不輕傳的真理大道，正是印證了現今大道傳遍各國的最佳印證。

第二節　易學著作與思想

張氏的救世思想，源於自幼喜讀十五代祖王覺一《理數合解》一書。其中，張氏所繪製懸掛在崇華總壇的《一貫道脈圖解》八章，內容有「先天無極理圖」、「太極炁天圖」、「兩儀乾坤圖」、「皇極圖」、「氤氳四象圖」、「渾天圖」、「五星緯天圖」、「五行圖」、「伏羲八卦圖」、「八八圖」、「文王八卦圖」、「節炁圖」、「白陽八卦圖」、「返本圖」等十四個圖，說明了張氏承繼了北海老人的易學思想及源流。以下就來探討這些圖的內容及其易學思想。

〔註 5〕《一貫道疑問解答》，頁 4。

一、先天無極理圖

「無極」是出自老子，而在《易傳·繫辭上傳》云「是故易有太極，是生
兩儀，兩儀生四象，四象生八卦。」〔註6〕無極指的是，天地於一剛開始的時
候，是無形無象，宇宙混沌一氣的狀態。而後，慢慢有了有形象的物質，是為
太極。之後，陰陽兩儀，陰中有陽，陽中有陰，陰陽協調於天地之間；接下來，
就有了太陰、太陽、少陰、少陽四象的出現；在四象的基礎之上，產生了新的
變化和組合，形成了八卦。將浩瀚宇宙間的一切事物和現象，藉由陰陽兩儀、
四象、八卦，將它們之間，互相對立鬥爭卻又是相互資生依存的關係做一個完
整的論述。

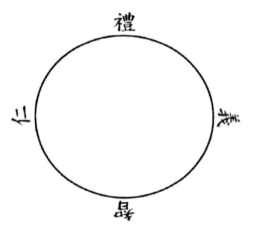

圖 3-2-1：先天無極圖〔註7〕

張天然在其對所從繪製的「先天無極圖」（如圖 3-2-1），此圖為其根據北
海老人王覺一在《一貫探原》一文中所繪製的「無極圖」而來的。對於此圖
的理解為，無極的真理，是無形、無象、無名、無量，卻又能化育萬物，故

〔註6〕清·十五代祖師北海老人原著，《理數和解》，新北：正一善書出版社，2005 年，
　　　北海老人簡介。

〔註7〕清·十五代祖師北海老人原著，《理數和解》，頁 120。

以一圈形知。四方的仁、禮、義、智，代表此一無極真理所含的內容。也就是其對易學的詮釋，除了有前人釋義的承繼之外，更有自己所獨到的見解。其他如〈伏羲八卦〉、〈文王八卦〉、〈白陽八卦〉、〈四象圖〉……等也都有獨到的見解。且又能將這些見解融入到一貫道的日常生活修持及道場禮節當中，讓一貫道場中的信眾有信仰的中心及依歸，再根據這樣的內容推廣到世界各國，實在是一件相當不容易的事情。以下是張天然對〈先天無極理〉圖的解釋為：

> 無極者，無形也、無名也、無量無邊、至虛至靈，極靜不動之理天也。此理雖神妙以渾然，實條理之分明。至無能生至有，至虛能御至實，為宇宙內萬有之本源。視之無形，而能形形；聽之無聲，而能聲聲。超乎九天之上，貫乎大地之下。雖不離乎炁，亦不雜乎炁；貫乎太極之中，包乎太極之外。寂兮寥兮，獨立而不改；杳兮冥兮，萬劫而不壞。為生天生地之母，萬物之始祖也。故天、地、日、月、風、雲、雷、澤，無不由斯而生；古、今、中、外人、物之性，無不由斯而降；仁、義、禮、智，寓乎其中，靜也；惻隱、辭讓、羞惡、是非，應乎其外，動也。靜極而動，萬物漸生，元會運世，以賴轉；動極而靜，萬物漸滅，天、地、人、物之歸宿。〔註8〕

張天然對於無級之理解為「無極者，無形也、無名也、無量無邊、至虛至靈，極靜不動之理天也。」而北海老人認為「生天者，理也，至靜不動天也」兩人都提到了「不動」之重點。就是沒有極限、極點及變化的一個空間或者狀態。無生無滅，跳脫過去、現在、未來的世間觀念，無邊無際，不可窮盡。雖然無形無象，卻能創造出宇宙間的萬事萬物。聽起來無聲無息，卻能造就各種的聲音出來。能夠超出九重天，也能夠貫入於萬物之中。能夠貫入太極之中，也能夠將太極包含於其內。歷經萬劫卻不受到毀壞，就像太上清淨經中所說的：「大道無形，生育天地；大道無情，運行日月；大道無名，長養萬物；吾不知其名，強名曰道」這裡所建構的，就是一貫道修行的心法法則。人的這一點靈性，雖然看不到摸不著，但是卻主宰著這個肉體。仁、義、禮、智孕育於內心當中，往外所展示的，是惻隱、辭讓、羞惡、是非之行為模式。「靜極而動」「動極而靜」，由內而外的展現人之種種行為，再由外而內的找回清淨本心，

〔註8〕張天然，《一貫道脈圖解》，頁1。

找回原本之歸宿。

《一貫道脈圖解心性釋義》有云：

> 無極乃無形、無名、無可言、無可說，然不言不說不足以明道，不
> 足以明無極之真，故強以一圓圈「○」象之。此圈小而無內，大而無
> 外；此圓可無邊無量增大，大到無物不包，無物不貫；此圓亦可以
> 無量無邊縮小，縮小到無物不入，無物不穿，動而放之彌六合，九
> 天之外靜而卷之退藏於隱微幽密之內。此無極圈先天地萬物而生，
> 後天地萬物而存，無始無終，無盡無端；又細線之圓周，其線無寬、
> 無度、無厚，摸之不著，執之不住，變動不居，其紋理圓融，周流
> 於太虛之中，先太極而生，後太極而存；先天地萬物而生，後天地
> 萬物而存。〔註9〕

無極進展致無限階段，雖然無形、無名、無可言、無可說，但是，不言不說
卻不足以明道。無極原本就無形無象，強以圓圈「○」來代表其形象。圓圈
「○」，代表的是一之靜態形象，此圓圈一動則可以大到不可再大之後，再突
破極限無線增大。縮小的話，可以小到不可再小之後，突破限制，繼續再縮小。
動靜伸縮，變化無窮，大到沒有外面，小到無法進入其內，無所不能貫穿進入，
無所不能包含於其中。在有天地之前，已經先存在；在萬物滅絕之後，其依然
存在。無始無終，無盡無端，摸之不著，執之不住，周遍流行、遍及空虛寂靜
的境界，先太極而生，後太極而存。

《一貫道脈圖解心性釋義》中，對無極做了解析：

> 人秉無極之天性而生，天命之謂性，無極本不可言，不可說；故知
> 吾人之自性即為無極之真。故吾人當守此一善之自性，時時以性王
> 作主，純一專直，不為物慾所拘，心物所蔽，展現無極性王純然之
> 德光，使身心正名而定分，性王作主，自然契合宇宙天地之運化，
> 合天地之德，合日月之名，合四時之序，合鬼神之吉凶。……故詩
> 云：「無極本體無形名，不可言說會賢英；為無獨知道不盡，人我兩
> 忘了分明。」〔註10〕

上天賦予我們的天性，原本具有良知良能，不為物慾所拘，心物所蔽。若能在

〔註9〕寧伊人、常醉山人合著，《一貫道脈圖解心性釋義》，臺北：游經祥，2012年。
頁14。

〔註10〕寧伊人、常醉山人合著，《一貫道脈圖解心性釋義》，頁17。

修持當中，重新找回純然無暇的善良本性，則將能契合宇宙天地之運化，太極返還無極，窮理盡性以至尋回天命，回返無極。朱熹言：「心者，人之知覺，主於身而應事物者也。」〔註11〕人之作為與實踐，尤其是道德實踐為各種活動的主要範圍，目的就在強調「心」在人類的道德實踐中，支配著人們的各種作為。

二、河圖生圖

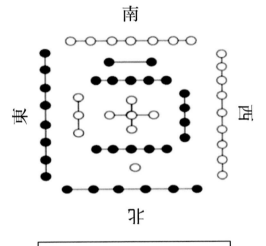

圖 3-2-2：「河圖生」圖〔註12〕

傳說伏羲氏時期，有龍馬出現，其背上有圖，成為「河圖」。張氏對此圖的解釋為：

> 伏羲時，有龍馬出於河，其背上旋毛，宛如此圖。河圖之數，一、六在北，玄帝之居。天一生水，雲氣橫天；地六成之，江河亘地，壬、癸是也。二、七在南，赤帝之居。地二生火，木石藏之，天七成之，見空火熾，丙丁是也。三、八在東，青帝之居。天三生木，木隨陽長，地八成之，著地則旺，甲乙是也。四、九在西，白帝之

〔註11〕宋・朱熹，《朱熹集》，第三冊卷三十八〈答江元適〉，成都：四川教育出版社，1997 年，頁 3436。

〔註12〕張天然，《一貫道脈圖解》，頁 2。

居。地四生金，礦產於地，天九成之，火鍊成器，庚辛是也。五、十在中，黃帝之居。天五生土，塵自天沈，地十成之，落地成塊，戊己是也。生成各以其序，休旺各以其時，陰陽相合，而變化無窮矣。〔註13〕

河圖十數居於五個方位，以奇數為陽數為天數，分別為一、三、五、七、九；以偶數為陰數為地數，分別為二、四、六、八、十。一、六在北，二、七居南，三、八在東，四、九居西，五、十在中。其中，天一陽數生水，水氣佈滿於天上，而有生成水之象；而地六陰數，盛接天一所生之水，形成大地之湖泊、大江、大河及海洋，所以才有「天一生水，地六成之」之說法，也就是北方壬癸水的根源。大地之木石隱藏地火於地之中，故稱之為地二生火；天七之陽數，展現出空中之熾熱之火熱，所以才稱為「地二生火，天七成之」，為南方丙丁火之本源。天三之陽數生木，隨著陽氣而成長茁壯，而有地八之陰數著地生長興旺，所以才稱為「天三生木，地八成之」，為東方甲乙木之根源。地四之金生產於地中，而天九以烈火鍛造而成為使用之器具，所以稱之為「地四生金，天九成之」，為西方庚辛金之源頭。天五陽數生土，產生之塵土，地十之陰數聚集塵土而成為土塊，故稱之為「天五生土，地十成之」，為中央戊己土之本源。〈河圖〉布用天地之數之全數，天一合地六共宗居北，地二與天七為朋居南，天三與地八同道居東，地四與天九為友居西，天五與地十相守居於中央。以一陰一陽、一奇一隅相偶相合列於四方，並以五行配合於其間，即天一生水而地六成之，地二生火而天七成之，天三生木而地八成之，地四生金而天九成之，天五生土而地十成之。天地之總數五十五即為〈河圖〉之全數，十數兩兩相合，遂成其陰陽變化而行乎鬼神之間，故吉、凶、悔、吝之變化動生於其中。且說明漢字文化圈傳統中的五種正色，分別是北玄帝為藍色；南赤帝為紅色；東青帝為青色；西白帝為白色；中黃帝為黃色。

《一貫道脈圖解心性釋義》云：

河圖主生，蘊化萬事萬物，於人曰自性本體；本體主其位而居其所，自然眾星拱之。吾人見之，當學聖人素其位而行，學習艮卦大象曰「君子以思不出其位」，如此五位相得而各有合，自然而展現出包羅萬象，變化無窮之自然蘊化。此時身心定位，名分正而行持真，

〔註13〕張天然，《一貫道脈圖解》，頁2。

「正名定分」而身物自化，心物不存，身心自然康泰而契合河圖生
生不息之理，體合如如不動之「無極至真」至此所以見河圖者乃無
極之體象也；自性者乃合圖運化之所以象徵也。一貫者乃中心五之
中，其所以貫通自性、河圖與無極者也。故曰：「中也者天下之大
本也。」〔註14〕

生數為一、二、三、四、五，成數為六、七、八、九、十。內層為一、二、
三、四、五，外層為六、七、八、九、十。內外兩層之數相合得一陰一陽、
一生一成，如此之安排，陰陽相交而能生化萬物。就像是天一陽數生水，地
六陰數，盛接天一所生之水，而水才得以成。所以，「河圖」以生數為體，成
數為用，得以相生及相化。所以說，「河圖」內外兩層的生數及成數，相合而
得一陰一陽，一生一成，天地陰陽交會，如此才能生化萬物，相得相生。故
而，「河圖」以生數為體，成數為用，象徵天地萬物生化之本體，是萬物生生
不息之大本也。所以說「河圖」主生，能生化萬物，相得相生，和「無極」
生「太極」之概念相通。故而王覺一提到「河圖者乃無極之體象也」便是這
個道理。

《易傳‧繫辭上傳》云：

八卦而小成。引而伸之，觸類而長之，天下之能事畢矣。顯道，神
德行，是故可與酬酢，可與祐神矣。〔註15〕

《易》通過陰和陽的變化，以奇數及偶數的變化來表示，由奇數變偶數，偶數
變奇數的演變，組成了《易經》的卦爻。通過這樣的方法，得以和大自然未知
的力量來溝通。這股未知的力量無法直接將一些事說給我們聽，也沒辦法宣告
一些事讓我們知道。於是，通過數字的演變，成為卦爻辭的文字之後，藉著卦
爻辭地說明及指示，了解未來的禍福吉凶。經九變得到三畫的卦，就是所謂的
八卦，這為第一階段稱為「小成」。再將八卦重疊引申，便可以得到六畫的六
十四卦，附上卦辭與爻辭後，則天下萬物之變化已經盡在其中了。

　　《易傳‧繫辭上傳》這幾行的文辭提到了卜卦，而未來的神秘面紗及天下
萬物之變化是大部分人都想了解的最大課題，所以易經就被許多人們以算命
的觀點來看待，而易理的研究反而成為配角不受大部分人的重視。

〔註14〕寧伊人、常醉山人合著，《一貫道脈圖解心性釋義》，頁27。
〔註15〕唐‧孔穎達等，《周易正義》，臺北：新文豐出版公司《十三經注疏》，2001年，
　　　　頁572～578。

三、「太極炁天圖」

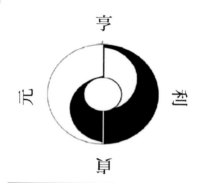

亨

元　利

貞

> 體具先天用後天
> 周流萬類微之顯
> 卦爻是象象終捐
> 蓍策非神神自有
> 附物照靈在在圓
> 隨機赴感方方現
> 彌綸一炁即真詮
> 聖聖淵源賴此傳

圖 3-2-3：太極炁天圖〔註16〕

圖 3-2-3 中的「太極炁天圖」兩旁的文字，為張氏對此圖的解釋：

> 太極者，陰陽之炁，升降之理流，行之炁天也。白者，陽儀也；黑
> 者，陰儀也。黑白二儀者，乃陰陽之屬限也。夫陰極生陽，白以漸
> 而長，黑以漸而消，元亨以應之，春夏是也；陽極生陰，黑以漸而
> 長，白以漸而消，利貞以轉之，秋冬是也。一年如是，一月如是，
> 一日、一時亦如是；以至元、會、運、世，亦莫不如是。其炁機流
> 行，未嘗而息也。故曰：「周天」。每至戌亥二字，曰閉物，曰混沌，
> 然非中問一理主之，則不能流行而不息矣。〔註17〕

所謂的太極，雖有其運行之氣，但是不見其相，卻可以感悟其中陰陽兩氣的變
化及其升降的道理，以及萬物所託付流行的炁天。在圖 3-2-3 中，白色部分是
象徵陽儀，黑色部分是象徵陰儀。黑、白二部分展現的就是陰陽運化的分界。
陰極生陽，陽極生陰，此圖展現出陰陽二氣之太極運行之變化。當白色漸長，
黑色漸消時，這與乾卦卦辭元亨之象相應，四季則展現春夏二季之變化。當黑
色漸長，白色漸消時，這與乾卦卦辭利貞之象相應，四季則展現秋冬二季之變

〔註16〕張天然，《一貫道脈圖解》，頁3。
〔註17〕張天然，《一貫道脈圖解》，頁3。

化。四季因此而自然循環變化，一時、一日、一月乃至元、會、運、世，都是此陰陽二氣之變化運行而自強不息。當天地的氣機運行到戌、亥之時，天地萬物呈現閉關之機，混屯將至。但是，因為有中間一圓圈之無形能力之主宰，象徵著無人之如如不動之原始本性，從無始劫前便存在的靈性。這個靈性，和宇宙的本源是相通的。在一貫道中就稱之為「老中、無生老中、無極老中、上帝、無皇上帝、明明上帝、道。」而這個偉大的力量，使得陰陽二氣得以無始無終的循環不息的運轉。陰陽二炁之自然運化，無始無終而循環不息，展現大自然之奧妙及契機。而由圖 3-2-3 及圖 3-2-4 的對照中可以了解到，張氏的「太極炁天圖」參考王覺一祖師《一貫探原》「太極圖」（圖 3-2-4）之圖形，除了元亨利貞中間之圖形不同外，其下方的說明是一樣的。北海老人云：「豈知太極之圖，黑白已分，陰陽已判，陽升陰降，流行不息，循環往來。」由此可知張天然之《易》學思想和北海老人之著作是息息相關的，且將前人輩所傳下之「太極圖」融會貫通之後，再根據所體悟的心得繪出「太極炁天圖」，希望能將大道，以最簡潔的方式，傳給眾生。

圖 3-2-4：太極圖

《一貫道脈圖解心性釋義》云：

> 太極炁天圖中自然展現體用兼賅之象，圖中有兩圓，中間內圓空空
> 洞洞，真空而生化妙有，卷之則退藏於密，為萬有歸根之無極；外
> 圈之圓，象無極運化而一炁流行，放之而可彌於六合；內外兩圓實
> 為一體兩面，內卷而退於密，外放而彌六合，兩圓之中黑白相對乃
> 陰陽二炁之流行也。〔註18〕

此太極炁天圖之陰陽二炁，經太極運化而循環消長不息。陰中有陽，陽中有
陰，雖然分陰分陽，卻又相貫相連，互相對立卻又可以互相轉化，說是壁壘分
明，又是無時無刻密不可分。太極炁天圖中，分化為陰陽兩儀，此時陰陽有了
區分。再遇合變化而生萬物，宇宙萬物皆由陰陽孕育而成，因而構成了多采多
姿的世界。所以說，陰陽之對立是相對而並非是絕對，二者也絕非固定不移，
經常相互轉移變化，互為消長。在《一貫道脈圖解心性釋義》有提到「無極」
這樣的概念及說法，但是在張天然對「太極炁天圖」之說明當中，並沒有提到
「無極」這樣的說法，這應該是《一貫道脈圖解心性釋義》的作者本身的體悟，
而並非張天然之體悟。《一貫道脈圖解心性釋義》又云：

> 圖中亨貞之處各有一南北向之黑白線段，黑線段坐落於白陽部分，
> 白線段坐落於黑陰部分，顯出陰中有陽，陽中有陰之象，而且陰陽
> 相貫相連，無時無刻乃不可分，相揉相摩相薄相盪，展現陰陽互根，
> 合和為一，自然盈虛消長之運化。此兩黑白線段即出現在亨貞、夏
> 冬之時，夏之時陽極而陰生，故現黑線以象之；東之時陰極而陽生，
> 故現白線以象之；聖人之智慧深妙而不可測，現此太極炁天圖，展
> 現無極之體，呈現太極之用，一炁流行而陰陽互根，無始無終，自
> 然而運化，萬化乃由此而消長，進而展現其成、住、壞、空之變化
> 矣！〔註19〕

其中最重要的論述即為：「聖人之智慧深妙而不可測，現此太極炁天圖，展現
無極之體，呈現太極之用」而朱子對陸梭山的回應中也提到：「然殊不知不言
無極，則太極同於一物，而不足為萬物之根；不言太極，則無極淪為空寂，
而不能為萬物之根」〔註20〕說明「無極」與「太極」一而二、二而一的無窮
妙用。

〔註18〕寧伊人、常醉山人合著，《一貫道脈圖解心性釋義》，頁36。
〔註19〕寧伊人、常醉山人合著，《一貫道脈圖解心性釋義》，頁36。
〔註20〕朱熹，《朱子文集》，〈答陸子美二〉，卷36，頁1434～1435。

四、洛書死圖

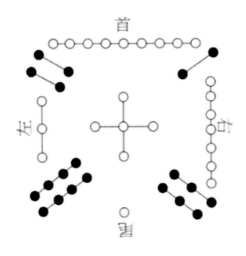

圖 3-2-5：洛書死圖〔註21〕

對於此洛書，張氏有如下之解說：

> 洛水靈龜出現，亦主伏羲氏時為確也。其背甲紋斑宛如斯圖。凡陽
> 數五五，陰數六。洛書虛十，五陽居中，四奇居正，四偶居隅，分
> 別八方，以應八卦。爾時義皇仰觀俯察，參其紋斑，知其尅數。數
> 位雖分，不外五行。五行之序，則有相尅：由中而北，土尅水也。
> 在人則脾旺而腎虧矣。由北而南，水尅火也。在人則腎旺而心虧矣。
> 由南而西，火尅金也。在人則心旺而肺虧矣。由西而東，金尅木也。
> 在人則肺旺而肝虧矣。由東而復中，木尅土也。在人則肝旺而脾虧
> 矣。五行之尅制者，質也；五臟之虧旺者，氣也。天地雖大，與人
> 一體。人身雖小，可配周天。生、尅既殊，故轉之順逆亦異也。〔註22〕

〔註21〕張天然，《一貫道脈圖解》，頁4。
〔註22〕張天然，《一貫道脈圖解》，頁4。

在河圖中，陰陽之數有十個數，生數有五個，成數也有五個，是天地化育萬物的生成之數。而在洛書中，陰陽之數只剩下九個數字，五居於中間，其數兩兩相對，二八、四六、三七、九一之合皆為十，因此，洛書雖然只見到數字五而不見十，但是十卻隱含在其中，呈現出洛書用五藏十之道理。北、東、西、南四正為分別為一、三、七、九四奇數；西南、東南、西北、東北分別為二、四、六、八四偶數。《說卦傳》中云：「帝出乎震，齊乎巽，相見乎離，致役乎坤，說言乎兌，戰乎乾，勞乎坎，成言乎艮。」〔註23〕四奇四偶數八個方位相應後天八卦震三、巽四、離九、坤二、兌七、乾六、坎一、艮八。其中五行的順序是由中→北→南→西→東，土尅水、水尅火、火尅金、金尅木、木尅土，分別主脾、腎、心、肺、肝之旺及腎、心、肺、肝、脾之虧。故而張天然用了「死」這個字來說明「洛書」當中五行生尅之道理。而五行的道理是以不同的運化特質，展現出太極陰陽二氣的順逆之不同運轉狀況。其中，洛書的數字口訣：「戴九履一、左三右七、四二為肩、八六為足」將之排列成為「九宮圖」之後，可以得到後天八卦的方位圖及五行方位圖。其中，洛書的特殊數字排列方式，歐美的數學家稱為「魔方陣」如圖圖3-2-7〔註24〕，其方位和後天八卦之對照圖如下。

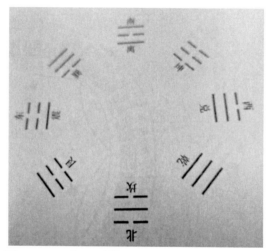

圖3-2-6：文王（後天）八卦方位圖〔註25〕

〔註23〕唐·孔穎達等，《周易正義》，頁673。
〔註24〕楊輝，《續古齋奇算法》，成書於1275年，頁1～1097。
〔註25〕《中華易學大辭典》編輯委員會編，《中華易學大辭典》下，上海：上海古籍出版社，2008年，頁1347。

4 巽木	9 離火	2 坤土
3 震木	5 土	7 兌金
8 艮土	1 坎水	6 乾金

圖 3-2-7：三三方陣圖

　　以現代數學之觀點而言，不管是直的三數、橫的三數還是斜角三數相加，總合都是十五。其中三階魔方陣經過鏡射、旋轉可得到八種不同的魔方陣。而這些數學的排列組合方式之巧妙及有趣，無怪乎稱為魔方陣。

五、兩儀乾坤圖

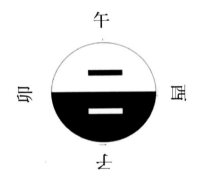

午

卯　　　酉

子

陰儀中抱陽也
陽儀中含陰也
夜主靜黑暗也
晝主動陽明也
下降者陰炁也
上升者陽炁也
重濁者地炁也
輕清者天炁也

圖 3-2-8：兩儀乾坤圖〔註26〕

　　在此圖的下方有這樣的說明，在太極運化的過程當中，清輕者上升為天之炁，重濁者下沉為陰柔之炁。「兩儀乾坤圖」中，清輕之炁向上浮升而為乾陽之象，重濁之炁下降為坤陰之象。乾坤陰陽之自然運化，展現出白晝之光明移動，黑夜之陰暗寂靜。在陽儀之中隱含陰炁之象，陰儀之中也隱含著陽炁。陰中有陽，陽中有陰，展現出陰陽盈虛消長之運行及化育。

〔註26〕張天然，《一貫道脈圖解》，頁 5。

對於此圖，張氏有如下之解說：

> 兩儀者，天地也，陰陽也。有動、有靜、有清、有濁之變道也。輕清
> 上升而為天，乾道也。為萬物之父，開於子，而沒於戌。重濁下凝
> 而為地，坤道也。為萬物之母，闢於丑，而沒於酉。乾為陽，陽中
> 有真陰，陰降而復升。坤為陰，陰中有真陽，陽升而復降。陰陽互
> 施，二氣氤氳，其中自然生人而生物矣。凡陽升萬物皆伸。陰降萬
> 物皆縮。伸者生也。縮者死也。伸縮生死宇宙間、物物之生死。皆
> 難逃乎天地之數也。〔註27〕

《易經繫辭上傳》：「是故易有太極，是生兩儀」〔註28〕，兩儀象徵著天、地、
陰、陽、動、靜、清、濁。輕清上升呈現乾天之道，為萬物之父。《淮南子·
天文訓》裡提到：「子為開，主太歲；丑為閉，主太陰。」〔註29〕在目前看到
的傳世文獻，可能是最早出現這樣的概念。《理數合解》中亦有提到：「天開
於子，地闢於丑，人生於寅，此天地人物總統之本始，最先之事也。元會運
世之升降，年月日時之循環，雖大小不同，久暫各異，莫不各有本末、終始、
先後之序。」〔註30〕由此可知，張氏之《易》學思想由北海老人之一貫承傳。
「宋代理學家邵雍（1011～1077）在《皇極經世》中提出「元會運世」的觀
念。所以說把一元之中的十二會，用子、丑、寅、卯等十二地支作數字的符
號，便於記憶。由世界開闢到終結，便分成了十二會。所以才會有天「開於
子，而沒於戌」，地「闢於丑，而沒於酉」之說。而在「兩儀乾坤圖」中，上
半圓白色部分象徵陽儀，下半圓黑色部分象徵陰儀。但是，在上半圓白色部
分中有一橫黑線段，在下半圓黑色部分中有一橫白線段，象徵陽中有陰，陰
極而生陽。如此陰陽互生，循環而無間斷，而產生生生不息的運化能力。在
「兩儀乾坤圖」中，輕清之氣上升為乾陽之象，而重濁之氣下降為坤陰之象，
而產生大自然之盈虛消長，伸縮生死之變化，此乃大宇宙之自然運化。而天
地運行之氣數與萬物之盈虛消長，有生就有死，有死就有生，是大自然運行
之氣數也。

在「兩儀乾坤圖」中，由黑白對應之情形，可見陰陽相對待之情景。在《一

〔註27〕張天然，《一貫道脈圖解》，頁5。
〔註28〕唐·孔穎達等，《周易正義》，頁591。
〔註29〕劉文典撰，馮逸、喬華點校，《淮南鴻烈集解》卷3，〈天文訓〉，北京：中華
　　　書局，1989年，頁88。
〔註30〕清·十五代祖師北海老人原著，《理數和解》，頁23。

貫道脈圖解心性釋義》中提到：「掌握位於卯酉直徑之太極精隨，將陰陽二氣合而為一，自然回歸太極之貞一，進而契合子卯午酉之無極至珍之圓，如此清真而歸一，一而歸零，當下頓悟本來無一物，契入無私無為，為吾獨之而鬼神不知之本來面目。」〔註31〕此段之體悟，研究者認為並非該圖之原意。透過十二地支，主要說明時空之變化，這也就是「開於子，而沒於戌」之真義。這就是「兩儀乾坤圖」的真正內涵及意涵，若能好好體悟，對自己的修持之路定有所幫助。

六、皇極圖

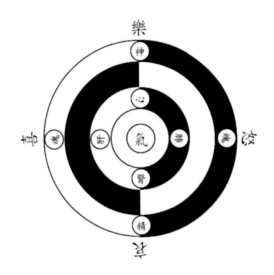

圖 3-2-9：皇極圖〔註32〕

對於此圖，張氏有如下之解說：

> 皇極者，三也，象也，天地之人也。人受父母之精血以凝成象也；
> 得天地之靈秀以生長，炁也。稟無極之真常以成性，理也。三五凝
> 結，體用兼全，故人為萬物之靈也。男秉乾道，清陽也，而主動；

〔註31〕寧伊人、常醉山人合著，《一貫道脈圖解心性釋義》，頁 58。
〔註32〕張天然，《一貫道脈圖解》，頁 6。

女秉坤道，濁陰也。而主靜。男屬太陽，而陽中有陰；女屬太陰，
而陰中有陽。凡人喜怒哀樂未發時，中也。發而中節者，和也。不
守中和，自暴自棄者，愚夫也。固守斯道，變化氣質者，賢人也。
嗟乎，人之一生，猶四季焉：少而如春，故形長幼而如夏，故體旺；
壯而如秋，故生子；老而如冬，故近死。人生氣血衰旺以時者，數
也。壽殀窮通難移者，命也。故人事將畢，早悟性命，早修大道，
不至虛生一世也。〔註33〕

「皇，大；極，中也。凡立事，當用大中之道。」〔註34〕兩儀運化乾坤，陰
陽調和而萬物欣欣向榮，其中人處於天地之間，得天地之靈秀以生長，和天
地並稱為三才，因此在皇極中以人為貴。〈說卦傳〉中云：「乾，天也，故稱
乎父。坤，地也，故稱乎母。震一索而得男，故謂之長男。巽一索而得女，
故謂之長女。坎再索而得男，故謂之中男。離再索而得女，故謂之中女。艮
三索而得男，故謂之少男。兌三索而得女，故謂之少女。」〔註35〕乾道成男，
坤道成女，但若是認為男人就是陽，女人就是陰，那就是偏離《易經》的涵
義了。因為陽卦中陰爻為多，陰卦中陽爻為眾。而男女是一種象徵，男象徵
著剛健、有力量，女象徵著柔順、謙卑。乾主宰著宇宙世界的起源，坤負責
天下萬物的生長。乾為天，坤為地，乾為陽，坤為陰，當天地陰陽相交後，
此時萬物則被孕育，這就是所謂的有天地然後有萬物。以人倫來講，乾為父，
坤為母，乾為男，坤為女，這就是所謂的有萬物然後有男女，乾為夫，坤為
婦，這就是所謂的有男女然後有夫婦。於是，長男、長女、中男、中女、少
男、少女才能夠成為人倫的延續。在《中庸》第一章就提到：「喜怒哀樂之未
發，謂之中；發而皆中節，謂之和。中也者，天下之大本也；和也者，天下
之達道也。致中和，天地位焉，萬物育焉。」張氏認為：「固守斯道，變化氣
質者，賢人也。」

在《一貫道脈圖解心性釋義》中，對於「皇極圖」有這樣的說明：

皇極圖有五個同心之圓圈圈結構而成，最內圈象徵太極之炁，而無
極內蘊其中。太極運化而生男女，男女之身中五臟運行，使身體得
以自然生長，而五臟配五行而動化。腎臟屬水藏人之精，是為陰中

〔註33〕張天然，《一貫道脈圖解》，頁6。
〔註34〕《十三經注疏・尚書正義》，上海：上海古籍，2007年，頁449。
〔註35〕唐・孔穎達等，《周易正義》，頁678。

之陰；心臟屬火藏人之神，是為陽中之陽；肝臟屬木藏人之魂，是
為陰中之陽；肺臟屬金藏人之魄，是為陽中之陰；脾臟屬土藏人之
意，是為後天之動念起心之根本也。〔註36〕

這一段的說明，將蘊藏在「皇極圖」中五臟配五行的內在涵意提點出來。闡
明五臟、五行、五方、五位若得以相合，則可以展現人體中的皇極運化。人
之喜、怒、哀、樂內蘊其中，當未發之時，深藏於無形之情感之中。當有所
感應之時，遂能在精、神、魂、魄之中展現出來。由此觀之，「皇極圖」中，
內兩環為純白象徵純陽；另外三環則是半黑半白，為半陰半陽，展現陰陽自
然之消長變化。而五行在歷史上的首次清晰地出現，首先想到的就是《尚書・
洪範》的說法：「五行。一曰水，二曰火，三曰木，四曰金，五曰土。水曰潤
下，火曰炎上，木曰曲直，金曰從革，土爰稼。潤下作鹹，炎上作苦，曲直
作酸，從革作辛，稼穡作甘。」〔註37〕直到現在，在中醫學當中，常常以五
行的特性來分析研究機體的臟腑、經絡、生理功能的五行屬性和相互關係。
寧伊人、常醉山人又云：

皇極圖中展現五位、五行、五臟與喜、怒、哀、樂、意之相合相應，
各得其位，素位而行，守中行正。進而篤行五常之德，化哀為智，
化樂為禮，化喜為仁，化怒為義，轉意成信，五常之德行融貫實踐
於性、心、身之中，自自然然，皇極運化，暢於四肢而發於事業，
終可契合「美之至矣」之無極之真。〔註38〕

也就是寧伊人、常醉山人嘗試著用自己體驗及認知，經由「皇極圖」中闡釋出
來。將張氏隱含在圖形中的真正意涵，試圖作完整的詮釋。讓後學末盡在研究
張氏的易學思想時，得以有參考的方向及指標。寧伊人、常醉山人又云：「故
吾人修心學道當守中和之道，喜、怒、哀、樂中節而發，七情六慾自然轉化，
淡化紅塵恩怨之事，看破鏡花水月之虛幻，看輕名利權勢之本質，了悟自性之
根本，頓悟本來之面目，自然由皇極而合太極，由太極而合無極矣！此時無、
太、皇三極合一，相應於吾人「性心身」之一貫，當下天君泰然，自然了了分
明矣！」〔註39〕

〔註36〕寧伊人、常醉山人合著，《一貫道脈圖解心性釋義》，頁68～69。
〔註37〕漢・孔安國傳，孔穎達疏：《尚書正義》，收入李學勤主編：《十三經注疏整理
　　　　本》，第54冊，卷12〈洪範〉，頁357。
〔註38〕寧伊人、常醉山人合著，《一貫道脈圖解心性釋義》，頁70～71。
〔註39〕寧伊人、常醉山人合著，《一貫道脈圖解心性釋義》，頁71。

七、氤氳四象圖

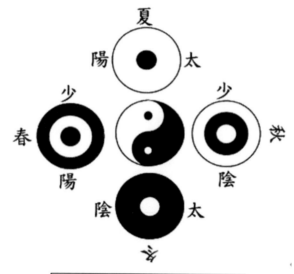

陰其炁寒於時為冬
一陰上加一陰為太
陰其炁涼於時為秋
一陽上加一陰為少
陽其炁熱於時為夏
一陽上加一陽為太
陽其炁溫於時為春
一陰上加一陽為少

圖 3-2-10：氤氳四象圖〔註40〕

對於此圖，張氏有如下之解說：

四象者，一炁流行，四時變化，寒暑代謝之炁天也。春為少陽，乃
陰中之陽也。故春溫，正、二、三月以應。夏為太陽，乃陽中生
陽也。故夏熱，四、五、六月以應之。秋為少陰，乃陽中產陰也。故
秋涼，七、八、九月以應之。冬為太陰，乃陰中產陰也，故冬寒。十
冬、臘月以應之。由溫漸熱，陽長而陰消，生機也。由涼漸寒，陰
旺而陽衰，殺機也。陰陽消長、生殺循環自然之理也。寒、熱、溫、
涼，自然之炁也。在天曰春、夏、秋、冬，在人曰眼、耳、口、鼻
也。〔註41〕

〔註40〕張天然，《一貫道脈圖解》，頁7。
〔註41〕張天然，《一貫道脈圖解》，頁7。

《皇極經世・觀物外篇》有云：「太極既分，兩儀立矣。陽下交於陰，陰上交於陽，四象生矣。陽交於陰，陰交於陽，而生天之四象；剛交於柔，柔交於剛，而生地之四象。」[註42] 而在《周易・繫辭上》第十一章中說：「易有太極，是生兩儀，兩儀生四象，四象生八卦。」[註43] 而在《周易》中，四象指的就是從兩儀（陽儀和陰儀）衍生出來的太陽、少陰、少陽、太陰，而在天地間則產生春、夏、秋、冬四時之變化。圖 3-2-10 中顯示出春為少陽、夏為太陽、秋為少陰、冬為太陰。其中，由溫漸熱，陽長而陰消，由涼漸寒，陰旺而陽衰，陰陽消長、生殺循環自然之理。人因陰陽而生於天地之中，而道法自然，所以一切要法自然而行。因此修道的心態要永遠保持「中立」，一切依「中正」而行。

　　寧伊人、常醉山人對於其中道象的解析為：

> 天候雖有四時應四象之變化，然主宰者乃居中央之太極，太極合無
> 極而自然運化，由靜而動，由動而靜，由陽而陰，由陰而陽，如此
> 動靜陰陽自然消長盈虛變化，而蘊育生生不息之天地萬事、萬物，
> 自然展現成、住、壞、空之循環流行。

也就是說，四時雖然是多有變化，但是卻是變而有常。在天地萬事、萬物，自然展現成、住、壞、空之循環流行的條件之下，這就是有變化的部分。但是，不變的是，始終都有著成、住、壞、空之循環流行，就算是時間、地點的不同，這些因緣還是重複的循環著。《易經・繫辭下》：「易窮則變，變則通，通則久。」[註44] 指的是當事物發展到極點且已經窮盡的時候，就必須要力求求變化，變化之後便能夠通達，適合需要。也就是要人們，目標確定之後，不要拘泥於固定的方法，而是要用各方面的變化方式來達到不變的目標。故而寧伊人、常醉山人云：「任憑其春、夏、秋、冬，任憑其喜、怒、哀、樂，一切合中而觀，合中而念，合中而行，此時太極自然運化，無私無為而寂然不動，進而感而遂通天下，此時太極合無極之本體，當下頓悟本來之真面目矣！」[註45] 時時以清淨佛性處世，也就是回返赤子之心，將自己的本來真面目重新找回，不思善。不思惡，這就是究竟圓滿，即是佛性。

〔註42〕宋・邵雍，《皇極經世・觀物外篇》，上海：上海古籍出版社，2017 年，頁 107。
〔註43〕唐・孔穎達等，《周易正義》，頁 591～592。
〔註44〕唐・孔穎達等，《周易正義》，頁 615。
〔註45〕寧伊人、常醉山人合著，《一貫道脈圖解心性釋義》，頁 81。

八、渾天圖

分化關合四古也	仁義禮智四端也	眼耳鼻口四相也	戊己玄關主宰也	胎卵濕化四生也	鱗鳳龜龍四長也	渾而言之萬物也	分而言之五行也

圖 3-2-11：渾天圖〔註46〕

對於此圖，張氏有如下之解說：

> 渾天者，紊而不亂，繁而有序，各生其生，各長其長，胎卵濕化各
> 從其類也。天地之間，動植之物，莫不由道而生之。強弱之殊，薰
> 蕕之異，無不由焉而別之。蓋人獸均為胎生，胎生屬木，木德曰仁，
> 仁主生，故仁人麟獸，不忍傷生。毛蟲三百六十種，麟為之長。在
> 人為耳，藏於肝，魂也。發於事，仁也。鳥為卵生，卵生屬火，火德
> 曰禮，火性炎上，故鳥類能上飛。羽蟲三百六十種，鳳為之長。在
> 人為眼，藏於心，神也。發於事，禮也。黿龜蠅蚋為化生。化生屬
> 金，金德為義，義主氣，故靈龜善養調息。甲蟲三百六十種，龜為
> 之長。在人為鼻，藏於肺，魄也。發於事，義也。蛟龍魚蝦為濕生，
> 濕生屬水，水德曰智，水性潤下，故水族下潛。鱗蟲三百六十種，
> 龍為之長。在人為口，藏於腎，精也。發於事，智也。人為萬物之

〔註46〕張天然，《一貫道脈圖解》，頁8。

靈，屬土，土德曰信，土居其中，故人在中界，不上不下。躶蟲三

百六十種，聖人為長。在人為玄關，藏於中，性也。發於事，信也。

渾而曰萬物，分而曰五行而已矣。〔註47〕

依張衡的《渾天儀》云：「渾天如雞子，天體圓如彈丸，地如雞中黃，孤居於

內，天大而地小，天之包地，猶殼之裏黃。……天轉如車殼之運也，周旋無端，

其形渾渾然，故曰渾天也。」〔註48〕渾天家認為，天球像一個雞蛋，而且圓得

像彈丸一樣，地像蛋黃，獨處在當中，天包著地如同蛋殼包裹著蛋黃。《文選·

魏都賦》注引《七略》云：「鄒子有五德，從所不勝，土德後，木德繼之，金

德次之，水德次之，火德次之。」〔註49〕《白虎通德論·五行》有云：「土在

中央，中央者土，土主吐含萬物，土之為言吐也。……土所以不名時者，地，

土之別名也，比於五行最尊，故不自居部職也。」〔註50〕《白虎通德論·五經》

又云：「人情有五性，懷五常不能自成，是以聖人象天五常之道而明之，以教

人成其德也。」〔註51〕也就是張氏之五行配五常之說，過去的前賢們已有論

述，而張氏將其整理論述於其著作當中，俾使後學們得以學習。而張氏認為，

渾天展現了紊而不亂，繁而有序之萬象，胎生、卵生、濕生、化生雖然有各種

之生化情狀，但是卻有著自然之秩序而生生不息。其中，胎生、卵生、濕生、

化生所對應的為五形中的木、火、水、金，德行為仁、禮、智、義，身體器官

為耳、眼、口、鼻，藏於肝魂、心神、腎精、肺魄也。而「人為萬物之靈，屬

土，土德曰信，土居其中，故人在中界，不上不下。」所以人為萬物之靈，可

以成為聖人。而玄關藏於中心五之中，為自性出入之門戶，在處事方面，為信

德之展現。而這些，統稱為萬物，只是五行分化蘊育而成的。

　　《周易·說卦》：「昔者聖人之做易也，將以順性命之理。是以立天之道，

曰陰與陽。立地之道，曰柔與剛。立人之道，曰仁與義。兼三才而兩之，故易

六畫而成卦。」〔註52〕這樣的學說思想，牢固地培育了中華民族樂於與天地合

〔註47〕張天然，《一貫道脈圖解》，頁8。

〔註48〕洪頤煊撰集《經典集林·張衡渾天儀》卷二十七，臺北：藝文印書館，1968年，
　　　　頁1。

〔註49〕梁·蕭統編，《昭明文選·魏都賦》，臺北：藝文印書館股份有限公司，2003年，
　　　　頁108。

〔註50〕漢·班固撰，《白虎通德論·卷八·情性》，現存最早之《四部叢刊》影印大德
　　　　九年重刊之宋監本，頁61。

〔註51〕漢·班固撰，《白虎通德論·卷八·五經》，頁69。

〔註52〕唐·孔穎達等，《周易正義》，頁670～671。

一、與自然和諧相處的精神，對天地與自然持有極其虔誠的敬愛之心，且能依五常之倫理原則，處理與諧和人與人之間的關係。《論語》孔子曰：「人而無信，不知其可也。」

在佛教裡，把眼耳鼻舌身意的六根，又稱為「六賊」。《論語》卷六顏淵第十二中孔子曰：「非禮勿視，非禮勿聽，非禮勿言，非禮勿動。」都是在講不該看的看了，會心生歹念；不該聽的聽了，會徒增煩惱；不該說的說了，會招人記恨；不該做的做了，會有因果產生。所以該時時注意自己的所言所行，「守真行正，修真行德」，成就自己的修持之路。所以在《皇母訓子十誡·序》中有云：「行之於正，即是天堂；趨之於邪，則落黑暗地獄。」〔註53〕《十誡》又云：「修天道離不了開闡渡化，發婆心用苦口不倦誨人。必須要立定了沖天大志，貴乎汝實行辦正己成人。」〔註54〕所以理想世界的人除了有強烈的正念，同時也有積極的正行。

九、五星緯天圖

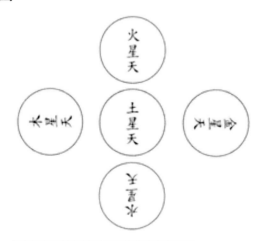

圖 3-2-12：五行緯天圖〔註55〕

〔註53〕《皇母訓子十誡·序》，新竹，崇華堂，1941年。
〔註54〕《皇母訓子十誡·第二誡》。
〔註55〕張天然，《一貫道脈圖解》，頁9。

在《五行緯天圖》下方提到太易、太初、太始、太素及太極，《列子‧天瑞篇》謂：「有太易，有太初，有太始，有太素。太易者，未見氣也；太初者，氣之始也；太始者，形之始也；太素者，質之始也。」〔註56〕而王安石《老子注》云：「無者，形之上者也。自太初至於太始，自太始至於太極；太始生天地，此名天地之始；有，形之下者也。有天地然後生萬物，此名萬物之母；母者，生之謂也。」〔註57〕王安石不以太易為絕對依歸，而以太初、太始、太極為宇宙萬物生生之理序，其上並無更高的道。《乾鑿度》云：「夫有形生於無形，〈乾〉、〈坤〉安生。故曰：有太易，有太初，有太始，有太素也。夫太易者，未見氣也；太初者，氣之始也；太始者，形之始也；太素者，質之始也。氣形質具而未離，故曰渾淪。渾淪者，言萬物相渾成而未相離，視之不見，聽之不聞，循之不得，故曰易也。易無行畔。」〔註58〕太易是看不見的氣；太初是氣體的開始；太始是形體的開始；太素是品質的開始。氣、形、質未分之時就是「渾沌」，而渾沌的特徵就是「視之不見，聽之不聞，循之不得」，這就是玄妙且有不可捉摸的「易」。

對於此圖，張氏有如下之解說：

> 五星者，水一、火二、木三、金四、土五之精華也。水星天輔日，與金星相似。金星天，其行與日度略同，有伏留順逆之不齊。先日而出，謂之啟明。後日而現，謂之長庚。火星天，日移一宮，歷三百六十五日四分日之一，與恆星天復會於初起之度，謂之一歲。木星天，其行十二日，不及恆星天一度，二月移一宮，二年一週天。土星天，其行二十八日，不及恆星天一度。二十八月移一宮，二十八年一週天。天有五行之炁，地有五行之質。在天曰星，在地曰行。〔註59〕

古代的中國的古代的中國的一年計算方法，其中陰曆，自春分回至春分需歷時三百六十五日五時四十八分四十六秒。每年多出五時四十八分四十六秒累積四年約滿一日，所以每過三年增加一日為閏年。但是四年之潤約只有二十三時十五分四秒，所過多之四十四分五十六秒，在閏二十五次一百年之後，大約多

〔註56〕楊伯峻，《列子集釋》，台北：華正書局1987年，頁6。
〔註57〕王安石，《老子注》，收錄於嚴靈峰輯校《老子崇寧五注》，台北：成文出版社有限公司，1979年，頁24。
〔註58〕林忠軍點校，《易緯導讀》，濟南：齊魯書社，2002年，《乾鑿度》，卷上，頁81～82。
〔註59〕張天然，《一貫道脈圖解》，頁9。

出四分之三日,所以每滿百年廢一潤。而陽曆算法為地球繞太陽一周為三百六十五日六十九分九秒,多出陰曆二十分二十三秒,陽曆和陰曆約三千三百二十三年後才有一日之差。

為了便利計算,西元紀年之年數可被似除盡者為閏年,但是,世紀年例如1700、1800、1900、2000、2100……等,可被四百整除者才是閏年,像1900不可被400整除稱為平年。而陰曆之年,有些為二十九日,有些為三十日,十二個月之後,只有三百五十四日。與三百六十五日五時四十八分四十六秒相差約為十一日,累積到三年,就已經短少了約三十三日,所以才有三年一潤的說法及作法。在積兩年之後,又少了二十五日,再置一潤。所以每十九年要有七潤,這就是陰曆的大約算法。天之五星運行於天空中,就像是人之五臟運行於人體之中,各居其位但又互相配合。《一貫探源》中亦有提到:「向下木星天為離之初,火星天為離之中,日輪天為離之成。木火一家,合而成離,中含一陰,故次健於天。一日不及恒星天一度,歷三百六十五日,四分日之一,不及恒星天一周,而復起於初起之度,謂之一歲。此氣盈之所自出也。向下金星天,為坎之始,水星天為坎之中,月輪天為坎之成。坎卦一陽陷於二陰之中,故行遲。每日不及恒星天十三度,十九分度之七。不及日輪天十二度,十九分度之七。歷二十七日半,而與恒星天,復會於初起之度。二十九日半與日輪天復會於初起之度,謂之一月。此朔虛之所自出也。」〔註60〕由此可知,北海老人的思想深深地影響著張氏的思想,可以說是一脈相承。

十、五行圖

《管子·四時》言:「東方曰星,其時曰春。其氣曰風,風生木與骨,……。南方曰日,其時曰夏。其陽曰氣。其氣曰陽。陽生火與氣,……。中央曰土,土德時甫四時入出,以風土節土益力,土生皮肌膚,……實輔四時,春贏育,夏養長,秋聚收,冬閉藏。……。西方曰辰,其時曰秋。其氣曰陰。陰生金與甲,……。北方曰月,其時曰冬。其氣曰寒。寒生水與血,……。」〔註61〕而《墨子·迎敵祠》中則有提及「敵以東方來,……,主祭青旗。……。敵以南方來,……,主祭赤旗。……。敵以西方來,……,主祭白旗。……。敵以北

〔註60〕〔清〕十五代祖師北海老人原著,《理數和解》,頁105。
〔註61〕唐·尹知章注,清·戴望校正,《管子校正·四時》,臺北:世界書局,1962年,頁69～80。

方來，……，主祭黑旗。」〔註62〕將方位與顏色對應，且將五形與方位及季節相配應，而這也是張天然在「五形圖」下之說明之由來。

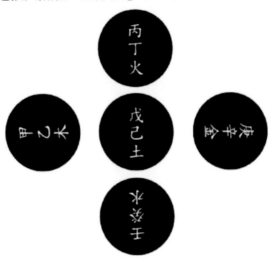

圖 3-2-13：五行圖〔註63〕

對於此圖，張氏有如下之解說：

> 五行者，水、火、木、金、土是也。甲、乙為木，木旺於春。丙、丁
> 為火，火旺於夏。庚、辛為金，金旺於秋。壬、癸為水，水旺於冬。
> 戊、己為土，土旺於四季。此五行之利也。水黑、火赤、木青、金
> 白、土黃，此五行之色也。金生水，水生木，木生火，火生土，土生
> 金，此五行之相生也。金尅木，木尅土，土尅水，水尅火，火尅金，
> 此五行之相尅也。金休於冬，囚於春；木休於夏，囚於秋；水休於
> 春，囚於夏；火休於秋，囚於冬；土休於秋，囚於春；此五行之休
> 囚也。〔註64〕

《修真後辨》中有云：「天之五行，天之陰陽所化，金木水火土各有陰陽之

〔註62〕清‧孫詒讓撰，《墨子閒詁》，臺北：世界書局，1962 年，頁 339。

〔註63〕張天然，《一貫道脈圖解》，頁 10。

〔註64〕張天然，《一貫道脈圖解》，頁 10。

氣。……地之五行，地之剛柔所化，金木水火土亦各具有剛柔之氣。……五行有相生之道，金生水，水生木，木生火，火生土，土生金；又有相剋之道，金剋木，木剋土，土剋水，水剋火，火剋金。」〔註65〕也就說，五行歸於五方，五位相得而相合，萬物自然群分而成長茁壯，天地萬物自然運行於五行之中的道理。其中，木、火、金、水、土分別對應於天干甲乙、丙丁、戊己、庚辛、壬癸，所旺盛的季節分別為春、夏、秋、冬、四季，顏色為金、赤、白、黑、黃。而金氣緩息漸弱於冬天。《三命通會》中云：「盛德乘時曰旺。如春木旺，旺則生火，火乃木之子，子乘父業，故火相；木用水生，生我者父母，今子嗣得時，登高明顯赫之地，而生我者當知退矣，故水休。休者，美之無極，休然無事之義。火能克金，金乃木之鬼，被火克制，不能施設，故金囚；火能生土，土為木之財，財為隱藏之物，草木發生，土散氣塵，所以春木剋土則死。夏火旺火，生土則土相，木生火則木休，水克火則水囚，火克金則金死。六月土旺，土生金則金相，火生土則火休，木剋土則木囚，土克水則水死。秋金旺，金生水則水相，土生金則土休，火克金則火囚，金克木則木死。冬水旺，水生木則木相，金生水則金休，土克水則土囚，水克火則火死。」〔註66〕在這段中提到了「旺、相、休、囚、死」，舉例而言，春天屬木，木在春天裡，當令而旺。而木能生火，所以火也因此開始發展，這個現象就叫做「相」，也就是輔助的意思。木由水而生，但是這時候的水就像老年人到了要退休的時候，稱為「生我者休」。而雖然金可以剋木，可是木在最旺的時候，金氣相對而言很弱，剋制不了木，處於被動狀態，好比是一個「囚犯」一樣，有勁無處使。木剋土，因為木處於最旺的時候，此時的木剋土最有勁，所以說此時的土也就最無力及衰弱，因此稱為土「死」。其他夏、秋、冬依此規則類推。由此可知張氏藉由此圖，將五行生剋之循環規則及休囚之情狀則在圖中展現出來，讓修行者對五行之聲剋變化有所了解。

寧伊人、常醉山人提到：「人落入後天，人身自然受居於五行之中，人不可長久入於水中而不呼吸，亦不可以深入火中不受焚毀，故此吾人深受五行拘身之限乃自然呈現矣！」〔註67〕因此，只有按這大自然的規律行事才能實現人與自然的和諧，人才能在這種和諧的環境中受益，也就是說，人與自然之間存

〔註65〕清·劉一明，《修真後辨》，北京：中國中醫藥出版社（據常郡護國庵本，並以上海翼化堂本校勘補缺），1990年，頁28～30。
〔註66〕明·萬民英，《三命通會》十二卷，台北：武陵出版，2019年，頁21。
〔註67〕寧伊人、常醉山人合著，《一貫道脈圖解心性釋義》，頁111。

在著互動的關係。又云：「五行化為五常之德，自然流露無邊之妙智慧，當下
頓悟本來面目，氣入大自然之無極本體；此時性心身一貫，而萬物皆備於我
矣！」〔註68〕此時的真我與萬物融為一體，當下達到無來無去無惱無憂之無極
清淨之地。

十一、伏羲八卦圖

此八卦之象也
兌上缺巽下斷
離中虛坎中滿
震仰盂艮覆碗
乾三連坤六斷
艮七坤八數也
震四巽五坎六
乾一兌二離三

圖 3-2-14：伏羲八卦圖〔註69〕

　　一般學者所言之「伏羲八卦方位圓圖」。〔註70〕此一圖式，亦早見於朱熹
《周易本義》中，稱作〈伏羲八卦方位圖〉。〔註71〕先天八卦所排列之方位，

〔註68〕寧伊人、常醉山人合著，《一貫道脈圖解心性釋義》，頁111。
〔註69〕張天然，《一貫道脈圖解》，頁10。
〔註70〕明・章潢：《圖書編》，收入《景印文淵閣四庫全書》，臺北：臺灣商務印書館，
　　　　1983～1986年，頁36。
〔註71〕宋・朱熹：〈序〉，《欽定四庫全書・原本周易本義》，杭州：浙江大學圖書館，
　　　　頁629。

從數字而言，〈乾〉一與〈坤〉八、〈兌〉二與〈艮〉七、〈離〉三與〈坎〉六、〈震〉四與〈巽〉五，彼此互相對應，數字相合而成九數。從畫數來看，〈乾〉卦三畫與〈坤〉卦六畫合成九數。另外的三組〈兌〉四與〈艮〉五、〈離〉四與〈坎〉五、〈震〉四與〈巽〉五，亦兩兩互相對應而合成九數。九數是老陽之數，亦即〈乾〉之象，乾元資始，無所不包，如此之造化，有尊〈乾〉之意。

對於此圖，張氏有如下之解說：

> 伏羲八卦者，以先天氣象陰陽消長，自然之置位，對待而言也。正南純陽方也，故畫為「乾」；正北純陰方也，故畫為「坤」。畫「離」於東，象陽中有陰也；畫坎於西，象陰中有陽也。東北陽生陰下，於是畫「震」；西南陰生陽下，於是乎畫「巽」。觀陽長陰消，是以畫「兌」於東南；觀陰盛陽微，是以畫「艮」於西北。伏羲聖人，定其方位，知其吉凶，觀天之道，執天之行，故畫卦之後，人倫於是而立焉。〔註72〕

伏羲聖人經過俯觀仰察之後，將大自然中的天「☰」、地「☷」、日「☲」、月「☵」、山「☶」、澤「☱」、雷「☳」、風「☴」之象，定出其方位，然後在其中知道其吉凶、悔吝之情狀，然後和天道之運行契合，配合天道來做運化。因此，伏羲聖人在畫卦之後，人倫綱常自然孕育其中，將無極之真理實踐於人倫綱常之中。《易經・繫辭》：「是故易有太極，是生兩儀；兩儀生四象，四象生八卦；八卦定吉凶，吉凶生大業。」〔註73〕說的就是太極既生兩儀之後，陰陽二氣之不斷運動的過程中相互轉化及互相變化，於是便有太陽、太陰、少陽、少陰四象及乾、兌、離、震、巽、坎、艮、坤八卦。而在八卦相錯的互動中，宇宙萬物於是生成。《皇極經世・觀物外篇》中亦提到：

> 太極既分，兩儀立矣，陽上交於陰，陰下交於陽，四象生矣，陽交於陰，陰交於陽，而生天之四象，剛交於柔，柔交於剛，而生地之四象，於是八卦成矣。」〔註74〕

朱子云：「蓋其初生之一奇一偶，則兩儀也。一奇之上又生一奇一偶，則為二畫者二，而謂之太陽少陰矣；一偶之上亦生一奇一偶，則亦為二畫者二，而謂之少陽太陰矣。此所謂四象者也。（四象成則兩儀亦分為四）太陽奇畫之上，

〔註72〕張天然，《一貫道脈圖解》，頁10。

〔註73〕唐・孔穎達等，《周易正義》，頁591～592。

〔註74〕宋・邵雍，《皇極經世書・觀物外篇》卷63，北京：九州出版社，2004年，頁505。

又生一奇一偶，則為上爻者三，而謂之「《乾》《兌》」矣。（餘六條準此）此則所謂「八卦」者也。（八卦成則兩儀四象皆分為八）是皆自然而生，濬湧而出，不假智力，不犯手勢，而天地之文，萬事之理，莫不畢具。」〔註75〕一般而言，大家對於以上的認知如圖 3-2-15 所示：

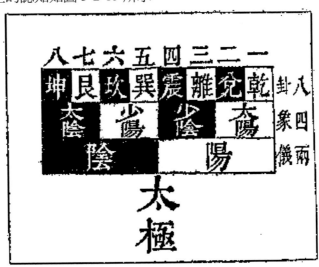

圖 3-2-15：伏羲八卦次序圖〔註76〕

　　由上圖 3-2-15 得知，八卦知生成有其自然之順序，由右到左為乾一、兌二、離三、震四、巽五、坎六、艮七、坤八，可用於取卦上。其中，乾南坤北，天居上，地居下，南北對峙，上下相對。從兩卦的爻象來看的話，乾是三陽爻所組成，為純陽之卦；坤是由三陰爻所組成，為純陰之卦，兩卦陰陽爻完全相反。而艮是一陽爻在上，二陰爻在下；兌是一陰爻在上，二陽爻在下，兩卦之陰陽爻也是陰爻位置對陽爻、陽爻對陰爻，完全相反。震是一陽爻在下，二陰爻在上；巽是一陰爻在下，二陽爻在上，在伏羲八卦中，成為反對之象。離是中間為陰爻，上下為陽爻；坎是中間為陽爻，上下為陰爻，兩卦也是成為反對之卦。從圖 3-2-16 中，很明顯可以看出，乾卦為純陽卦，而震、坎、艮卦都是由一陽爻及兩陰爻組成，而且爻畫數均為五，為奇數，為陽數，故此四卦為陽卦。再看看坤卦為純陰卦，巽、離、兌三卦的話，都是由一陰爻兩陽爻所組成，而且爻畫數均為四，為偶數，為陰數，故此四卦為陰卦。而在彼此相對的卦爻

〔註75〕南宋・朱熹，〈答楊子直〉，《朱子文集》卷 45，臺北：德富文教基金會，2000年，頁 2009。

〔註76〕南宋・朱熹，《周易本義・圖說》，臺北：大安出版社，2006 年，頁 17～18。

中可以看到，每一對中都含有奇偶、陰陽及順逆，也就是說，陰中有陽，陽中有陰，體現陰陽之變化。而其中所蘊含之陰陽消長，順逆交錯，相反相成的大自然生成之理，可以用此大自然生成之理來推斷解釋周遭的一切事物。《皇極經世・觀物外篇》卷七有云：「乾坤定位也，震巽一交也，兌離坎艮再交也，故震陽少而陰尚多也，巽陰少而陽尚多也，兌離陽浸多也，坎艮陰浸多也，是以辰與火不見也」〔註77〕這就是在講伏羲八卦的組成。聖人在先天八卦中，安排乾、坤、離、坎四正卦與天、地、日、月之對應，且將陰陽上下，天地交合之萬物之生成及自然而然之運化來由做一說明，讓天地之造化得以展現。

　　吳秋文云：「而陽卦之根源來自坤體之象，因為一陽之氣入於其中，故變為陽。陰卦之根源卻來自乾體之象，因為一陰之氣入於其中，故變為陰。故稱乾統三女、坤統三男。」〔註78〕。乾、坤，父母之卦，震、巽，長男長女，坎、離，中男中女，艮、兌，少男少女，「乾統三女，坤統三男」，氣運所由而生。〔註79〕乾、坎、艮、震屬陽，巽、離、坤、兌屬陰，陰陽相生，化育萬物。

圖 3-2-16：伏羲八卦圖〔註80〕

〔註77〕宋・邵雍，《皇極經世書・觀物外篇》卷63，頁506。

〔註78〕吳秋文主講，《易經心傳與天道》，臺南：靝巨出版社，1985年，頁175。

〔註79〕括弧引文與有關論述，參見明・章潢：《圖書編》，卷2，頁36～37。有關內容，多同於元・胡一桂：《周易啟蒙翼傳》，上篇，頁210～211。

〔註80〕張天然，《一貫道脈圖解》，頁10。

《皇極經世・觀物外篇》卷七云：

> 離在天而當夜，故陽中有陰也；坎在地而當晝，故陰中有陽也；震
> 兌在天之陰也，巽艮在地之陽也，故震兌上陰而下陽，巽艮上陽而
> 下陰。天以始生言之，故陰上而陽下，交泰之義也；地以既成言之，
> 故陽上而陰下，尊卑之位也。乾坤定上下之位，離坎列左右之門，
> 天地之所闔闢，日月之所出入，是以「春夏秋冬，晦朔弦望，晝夜
> 長短，行度盈縮，莫不由乎此矣。〔註81〕

古人通過仰觀俯察，發現大自然運行的規律，然後用先天八卦的卦畫來代表
「乾」天、「坤」地、「震」雷、「艮」山、「離」火、「坎」水、「兌」澤、「巽」
風。伏羲八卦在，從坤始，到艮止，「乾坤定上下之位，離坎列左右之門，天
地之所闔闢，日月之所出入」大自然在此規律的運行著，在陰陽交替的運行下，
造就萬物有它內在運行的道理。於是「春夏秋冬，晦朔弦望，晝夜長短，行度
盈縮」規律的運行著。

十二、八八圖

關於「陽左旋」，蕺山在〈河圖擬圖〉有說明，他指出：「合而觀之，六十
四卦，八卦也；八卦，四象也；四象，一陰陽也；陰陽，一太極也，太極本無
極也。陽生於子，自一而三而五而七而九，極於酉；陰生於午，自二而四而六
而八而十，極於卯；而中皆左旋，天道之運也。一六之水生三八之木，三八之
木生二七之火，二七之火生五十之土，五十之土生四九之金，而金復生水，各
以一陰一陽分生成之德。」〔註82〕這裡提到的是五行及陰陽相生之道，彼此之
運動生生不息。在象「天」的《河圖》之中，「一三五七九，二四六八十，皆
左旋而陰陽相配」，也就是「陽左旋」。

關於「陰右旋」，蕺山在〈河圖擬圖〉亦有說明：「地道右旋，《洛書》體
地者也，而數主克，故一六之水克二七之火，二七之火克四九之金，四九之金
克三八之木，三八之木克五之土。而五居中，沖氣用事，克中有生，則所以成
變化而行鬼神者愈有其用矣。此所謂後天之《易》也。」〔註83〕，此處則說明
「五行」相剋之道，但終究「相剋而不相害」，剋中有生，從而成變化而行鬼
神。

〔註81〕宋・邵雍，《皇極經世書・觀物外篇》卷63，頁507。
〔註82〕劉宗周：《周易古文鈔》，《劉宗周全集》，第1冊，頁4。
〔註83〕劉宗周，《周易古文鈔》，頁6。

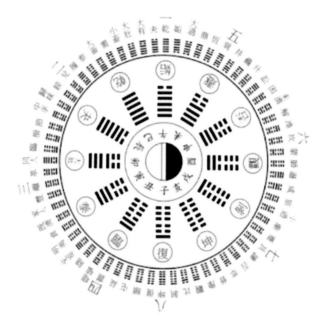

坤母	艮母	坎母	巽母	震母	離母	兌母	乾母
一二三四五六七順行	一二三四五六七逆行	一二三四五六七逆行	一二三四五六七順行	一二三四五六七逆行	一二三四五六七順行	一二三四五六七順行	一二三四五六七逆行

圖 3-2-17：張氏的八八圖〔註 84〕

對於此圖，張氏有如下之解說：

六十四卦者，由先天八卦而生也。左方三十二陽卦，為乾一、兌二、
離三、震四，四卦而生之。自復一陽，馴至乾六陽而止，即子、丑、
寅、卯、辰、巳六字而應之也。右方三十二陰卦，為巽五、坎六、艮
七、坤八，四卦而生之。自姤一陰，馴至坤六陰而止，即午、未、申、
酉、戌、亥六字而應之也。此即邵子倍一為二，倍二為四，倍四為八，
倍八為十六，倍十六為三十二，倍三十二為六十四卦也。〔註 85〕

〔註 84〕張天然，《一貫道脈圖解》，頁 12。
〔註 85〕張天然，《一貫道脈圖解》，頁 12。

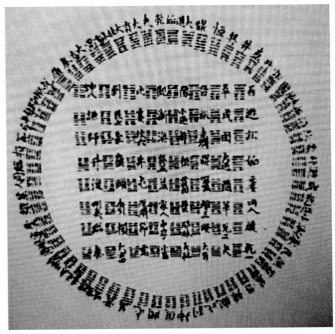

圖 3-2-18：六十四卦內方外圓圖〔註86〕

「八八圖」的外圈六十四卦為和〈六十四卦內方外圓圖〉一樣，如圖 3-2-18。
圖文釋云：「〈伏羲八卦圖〉，王豫傳於邵康節，而鄭夬〔註87〕得之。《歸藏》初
經者，伏羲初畫八卦，因而重之者也。」〔註88〕其本卦之卦續為八卦的先天
數：乾一，兌二，離三，震四，巽五，坎六，艮七，坤八。上方中央的乾卦開
始，以逆時針方向來看，八個卦的內卦都是乾，且上卦由右自左都是依先天八
卦次序排列。接下來由履卦開始，八卦內卦都是兌，上卦一樣是先天八卦次序
逆時針方向排列，其餘以此類推。由此規則而得。而裡面的方圖，下卦由下而
上依照先天八卦之卦續排列，而上卦由右至左也是依照先天八卦之卦續排成
一列，這樣就可以得到方圖。故在張氏的八八圖中，張氏云：「左方三十二陽
卦，為乾一、兌二、離三、震四，四卦而生之。」且由下方的復卦（☷☳）的一

〔註86〕圖式見明・章潢：《圖書編》，卷2，頁50。
〔註87〕「鄭夬」，《大易象數鈎深圖》原作「堯夫」，依文意「王豫傳於邵康節」，若依
　　　　原文接著「而堯夫得之」，「邵康節」即邵雍，而「堯夫」又為邵雍之字，文意
　　　　不洽。朱震《漢上易傳・圖》輯〈伏羲八卦圖〉指出「王豫傳於邵康節，而鄭
　　　　史得之」（揭前書，卷上，頁311），「鄭史」當為「鄭夬」，「鄭夬」為正。楊
　　　　甲《六經圖》正確記云：「王豫傳於邵康節，而鄭夬得之」。（見楊甲：《六經
　　　　圖》，卷一，頁146。）據改。
〔註88〕圖式與引文，見《大易象數鈎深圖》，卷上，頁16。

陽初動而生，順服著大自然的規律運化至乾卦（☰）而止，對應著子、丑、寅、卯、辰、巳所相應的三十二卦。而右邊亦是如此的規律，對應著午、未、申、酉、戌、亥所相應的三十二卦。《大易象數鈎深圖》云：「自一而二，自二而四，自四而八，自八而十六，自十六而三十二，自三十二而六十四，六十四而天道備矣，歲功成矣，人事周矣」。〔註89〕透過這中每次都加一倍之方法，以太極為一，分化為陰陽二氣之後，進而推出四象分列。而後，陰陽迭進成八卦，進而十六、三十二至六十四，如此正為自然天道的完備展現。這也是張氏將研究之心得，藉由「八八圖」的繪製留予後進探討。

「八八圖」中圈分別為地雷復、地澤臨、地天泰、雷天大壯、澤天夬、乾為天、天風姤、天山遯、天地否、風地觀、山地剝、坤為地，為「十二辟卦」又稱「十二消息卦」如圖3-2-19。會稱作「消息」卦的原因，是因為這「十二消息卦」代表著一年十二個月的陰陽消長。息為生長，消為消退之意。而《周易集解》引荀爽曰：「十二消息，陰陽往來，無窮已，故通也。」〔註90〕前六卦從復、臨、泰、大壯、夬、乾為陽之「息」，所以稱為「息卦」，也可稱為陽卦。而後六卦姤、遯、否、觀、剝、地為陽之消，也是陰之息，所以稱作「消卦」，也可稱為陰卦，十二辟卦因此而循環不息。從地雷復、地澤臨……山地剝、坤為地，分別代表著11月、12月……9月、10月。「十二辟卦」是以十二個卦來分掌一年十二個月，這十二卦總共有七十二爻分掌七十二侯。例如說：「剝卦」（☶）之卦象為一陽爻在上，這就象徵著在九月的時候，一切的生機即將走到盡頭，示意著秋去冬來之意。接下來「坤卦」（☷）之卦象為六爻皆陰，象徵著在十月的時候，大雪紛飛的嚴冬，此時一切生機皆無之象。而「復卦」（☳）之卦象為一陽爻在下，此時時令為十一月，代表著冬天即將走到盡頭，春天即將到來之前兆，一切的萬物即將復甦，生機就由此開始。所以乾為陽卦逆行得：乾、夬、大有、大壯、小畜、需、大畜、泰等八卦；兌為陰卦順行，……坤為陰卦順行。如此以下卦為母再配合陰陽二氣，即可闡明陰陽變化之消長，得知八卦順行、逆行之分別所在。故而說，十二消息卦是依據陰陽消息的往來變化，以《周易》中的十二個卦與十二個月的月候變化相屬，反映一年四季陰陽消長的過程，故又稱「十二月卦」。

〔註89〕 宋·佚名，《大易象數鈎深圖》，《景印文淵閣四庫全書》，冊25，卷中，頁37～38。

〔註90〕 此句見於〈繫辭·上〉曰：「往來不窮謂之通。」條下注，《周易集解》，頁348。

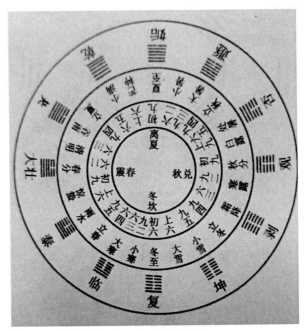

圖 3-2-19：十二消息圖〔註91〕

　　萬物的本原，是恢復到宇宙最原始，無形無象的本體狀態，是無所不包而又能有序運化的整體。而陰陽二氣變化無窮，於是萬物生生不息，變化無窮。人與物之間的相互感應產生了運動，從而產生了善與惡。北海老人云：「何謂太極？一氣之謂也。何謂兩儀？升降之謂也。何謂四象？二至、二分，之謂也。何謂八卦？二至、二分，再加四立之謂之。由是二十四氣，七十二候，三百六十五日，四分日之一。」〔註92〕由此可知，北海老人的易學思想承繼先賢的易學思想，而張氏的易學思想亦承傳自北海老人及先賢，一脈相承。又云：「天一大天，性一小天。天有元亨利貞，性有仁義禮智。人能實踐仁義禮智，謂之率性。人知此性分於天，仍將此性還乎天，謂之合天。如此謂之窮理，行此謂之盡性，完此謂之至命。如此則謂大而化之之聖，聖而不可知之之神。天即人而人即天，又何事乎仰屈伸，服食導引為哉？此孔子之道，所以歷萬世而無弊也。」〔註93〕將人與天結合，即吾人性、心、身相合一貫之呈現也。

〔註91〕《中華易學大辭典》編輯委員會編，《中華易學大辭典》下，上海：上海古籍出版社，頁 1350。

〔註92〕清・十五代祖師北海老人原著，《理數和解》，頁 146。

〔註93〕清・十五代祖師北海老人原著，《理數和解》，頁 158～159。

十三、文王八卦圖

圖 3-2-20：文王八卦圖〔註94〕

《說卦傳》：「乾，天也，故稱乎父。坤，地也，故稱乎母。震一索而得男，故謂之長男。巽一索而得女，故謂之長女。坎再索而得男，故謂之中男。離再索而得女，故謂之中女。艮三索而得男，故謂之少男。兌三索而得女，故謂之少女。」〔註95〕《易緯・乾鑿度》載：「故太一取其數以行九宮，四正四維，皆合於十五。」如圖 3-2-21 所示：太一從坎開始，依數字次序由坤、震、巽、土、乾、兌、艮、離最後回到坎宮。這也就是在文王八卦圖下，張天然之說明的由來。

巽四	離九	坤二
震三	土五	七兌
艮八	坎一	乾六

圖 3-2-21：四正四維合於十五圖

〔註94〕張天然，《一貫道脈圖解》，頁 13。
〔註95〕唐・孔穎達等，《周易正義》，頁 678。

對於此圖，張氏有如下之解說：

> 伏羲八卦之方位，乾、坤、坎、離，列於四正；震、兌、巽、艮，列
> 於四隅，謂之先天。文王八卦，坎、離、震、兌，列在四正；乾、
> 坤、艮、巽，列在四隅，謂之後天。先天標明陰陽之對待，後天標
> 明陰陽之流行。對待者，常道也；流行者，變道也。宇宙一切現象，
> 都由常而變之矣。乾交坤而變離，坤交乾而變坎，離交坎而變震，
> 坎交離而變兌，四正變動之原因也。坤得乾，而以陰承陽，故坤退
> 於西南；乾得坤，而以陽配陰，故乾退於西北。坤居巽位，而順乎
> 坤，所以巽移於東南；乾居艮位，而艮避乎乾，所以艮退移於東北；
> 這是四隅變動之原因。文王就變動自然上規定，名為後天。皆本乎
> 造化變遷而發生矣。故合伏羲之卦，是並行而不悖之道也。〔註96〕

在「伏羲八卦」中，乾、坤兩卦，是南與北相對的；兌、艮兩卦，是東南與
西南相對的；離、坎兩卦，是西與東相對的；震、巽兩卦，是東北與西北相
對的。而且，乾坤、兌艮、離坎、震巽兩兩的陰陽爻之和，都等於三陰三陽。
反觀在「文王八卦」中，南與北是離、坎兩卦的相對，東南與西南是巽、乾
兩卦的相對，西與東是震、巽兩卦的相對，西北與東北是艮、坤兩卦的相對，
和「伏羲八卦」原來的排列位置與方向不同了。同時，相對卦的陰陽爻數之
和，也不都是三陰三陽的了，坤、艮兩卦的陰陽爻之和就是五陰一陽的，巽、
乾兩卦的陰陽爻之和就是五陽一陰的。乾、坤二卦各處西北與西南，乾父、
坤母分別統三男三女。乾一索、再索、三索而得震卦長男，坎卦中男，艮卦
少男。坤一索、再索、三索而得巽卦長女，離卦中女，兌卦少女，此即朱熹
「文王八卦次序圖」之八卦布列圖說。〔註97〕在「文王八卦」中，八卦之排
列方式為，震東位於天三之位，正處於陽氣之開始發展之時，時節為春季；
巽東南位於地四之位，為春夏漸交之時；離南位於天九之位，此時陽氣最為
壯盛，於時為夏季；坤西南位於地二之位，正逢夏秋相交之時；兌西處於天
七之位，乃陰氣之漸生之時，此時為秋季；乾西北處於地六之位，為秋冬相
交之時；坎北處於天一之位，為陰翳最盛之冬季；艮東北處於地八之位，其
時為冬春之交。四時之方位，各有其定數，萬物之存在，必有其規律。坎離
子午定位，震東而兌西，乾坤艮巽四卦分屬四隅，如此之八卦排列以「應地

〔註96〕張天然，《一貫道脈圖解》，頁13。
〔註97〕見朱熹：《周易本義·圖說》，頁21。

之方」，有別於先天八卦的「應天之時」。〔註98〕邵雍指出「易者，一陰一陽之謂也。震兌，始交者也，故當朝夕之位。坎離，交之極者也，故當子午位」。〔註99〕四正之卦，除了表示陰陽變化之下，太陽運行時的卯酉子午之位之外，也代表著一年四季當中，春、夏、秋、冬四季之變化，以「冬至之子中，陰之極。春分之卯中，陽之中。夏至之午中，陽之極。秋分之酉中，陰之中。凡三百六十，中分之則一百八十，此二至二分，相去之數也」。〔註100〕將宇宙存在的根本要件，時間與空間，即陰陽之消息循環變化及四方之位合四時之化闡述分明。寧伊人、常醉山人對於張氏所說：「故合伏羲之卦，是並行而不悖之道也。」之體認為：「文王八卦氏闡述後天天地運化變而有常之用，伏羲聖地之先天八卦乃呈現先天大自然之常用不變之常道本體，一體一用，相輔相成，兩者體用相和，並行並進，一體兩面而互不違背，無極而太極之自然運化之精神矣！」〔註101〕

　　《周易折中‧啟蒙附論》先天卦變後天卦圖（如圖 3-2-22）附有說明文字云：「此圖先天凡四變而為後天也，蓋火之體陰也，其用則陽，而天用之，故乾中畫與坤交而變為離；水之體陽也，其用則陰，而地用之，故坤中畫與乾交而變為坎。火在地中，陰氣自上壓之而奮出，則雷之動也，故離上畫與坎交而變為震；水聚地上，陽氣自下敷之而滋潤，則澤之說也，故坎下畫與離交而變為兌。陽感於陰則山出雲，是山者雷與澤之上下相感者也，故震以上下畫與兌交而變為艮；陰感於陽而水生風，是風者澤與雷之上下相感者也，故兌以上下畫與震交而變為巽。風本天氣也，因與山交而入其下，則下與地接，故巽以上二爻與艮下二爻交而變為坤；山本地質也，因與風交而出其上，則上與天接，故艮以下二爻與巽上二爻交而變為乾。」〔註102〕這些說明證明張天然的《易》學思想是承接前人之研究，經過內化及吸收之後，將自己的體悟以具體的文字說明，讓後人得以有學《易》之依歸。

〔註98〕邵雍：《皇極經世書‧觀物外篇上》，卷十三，頁 1066。
〔註99〕邵雍：《皇極經世書‧觀物外篇上》，卷十三，頁 1066。
〔註100〕邵雍：《皇極經世書‧觀物外篇下》，卷十四，頁 1077。
〔註101〕寧伊人、常醉山人合著，《一貫道脈圖解心性釋義》，頁 155～156。
〔註102〕清‧李光地編纂，馮雷益、鐘友文整理，《御纂周易折中》，第 2 卷，北京：中央編譯出版社，2011 年，頁 27。

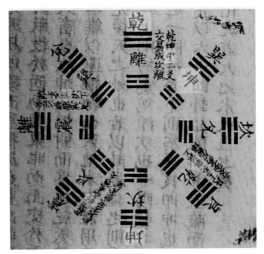

圖 3-2-22：先天卦變後天卦圖〔註 103〕

十四、節炁圖

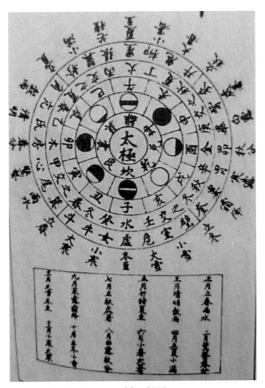

圖 3-2-23：節炁圖〔註 104〕

〔註 103〕御纂周易折中，第 2 卷，頁 27。
〔註 104〕張天然，《一貫道脈圖解》，頁 14。

「卦氣」一詞，卦指六十四卦，氣指陰陽二氣，最早似見於《漢書》和《易緯》：「王者躬行道德，承順天地，……黎庶和睦，則卦氣理效，五徵時序，……峻刑重賦，百姓愁怨，則卦氣悖亂，咎徵著郵。」（《漢書‧谷永傳》）「夫卦之效也，皆指時，卦當應他卦氣，及至其災，各以其衝應之，此天所以示告於人者也。」（《易緯通卦驗》）。〔註105〕邢文云：「理解卦氣的關鍵，在於把握氣的意義。氣，即四時節氣，也就是時。」〔註106〕

對於此圖，張氏有如下之解說：

> 節炁者，一年之內，有四時八節，二十四炁，七十二候之變易也。天地相去八萬四千里，五日為一候，三候為一炁，三炁為一節，其陽自冬至為始一炁上升七千里，乃小寒之際也。陽升四萬二千里，屆春分節也。乃陰中陽半，故炁溫。過此而交陽位，上升四萬二千里，屆夏至之節，乃陽中之陽也，故炁熱。陽極生陰，自夏至，陰降四萬二千里，屆秋分之節也，乃陽中陰半，故炁涼。過此秋分，而交陰位，下降四萬二千里，屆冬至之節，乃陰中之陰也，故炁寒。周而復始，運轉無窮，此太極炁天陰陽升降之節炁也。〔註107〕

四時為春、夏、秋、冬，四時再細分八節為冬至、夏至、春分、秋分；立春、立夏、立秋、立冬。八節再細分為二十四節氣，再細分為七十二候，這就是一年之中節炁變化之情狀。《靈寶畢法》中提到：「《玉書》曰：『……天得乾道而積氣以覆於下，地得坤道而托質以載於上，覆載之間，上下相去八萬四千里。』」〔註108〕朱子云：「日月升降三萬里之中，此是主黃道之間相去遠近而言。若天之高，則里數又煞遠。或曰八萬四千里，未可知也」〔註109〕由此可知，「八萬四千里」這個說法並非憑空而出。其中五日、三候、三炁可之一節有四十五日之時間算計之變化。「復卦」（䷗）之卦象為一陽在下，時令為十一月，代表著

〔註105〕班固（撰）、顏師古（注）：《前漢書》，《四部備要》本（臺北：臺灣中華書局，1965年），卷八五，頁十四上；鄭康成（注）：《易緯稽覽圖》，卷上，收入安居香山、中村璋八（輯）：《緯書集成》（石家莊：河北人民出版社，1994年），頁122；鄭康成（注）：《易緯通卦驗》，卷下，收入《緯書集成》，頁208。

〔註106〕邢文，《帛書周易研究》，北京：人民出版社，1997年，頁142～83。

〔註107〕張天然，《一貫道脈圖解》，頁14。

〔註108〕東漢，鍾離權，《靈寶畢法》，收錄於《重刊道藏輯要》，二僊庵版刻，清光緒三十二年（1906）成都二僊庵住持閻永和、新津彭翰然重刻，井研賀龍驤校訂。出於五代後漢年間，頁1。

〔註109〕南宋‧朱熹，《朱子語類》卷二，頁17。

冬盡春來之前兆，一切的萬物即將復甦，生機由此開始。《周易正義》曰：「冬至一陽生，是陽動用而陰復於靜也。」〔註110〕可知陽氣之運行由「冬至一陽生」開始。其節氣從小寒到春分乃陰中陽半氣溫、夏至乃陽中之陽氣熱、秋分乃陽中陰半氣涼、冬至乃陰中之陰氣寒，周而復始，運轉無窮。

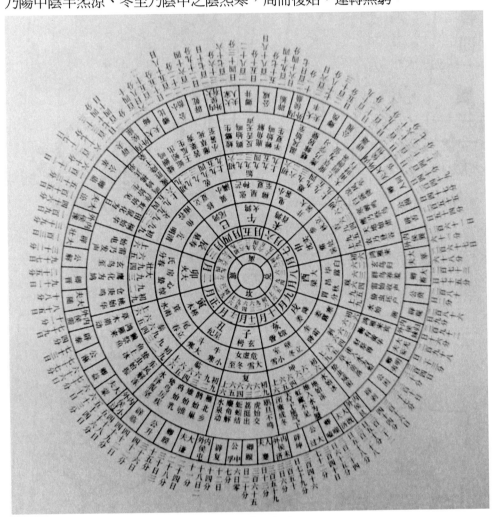

圖 3-2-24：卦氣圓圖〔註111〕

　　卦氣圓圖，也稱為「卦氣六日七分圖」。是後人據漢代孟喜、京房及《易緯》卦氣說而製作的圖式。其中有四正卦、十二闢卦、十二月、二十四節氣、七十二候等的圖示。可以知道張天然的「節氣圖」和此圖有所類似，且又有所

〔註110〕唐・孔穎達等，《周易正義》，頁226。
〔註111〕《中華易學大辭典》下，頁1351。

自己的獨到見解融會於其中。

在節炁圖中,太極居於其中,而文王八卦運行其外,將文王八卦相應四時運行的精神展現於外。在看文王八卦之外面一環,可以看到全黑、全白、半黑半白、多黑少白、少黑多白之圓圖,將八卦之陰陽變化呈現於此環當中。再外一環為十二地支,呈現五行與十天干及四時交替之情形。接下來的一環展現出二十八宿之天體運行,最後一環則呈現二十四節氣之名稱。

在「節炁圖」中,第四圈的地支及最外圈二十四節氣的排列方式和「卦氣圓圖」相同。其中,在「節炁圖」中,隱含著冬春、春夏、夏秋、秋冬之交,且將東方甲乙木、西方庚辛金、南方丙丁火、北方壬癸水五行配合天干隱含在時節之交當中。張氏將古聖先賢之論述及自己研究之心得,在「節炁圖」中做一個完整之論述。

十五、白陽八卦圖

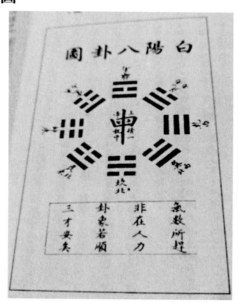

圖 3-2-25:白陽八卦圖〔註112〕

對於此圖,張氏有如下之解說:

> 白陽八卦者,天地之正炁也。闢開混沌。呂祖云:天地開闢,以地
> 支而系其名,原分四古:亥、子、丑為太古,即混沌之分;寅、卯、
> 辰為上古,即混沌之化;巳、午、未為中古,即混沌之闢;申、酉、

戊為下古，即混沌之合。分、化、關、合四古數盡，則天地闢矣。而
今午盡未初，否極泰來，一元內有大三陽之運，曰：青陽、紅陽、
白陽，三會收圓之普渡，先天、後天、末後一著之果證。炁運至此，
卦位復移，故東坤，西乾，南離，北坎。時至自然，娑婆世改為蓮
花國，花花世改為清靜世；人人佛面佛心，家家夜不閉戶，天下一
家，萬國一理，選賢與能，講信修睦，使老有所終，壯有所用，幼
有所長，鰥寡孤獨廢疾者皆有所養，是謂大同世界，而大順之景象，
漸漸臻矣。〔註113〕

這裡提到了呂仙祖將天地分為四古：亥、子、丑為太古、寅、卯、辰為上古、
巳、午、未為中古、申、酉、戌，分別對應混沌之分、化、關、合，當「四
古數盡，則天地闢矣。」也就是講宇宙之開天闢地之過程演進。現在之時運，
已經到了「午盡未初，否極泰來」的時運，且此一元會中，有「青陽、紅陽、
白陽，三會收圓之普渡，先天、後天、末後一著之果證。」其中，「白陽八
卦圖」是由「伏羲八卦圖」順時針轉了九十度而得。使得原本在「伏羲八卦
圖」中的乾南、坤北、坎西、離東四正卦，變為乾西、坤東、坎北、離南。
觀此「白陽八卦圖」雖然因為轉動而位置有所變化，但是，其本身的卦象並
沒有改變。這樣的將先天八卦轉九十度改變，在一貫道中，象徵後天要返回
先天的時候契機已經來到，白陽大開普度的時運已經到來。著寧伊人、常醉
山人云：「乾、坤、坎、離還是居於四正之位，充分展現天、地、水、火對
萬事萬物生生不息的重要性。」〔註114〕淇格格的部落格中這樣解釋「白陽
八卦」：「白陽八卦者則為體用合一，即先天八卦右旋90°即成。在先天中，
乾坤為天地定位，當右旋90°後，乾坤為了回歸定位即有了左旋之力量。後
天以坎離為定位，乃因乾之一點真落入後天，而由乾坤二卦變成坎離二卦，
所以在白陽八卦中，欲回純真天性，必以真水真火修抽坎填離之理，故彌勒
真經有云：「南北兩極連宗續」，即指抽坎填離之道。又，因天地日月四卦對
照，又有陰明陽明之貌，陰陽合明，太陽自西方出，暗喻天時已轉西；水火
定南北，運轉乾坤，抽坎填離，日月對照，如以十二地支來論，恰在子午卯
酉，自性之門，先天為橫，後天為綜，二者相交，十方圓滿，故白陽八卦之
道，亦是內方外圓之道。子午卯酉亦是時運，也是二六時中，一輪圓滿，不

〔註113〕張天然，《一貫道脈圖解》，頁15。
〔註114〕寧伊人、常醉山人合著，《一貫道脈圖解心性釋義》，頁186。

離戊己。」〔註115〕八卦之生成，先有「先天八卦」，再出「後天八卦」。有「先天」及「後天八卦」之生成，「白陽八卦」才能在仙佛借竅批訓之後而生成。冥冥中有其定數，可以說是應天地時運而生。「後天八卦」因為有「先天八卦」為前因，故而現於世間。而亦是因為有「先後天八卦」，「白陽八卦」才得以旋轉九十度而成為「白陽八卦」。由此觀之，天地萬物之機緣造化，自有其因果時機，當時機來臨時，因緣應運而生！林榮澤云：「觀白陽八卦的排列，完全和先天卦一樣，只不過轉了九十度而已。但這一轉變，就把離坎移到樞紐的位置，符合後天卦離坎代乾坤的精義。換句話說，白陽八卦是存先天卦的體，合後天卦的用，是體用合一的卦象，符應大道降世、一理流行的普渡因緣，而其精神不外「掃象、超氣、入理」。禪宗講的無為法、不二法，儒家說的一貫、中庸，道家舉的道德、清靜，都是不離本心的返照自覺，當下具足一切，可以說是至簡且易，直探本源！」〔註116〕

再觀中間之「中」字之意思有五。一、在「中」這個字的兩旁加兩點，中庸第一章：「中者，天下之大本也」。而左右兩點代表陰陽，是本體所大用。二、從「○」，「○」代表著無極，也代表原本之真如本心。三、將太極圖的中間S形曲線拉直，並且出穿透出圈外，這就表示超脫太極陰陽之外，貫乎無極之中。四、「母」字正轉九十度，表示「母」是後天生身之母，而「中」是先天靈性之母。五、「中」字就像人的臉型輪廓，表示先天靈性是從面門正竅出入。也就是說，中間的「中」字代表的就是生天地萬物的「明明上帝」，以其精一之德，執中之性，分靈賦予天地萬物，使得天地萬物能夠生生不息的生長蘊化。寧伊人、常醉山人云：「凡天地之蘊化乃受氣數所拘，故陰陽二氣自然有消長盈虛之變化矣！如今氣數已至白陽，收圓普渡之時已至，自然而然而非人力之可為也；故此白陽八卦自然應化而生。若白陽八卦運轉順其理而合其道，則天地人三才，自然平安康泰矣！此乃所謂「氣數所趨，非在人力；卦象若順，三才安矣！」」〔註117〕

《皇中訓子十誡》中有云：

將萬國與九洲全然渡盡　　千神聖萬佛仙共聚中原
三曹清會一案白陽立定　　刷盡了惡孽子盡留良賢

〔註115〕以上括號引文，詳見網路文章：〈何謂白陽八卦〉，網址：https://h9q92000.
pixnet.net/blog/post/226567775 檢索日期：2022 年 6 月 21 日。
〔註116〕林榮澤講述，書苑編輯室整理，《白陽易經講解本》，序文。
〔註117〕寧伊人、常醉山人合著，《一貫道脈圖解心性釋義》，頁 185～186。

將苦海化成了蓮花寶國	這東土要改成淨土西天
活佛世四十載快樂無盡	斷宰殺歸善路物各生全
顯鍾靈和毓秀麟鳳現野	海波息慶昇平共慶豐年
你亦敬我也愛再無爭鬥	五日風十日雨挽回堯天〔註118〕

在《皇申訓子十誡》中所提到的「這東土要改成淨土西天」就是張氏所提到的「娑婆世改為蓮花國，花花世改為清靜世」。也就是讓人間世界最終可達到像天堂一般的理想世界，讓人人都能友愛互助，家家都可以安居樂業，沒有戰爭，沒有痛苦，達到「選賢與能，講信修睦，使老有所終，壯有所用，幼有所長，鰥寡孤獨廢疾者皆有所養。」的大同世界。由此可見，張氏本著宗教家之慈悲精神，做《一貫道脈圖解》的用心及苦心，希望後學末進得以由此體悟聖人之作《周易》之本易，找回本自俱足之妙智慧，將自己之智慧之光得以展現。

十六、返本圖

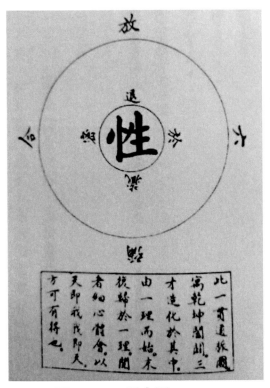

圖 3-2-26：返本圖〔註119〕

〔註118〕《皇申訓子十誡·第十誡》。

〔註119〕張天然，《一貫道脈圖解》，頁16。

對於性，朱熹云：

> 命者，天之所以賦予乎人物也；性者，人物之所以稟受乎天地。然
> 性命各有二。自其理而言之，則天以是理命乎人物謂之命，而人物
> 受是理於天謂之性；自其氣而言之，則天以是氣命乎人物亦謂之命，
> 而人物受是氣於天亦謂之性。〔註120〕

朱熹認為，人之性與物之性都是稟受天地而來。「天」賦予人的稱為「命」。人
物「受是理於天」，稱為「性」。從「氣」言，天以氣命於人物，亦是「命」；
人物「受是氣於天」，也稱為「性」。朱熹又云：

> 性只是理，萬理之總名。此理亦只是天地間公共之理，稟得來便為
> 我所有。天之所命，如朝廷指揮差除人去做官；性如官職，官便有
> 職事。〔註121〕

若是本有良善之本性，只因一念之差而不去思索即追求，便會產生千差萬別的
各種善惡對待。所以說這個人人具有的性，在心為性，在事叫做理。《論語・
公冶長第五》：「子貢曰：夫子之文章，可得而聞也；夫子之言性與天道，不可
得而聞也。」孟子曰：「天下之言性也，則故而已矣。故者，以利為本。所惡
於智者，為其鑿也。如智者若禹之行水也，則無惡於智者矣。禹之行水也，行
其所無事也。如智者亦行其所無事，則智亦大矣。天之高也，星辰之遠也，苟
求其故，千歲之日至，可坐而致也。」〔註122〕朱子在《知言疑義》對知言提
出八端的質疑，即「性無善惡，心為已發，仁以用言，心以用盡，不事涵養，
先務知識，氣象迫狹，語論過高。」〔註123〕所著重的都是在心性的討論及說
明。而張天然的「返本圖」中，中間的「性」字說明了這個圖和儒家性理之說
的結合。

對於此圖，張氏有如下之解說：

> 夫道，太虛而已矣。人能與太虛同體，則超乎天地之外，不囿五行

〔註120〕陳俊民校編，《朱子文集》，卷 56〈答鄭子上十四〉，臺北：財團法人德富文
　　　　教基金會，2000 年，頁 2722。

〔註121〕黎靖德編、王星賢點校，朱子語類，卷 98，北京：中華書局，1994 年，卷
　　　　117，頁 2816。

〔註122〕點校新編朱子《四書章句集註》，臺北：鵝湖出版社，1984 年 9 月初版，頁
　　　　297。

〔註123〕宋・朱熹著，黎靖德編，岡田武彥集解：《朱子語類大全》第 7 冊，京都：中
　　　　文出版社，1973 年，據日本寬文八年〔1668〕京都山形屋書肆刻本影印，卷
　　　　101，頁 5345。

之中。超於聖域。儒謂之神人，釋謂之金仙，道謂之大羅天仙也。
人生若被塵緣迷昧，棄真逐妄，死不回首者，凡夫俗子也。道祖清
靜守一之道，修心以煉性；佛祖真空皈一之道，明心以見性。至聖
虛靈貫一之道，存心以養性。大道一理，三教一家，先覺者聖賢仙
佛也。立德、立功以救世。後覺者，賢人、君子也。繼往開來，以道
統。嗟乎！人孰不由道而生之，人誰不畏危欲安之，趁此普渡時機，
早修大道，返本還原，逍遙物外，方為有始有終之大丈夫也。〔註124〕

「返本圖」中有內外兩個圓，而最內的圓中有一個性字。寧伊人、常醉山人認
為：「內圓中一「性」字，乃象徵吾人自性之本體，人人皆有，聖凡一體，在
聖不增，在凡不減，不生不滅、不垢不淨、不增不減之真如實性，與無極合體，
與太極不二，非陽非陰，是陽是陰。」〔註125〕其中，在內圓與外圓中有「退
藏於密」四個字，在最外圈有「放彌六合」四個字，朱子云：「其書始言一理，
中散為萬事，末復合為一理。放之則彌六合，卷之則退藏於密。」〔註126〕展
開來可以充遍整個宇宙，收攝起來，可以藏在一個最隱密、很小的地方。張氏
提到：「人能與太虛同體，則超乎天地之外，不囿五行之中。超於聖域。儒謂
之神人，釋謂之金仙，道謂之大羅天仙也。」這是在說明修道者體悟到「天即
我，我即天」之奧妙意涵後，則能天人合一，超脫五行之限制，則可成神人、
金仙、大羅天仙各種形象之轉化。而其中各教聖賢仙佛「清靜守一」、「真空皈
一」、「虛靈貫一」，都是在追求「大道一理，三教一家」之道。

黃宗羲云：

此萬有不齊中，一點真主宰，謂之「至善」，故曰「繼之者善也」。
「繼」是繼續，所謂「於穆不已」。即到成之而為性，則萬有不齊，
人有人性，物有物性，草木有草木之性，金石有金石之性，一本而
萬殊，如野鴆鳥之惡毒，亦不可不謂之性。〔註127〕

這「一點真主宰」的神聖之處，就是修道者「返本還原，逍遙物外」的源頭
及主宰，也就是「返本圖」中內圓中之一「性」字。人、物、草木、金石各
有其性，就連「野鴆鳥之惡毒，亦不可不謂之性。」《皇中訓子十誡・第一

〔註124〕張天然，《一貫道脈圖解》，頁 16。
〔註125〕寧伊人、常醉山人合著，《一貫道脈圖解心性釋義》，頁 201。
〔註126〕南宋・朱熹：《點校四書章句集注》，北京：中華書局，2003 年，頁 17。
〔註127〕明・黃宗羲，沈善洪主編；吳光執行主編：《黃宗羲全集》冊一，杭州：浙江
　　　　古籍出版社，2005 年，頁 77。

誠》：「道即理理即道虛靈之妙，道生一一生二二又生三，一本散萬殊栽自無入有，其奧妙是神仙亦難盡言。」〔註128〕言明道創生萬物由無到有，由一到多，由簡單到複雜的過程。而修行的目的就是反其道而行，將落入後天的混濁之心，經由修行的約束及體悟，回復原始的面目。《周易・繫辭》：「聖人以此洗心，退藏於密，吉凶與民同患，神以知來，知以藏往。」〔註129〕〔疏〕正義曰：「言易道進則蕩除萬物之心，退則不知其所以然，萬物日用而不知，有功用藏於密也。」〔註130〕提到「易道」的功用不自覺地每天都在運用著，但是，往往又不明白為什麼可以這樣地運用。而自然而然地使用出來，是這「一點真主宰」的神聖之處。北海老人云：「天一大天，性一小天。天有元亨利貞，性有仁禮義智。人能實踐仁禮義智，謂之率性。人知此性分於天，仍將此性還於天，謂之合天。」〔註131〕人與天，分則為人性之仁禮義智之實踐，合則成為天之一部分。「放之則彌六合，卷之則退藏於密。」將一種至高無上之道理，散佈到萬事萬物及宇宙天地之中來觀察，最後又回歸到這個至理本身的內涵之中，回復自己最原始的赤子之心。故寧伊人、常醉山人的體悟為：「故知要返本，即要面見吾人之本來面目；即要洗去沙塵，格化心物，方能見吾人本來之真如實性。」〔註132〕又云：「一切以本來之真人用事，篤行於天地之間，「與天地合其德，與日月合其明，與四時合其序，與鬼神合其吉凶」，二六時中「黃中通理」自然呈現，「正位居體」於如如不動之不易之中，進而「美在其中」圓滿應化，……當下契入本來面目，無私無為，即見理天不移半步而至，根本不動絲毫而返，此時了了有何不了，返本之道即在當下矣！」〔註133〕

北海老人云：

> 可道可名者，人稟之為氣質之性，氣數之命，窮通壽夭，智愚賢否，萬有不齊之性命也。不可道不可名者，人稟之為本然之性，天賦之命，堯舜與我同焉者也。本然之性即維皇降衷之性，人生而靜之性，性善之性，道心之謂也。氣質之性，乃杞柳之性，湍水之性，性惡

〔註128〕《皇申訓子十誡・第一誡》
〔註129〕唐・孔穎達等，《周易正義》，頁587～588。
〔註130〕唐・孔穎達等，《周易正義》，頁588。
〔註131〕清・十五代祖師北海老人原著，《理數和解》，頁158。
〔註132〕寧伊人、常醉山人合著，《一貫道脈圖解心性釋義》，頁202。
〔註133〕寧伊人、常醉山人合著，《一貫道脈圖解心性釋義》，頁202。

之性，可以為善之性，可以為不善之性，人心之謂也。〔註134〕

這裡所提到的「不可道不可名者，人稟之為本然之性，天賦之命，堯舜與我同焉者也。」也就是太上清淨經中所提到的：「大道無形，生育天地，大道無情，運行日月，大道無名，長養萬物，吾不知其名，強名曰道！」也就是「放之則彌六合，卷之則退藏於密。」的「性」。這個性是「本然之性」，「堯舜與我同焉」「道心之謂也」。為善在此「性」，為惡也在此「性」，亙古以來就存在，不生不滅、不垢不淨，就在一念之間。

第三節　小結

張天然承繼了傳道的使命，所作所為皆以普傳大道為最重要的目標。得遇天道，得到心法的體悟，讓張氏要將「天道」傳揚開來的決心更加堅定。這一份悲天憫人的慈心，讓有緣的眾生得求自古不輕傳的真理大道，正是印證了現今大道傳遍各國的最佳印證。

張氏之濟世及易學思想，一脈相承於十五代祖。且肩負著救眾生之宏願，繼承先賢之精神，延續祖師之道脈，再引導著後學末進，如何能經求道、修道、辦道入世修行，有益世道人心，重整人倫綱常，實現道化家庭，最終能突破人類生命之終極困境。所以，張氏之易學思想之研究，當為一貫道弟子積極參與的課題，如此方能明白一貫道脈之傳承及其思想源流，體悟其真正的鴻慈大願。

而張氏的救世思想，源於自幼喜讀十五代祖王覺一《理數合解》一書。其中，張氏所繪製懸掛在崇華總壇的《一貫道脈圖解》八章，內容有「先天無極理圖」、「太極炁天圖」、「兩儀乾坤圖」、「皇極圖」、「炁四象圖」、「渾天圖」、「五星緯天圖」、「五行圖」、「伏羲八卦圖」、「八八圖」、「文王八卦圖」、「節炁圖」、「白陽八卦圖」、「返本圖」等十四幅說明了張氏承繼了北海老人的易學思想及源流。

林榮澤云：

> 綜合以上八章十六幅，師尊很完整地將天地生成的道理，透過這十
> 六幅圖，由無極一理，而生太極，太極生二儀，二儀生四象，陰陽
> 五行變化，四象生八卦，八八相重而六十四，萬物生成化育盡在其

〔註134〕清‧十五代祖師北海老人原著，《理數和解》，頁171～172。

中矣。在這十六幅圖中，較特別的是〈白陽八卦〉圖，師尊特別將
之與〈伏羲八卦〉、〈文王八卦〉相比較，以凸顯白陽一貫真理的殊
勝。最後的返本圖，標明了人來到人間的意義和目的，在於得授一
貫真理，達本還原，認申歸根，返回靈性的家鄉。〔註135〕

所以在《認理歸真》中，張氏提到了求得一貫道的好處有哪些：「（一）可以超
生了死，就是超出陰陽，跳出五行，脫輪迴登極樂，免了生生死死在苦海，萬
劫不能翻身。……（二）可以改惡向善，去邪歸正，求道才能找回本性良心，
始能知道人心，有真有假，真的就是本性良心，亦即是元神。假的就是血心人
心，即識神是也。……（三）可以消禍劫，解冤孽。禍劫冤孽皆由人自造的，
因為人人放失本心，棄了八德，血心用事，所以作為悉違反良心，不合天理正
道，因而結冤孽，造因果，殃連禍結，久而久之，遂釀成古今未曾有之大浩劫
者，皆由世人失道故也。禍劫冤孽，既因放失本心失道的原因而釀成的，所以
必須求道，求回本心，才可以消禍劫而解冤孽者明矣。」〔註136〕

〔註135〕 林榮澤，《師尊張天然傳》，頁168。

〔註136〕 佚名，《認理歸真》，臺北：一貫道研究院籌備處印行，2010年，頁12～14。
（是由大陸來臺前人根據師尊在大陸頒定的《一貫道疑問解答》一書挑出90
題，編成《性理題釋》，隔年再從中挑出最重要的十七篇重新改寫成《認理歸
真》一書。是由哪位前人所編寫，並未註明。）

第四章　《白陽易經》

　　「民間宗教常以靈異的神蹟吸引信眾，以神靈附體的悖動情緒，經由神通與靈驗的事蹟，強化信徒的求道心志，有些教派透過氣功傳授方式宣教、有些透過神聖的降壇儀式、有些偏重民俗醫療方式傳教。」[註1] 故而在台灣的民間信仰中，「靈異的神蹟」是整個民間信仰及宗教能否興盛的關鍵。

　　清・高士奇（1645～1704）《天祿識餘》載：「元末，河南輝縣（今河南省新鄉市轄下的縣級市）百泉書院有山長某，嘗集客，坐中一扶乩者術甚神，眾共肅禮之，使探神響，焚咒方半，神已至，眾請名，乃判一詩曰：『相逢何必更知名，九里山（今江蘇省徐州市西北部，是楚漢相爭的戰場之一）前殺氣橫，不及淇泉（縣名，在河南省）數竿竹，風波靜處過平生。』眾矍然（矍音絕。此指驚貌）曰：『神淮陰侯（即西漢・韓信（？～前196。貶為淮陰侯））』曰：『然。』賡酬良久，始引去。」[註2] 其中提到「坐中一扶乩者術甚神，眾共肅禮之，使探神響，焚咒方半，神已至，眾請名」，也就是神靈與乩身合靈過程中，信眾會焚香禮拜。一旦神靈和乩身合體，就會詢問所至現場的神靈是哪位神靈。用科學的角度而言，很多人會覺得不可思議。但是「目前台灣的民俗醫療的種類有：……乩童、扶乩、道士、尪姨、關落陰、算命、看相、風水、卜卦、抽（詩）籤、藥籤、拜廟、收驚、符水、先生媽等。」[註3] 這些的民

〔註1〕鄭志明，《台灣的宗教與秘密教派》，台北：臺原出版社，1990 年，頁 216～217。

〔註2〕參見胡孚琛（1945～）主編《中華道教大辭典》，「扶乩」條，北京：中國社會科學出版社，1995 年 8 月，頁 832。

〔註3〕張珣，《疾病與文化》，台北：稻鄉出版社，1989 年，頁 95。

俗醫療方式，是在台灣所盛行的醫療方式。這樣的醫療方式與正常醫療管道或許有很大的不同的處置方式，有時候並無法將真正的病源徹底醫治；但是，對於民眾生活與患者情境深入分析及了解之後，在將病因用病人深信的民俗原理來做解釋，這樣的醫療效果，對於撫慰心靈上的創傷，有時候更大於肉體上的醫治行為。

　　而一貫道在民國三十年代，剛剛由大陸傳到台灣，那時的前人輩們都不會說台語，且台灣同胞也聽不懂國語。當時，在彼此語言不通及政府打壓之下，一貫道卻發展迅速，這中間，除了前賢們的努力開荒及捨身辦道之外，諸天仙佛菩薩的顯化更是重要的。一貫道直到民國七十六年才被政府核准為合法的宗教，在三、四十年之間，已傳遍了八十多國，求道的信眾已超過一千萬人，直到現在，一貫道還是持續的向外拓展，誠心修持的道親，更是要將此福音大力推廣。

　　林榮澤云：

> 薩滿是指能夠通靈的男女，他們在跳神作法的儀式中，將神靈引進自己的軀體，使神靈附體，而產生一種超自然的力量，而具有一套和神靈溝通的法術，也就是一種「靈媒」。……古時的中原文化原本就有類似的薩滿。像商朝的巫、覡、春秋的方士，秦漢時期的修煉士等，都有類似薩滿的靈媒角色。如果薩滿可以視為最早的扶乩者，那中國扶乩的起源應該與中原文化中的巫覡這些較早的靈媒有關。〔註4〕

所謂的「通靈」，描述的就是可以在死去人的靈魂，和活著的人之間，可以進行溝通的一種做法。一般而言，做為死去的人的靈魂及活著的人的溝通者，通常稱為靈媒或通靈者等。這樣的信仰方式，雖然沒有客觀證據證明這種溝通方式存在，但是，這種的信念廣泛的存在於社會中。又云：

> 任何成功的宗教，一定要有神聖化的成功過程。……所以近來研究神聖化的問題，也有從心理層面來看待，認為神聖化愈成功的信仰體系，愈能對信眾產生心理層上的撫慰作用。……中國「民間宗教」的發展，發現神聖化的過程，有相當比例得於「扶乩飛鸞」，這也是中國宗教研究上的一大特徵。〔註5〕

〔註4〕林榮澤，《一貫道學研究‧卷二：文獻研究與專題》，新北市：一貫義理編輯苑，2013年，頁105。
〔註5〕林榮澤，《一貫道學研究‧卷二：文獻研究與專題》，頁102。

因為對於人類的生活而言，宗教有著非常重要的指標及意義。尤其當人們遭逢
到無法解決的難題及禍事時，人們總是希望能從宗教的信仰中得到解脫及及
撫慰。故而「神聖化愈成功的信仰體系，愈能對信眾產生心理層上的撫慰作
用。」其中「扶乩飛鸞」就成為解決這些難題及禍事的一個途徑。《周易·觀
卦·彖辭》就提到：「觀天之神道，而四時不忒，聖人以神道設教，而天下服
矣。」〔註6〕這種「聖人以神道設教，而天下服矣。」的觀念，就有著類似「扶
乩飛鸞」的概念在裡面。

《周易正義·疏》曰：

> 此盛名觀卦之美，言觀盥與天之神道相合，觀此天之神道，而四時
> 不有差忒。神道者微妙无方，理不可知，目不可見，不知所以然而
> 然，謂之神道，而四時之節氣見矣，豈見天之所為，不知從何而來邪？
> 蓋四時流行，不有差忒，故云觀天之神道，而四時不忒也。〔註7〕

而林榮則認為：「『神道設教』有可能就是一種透過占卜得到『天啟』的特殊方
式，所以才說是『觀天之神道』，這也可能是後來扶乩飛鸞的來源。」〔註8〕而
天地遵循著一定的規律而運行，一年四季的運轉也不會有所差錯，雖然沒有親
眼看到這些過程，但是卻是確實的存在。就像聖人的教化老百姓已經無法親眼
看到，但其所遺留之德行及精神深深感化到百姓的平日生活。此種現象就是「不
知所以然而然，謂之神道」的自然天道轉化，無形無名卻是隨時存在於周圍。

而一貫道的稱仙佛的扶乩飛鸞為「借竅」或是「開沙」，林榮澤云：

> 透過借竅、開沙方式寫下來的文字，謂之：「天書訓文」。批出來的
> 文字，也從單面向的訓文陳述，到多面向的訓中訓，或訓中又訓的
> 妙文，扶乩呈現出來的難度更高，遣詞用字更加深奧，義理內涵也
> 更為豐富，這是一貫道借竅開沙的特色。「借竅」……指的是直接由
> 仙佛借三才的身體，和信眾直接對話，而非經過沙盤或乩筆，所以
> 又稱為「仙佛借竅」。當不同仙佛臨壇時，三才就會有不同的角
> 色，……濟公臨壇，則瘋癲模樣；……南極仙翁臨壇，則又是老態
> 模樣等。〔註9〕

〔註6〕唐·孔穎達等，《周易正義》，臺北：新文豐出版公司《十三經注疏》，2001年，
頁195。
〔註7〕唐·孔穎達等，《周易正義》，頁196。
〔註8〕林榮澤，《一貫道學研究，卷二：文獻研究與專題》，頁105～106。
〔註9〕林榮澤，《一貫道學研究，卷二：文獻研究與專題》，頁112～113。

而所謂的三才是指「天才地才人才是也。扶乩者稱為天才；抄字者稱為地才；報字者稱為人才。三才組成，始能飛鸞宣化」〔註10〕這種經由三才扶乩飛鸞來結緣，除了仙佛借竅來和修道者結緣，直接以法語慈勉修持者。而有些時候，往生者也能夠借竅到壇，讓往生者的靈與家屬直接溝通，讓家屬能夠了解往生者的世間因緣由來，撫慰家屬失去親人的悲痛，讓家屬轉化態度。也就是如此神聖即直接的顯化，感動一貫道的修持者，讓一貫道的道義，能傳遍世界各國。

在《一貫道疑問解答》〔註11〕中云：

> 道因劫降，劫由惡造，時至三期，浩劫將至。上帝不忍九二原子，同罹浩劫，於是普降一貫大道，挽救善良。差下彌勒古佛、觀音古佛、濟公活佛共辦收圓。同時復派諸天神佛助道，設立鸞壇。由仙佛之靈性，借人色身，神人合一。以木筆沙盤，垂示訓章，宣揚一貫真道，以期醒迷覺世，謂之飛鸞宣化。〔註12〕

鄭志明云：「上天皇母不忍玉石俱毀，於是普降一貫大道，挽救善良。其中仙佛之性靈，借人之色身，『神人合一』以垂訓立教。一貫道這種形上靈體與人相互溝通與交通的宗教經驗，其實是所有宗教最為核心的本質所在。」〔註13〕這樣的「『神人合一』以垂訓立教」，就構成了一貫道的「訓中訓，或訓中又訓的妙文」。這種「由神所給的啟示」，對於一貫道的信眾而言，除了是一種宗教體驗的感情認同，亦是信仰的深入的課題，更是「挽救善良」的客觀終極實體呈現。故而錢穆先生云：「中國人認為『天命』就表露在『人生』上。離開『人生』，也就無從來講『天命』。離開『天命』，也就無從來講『人生』。所以中國古人認為『人生』與『天命』最高貴最偉大處，便在能把他們兩者和合為一。違背了天命，即無人文可言。」〔註14〕，唐君毅認為，「一般人真

〔註10〕《一貫道疑問解答》，頁25。

〔註11〕南屏道濟，《一貫道疑問解答》，上海崇華堂原版（正一善書出版社重印），2007年。郭廷棟序言：「活佛師尊……特將一貫道中各項疑問，分別出題，命郭廷棟等八人，分別解答加以整理，復經師尊降鸞修正。並由師尊自答十餘題，共為六十題，統歸上卷。其餘六十題，全由師尊降筆自答，統歸下卷。書越數月，始克成帙，題曰《一貫道疑問解答》。

〔註12〕南屏道濟，《一貫道疑問解答》，頁24。

〔註13〕鄭志明，《傳統宗教的文化詮釋——天地人鬼神五位一體》，臺北：文津出版社，2009年，頁41～42。

〔註14〕錢穆：〈中國文化對人類未來可有的貢獻〉，《聯合報》副刊，1990年9月26日。

要識得人心天心原來不二，人性中有神性，但恆須先識天心或神為外在，對之有崇敬皈依之宗教意識」。〔註15〕這就是一貫道常常強調的「天命」之重要及正統。有了「天命」，傳道才有正當性。從明明上帝所傳下來的「天命」，經由祖師及師尊，到老前人、前人、點傳師、講師、壇主到辦事人員，整體稱為「一條金線」，建構起一貫道的傳道系統。再藉由「由仙佛之靈性，借人色身，神人合一。以木筆沙盤，垂示訓章，宣揚一貫真道，以期醒迷覺世，謂之飛鸞宣化。」用這樣的「天人合一」的方式，將一貫道普傳於世。《哲學大辭典》中提到：「天人合一，指天道與人道，自然與人為溝通、相類和統一」〔註16〕若能淨化人的本質，就能上合天心，與天的本質相同，就達到天人合一，生命達到永恆。

故而，人與天合作的方式，以積極的程度而言，就是要創造上天與人以心印心及傳承天德之最高價值。人與天之合作，綜觀其實質內涵，就是天與人有一種無形卻又超越現實的關係。所以，天人合一的「天」，除了有看不見的精神引導的意涵之外，透過實踐仁義道德，可以找回與上天之精神連結。達到追求根本、追求永恆以及解釋人生的「天人合一」的目的。

第一節　白陽八卦、河圖、洛書訓中訓

游經順〈《白陽易經》編輯詮釋問題與論要〉提到：「民國六十七年（1978）農曆年底，韓湘子大仙於靈隱寺批示〈白陽八卦〉（圖1-2）與〈母〉字訓，將先天八卦順時針方向轉九十度之卦位，而揭開了《白陽易經》的序幕。」其中，借竅降壇批訓的次數，韓湘子大仙一次、南屏濟顛一次、孚佑帝君二次、濟公活佛三次、濟顛瘋僧十七次，《白陽易經》的全部內容，就是藉由「三才」的開沙儀式中，由三位仙佛二十四次臨壇批訓所完成的。其中，南屏濟顛、濟公活佛、濟顛瘋僧代表的是同一位仙佛，但是卻以不同的稱號來借竅批訓？研究者認為，這是師尊的苦心，目的就是要白陽弟子不要執著於既定的人、事、物。南屏濟顛、濟公活佛、濟顛瘋僧不都代表著同一位老師嗎？為何要有分別的心呢？甚至到頭來產生愚妄固陋，不知變通之心。若能將這些捨棄，且能順勢而

〔註15〕唐君毅：《人文精神之重建（一）》，桂林：廣西師範大學出版社，2005年，頁5。

〔註16〕馮契（1915～1995）主編《哲學大辭典》，「天人合一」條，上海，上海辭書出版社，1992年，頁132。

為，放下屠刀，立地成佛。將我們內心那把不好的慾望的刀，當下放下、拋下，學習彌勒祖師的大肚量，這樣佛心佛性就顯現了。以下就由《白陽易經》內容來了解「單面向的訓文陳述，到多面向的訓中訓，或訓中又訓的妙文」及其中的易理呈現。

一、〈白陽八卦〉「中」字訓

萆 木 心 開 川 光 繼 潔 午 值 時 通 熙 卜 剝 無 萬 淡 世 冬
海 本 清 宗 澤 普 學 身 未 今 交 權 隆 卜 復 窮 殊 淡 事 至
無 水 神 濟 納 十 開 了 末 期 三 達 造 剝 道 歸 詭 風 諱 陽
期 源 明 渡 污 方 盡 氣 後 會 頓 變 極 剝 趣 必 譎 愁 譎 生
羔 識 灑 祖 大 世 年 覺 桑 九 開 天 往 必 神 巨 客 風
羊 脫 豆 度 三 覺 始 醒 田 品 頓 地 來 生 人 旅 吹
出 為 化 千 天 醒 花 萬 改 圓 祥 人 誠 白 團 難 山
迷 俊 原 載 大 婆 花 國 滄 園 佛 同 之 陽 圓 猜 河
關 傑 子 慈 施 婆 草 改 一 藝 心 光 初 辦 否 料 動
上 子 分 香 恩 化 夢 滄 理 精 面 跳 白 收 極 雲 寒
下 岡 皇 悲 典 雨 順 海 繡 樂 家 出 圭 心 望 聚 衣
悠 固 別 航 春 蓮 得 大 綿 效 表 三 坦 定 鄉 風 處
遊 徹 皂 靈 行 邦 民 下 效 賢 彰 慶 然 性 關 散 處
不 時 白 原 六 化 一 天 聖 佳 立 節 除 未 康 紛 歲
拘 雨 胎 胎 合 堂 入 考 賢 緣 三 氣 自 盡 莊 紛 晚
五 抱 一 復 雨 聖 整 選 德 界 然 律 雨 邁 秋
行 道 點 四 復 理 三 坤 善 正 午 絆 落 色
中 勤 透 元 時 關 乾 千 道 千 腳 前 西
奉 下 下 運 盡 曹 世 秋 等 陽 撐 程 東
行 玲 流 康 昇 樂 做 日 乾 居 三 荊 增
耕 行 瓏 拯 寧 平 英 情 正 明 應 炳 乘 炯 煖 荊 撐 程 東 增

圖 4-1-1：〈白陽八卦〉「中」字訓圖〔註17〕

　　這一篇訓文是韓湘子大仙在民國六十七年歲次戊午十二月初三日時，在新北三峽的靈隱寺借竅於三才時，所批的訓文。在整體的訓文當中，勉勵一貫

〔註17〕林榮澤編著，《白陽易經讀本》，新北，一貫道學研究院文獻館，2017 年，頁 14。

道弟子「跳出三界正等居上乘」、「一入聖關關做賢英」、「皇靈原胎一點透玲瓏」，最後能夠「上下悠遊不拘五行中」。初祖達摩云：「心即是佛，佛即是心，心外無佛，佛外無心。性外無佛，佛即是性，除此性外，無佛可得。」〔註18〕也就是從自己的心來做內化的修持，除此心的修持之外，方可找回失去的佛心即佛性。此篇訓文當中，仙佛將期勉修道人的慈悲心，蘊藏在訓文當中。希望修道人「心清神明灑脫化原子。分別皂白抱道勤奉行。」「孽海無奇羔羊出迷關。上下悠遊不拘五行中。」將修持的方法即對修道人的期望，在訓文中充分的表現出來。其中，「白陽八卦圖」是由「伏羲八卦圖」順時針轉了九十度而得。使得原本在「伏羲八卦圖」中的乾南、坤北、坎西、離東四正卦，變為乾西、坤東、坎北、離南。其中的訓中訓，由離卦逆時針到震卦……乾卦到兌卦，再由中字的左邊開始，按照筆畫順序，｜→ — →｜→ — →\→／，就可以將訓中訓寫出來：

訓中訓：白陽八卦・中

實值午未交	三期末劫年	天開大普渡	慈航載皇原
分化關合盡	一元運乾坤	日月相對照	正氣貫自然
午盡未之初	白陽辦收圓	否極開泰來	剝極必復焉
婆婆化蓮邦	花花改淨園	人人佛心面	家家出聖賢
天下共一家	萬國一理續	風調濟雨順	大同樂綿綿〔註19〕

這首訓中訓，一開始就點出一貫道所強調的「三期末劫年，天開大普渡」之苦與幸運。因為在三期末劫年，宇宙萬物即將面對大災難，但是幸運的是，上天降道，可以拯救人們的身、心、靈。且「白陽辦收圓，否極開泰來，剝極必復，婆婆化蓮邦」化危機為轉機，將娑婆世界化為蓮花邦國，將這個世界變成風調雨順的大同世界。就像游經順在〈《白陽易經》編輯詮釋問題與論要〉中所提到的：「家人卦給予的內在精神與外在行動的感召，在人的一生當中佔有極重要地位。家能夠給予溫暖、撫慰、鼓勵、涵養與感動人心，亦是內心受創、受傷的療癒所。一個家要健全，必須在綱常倫理實現的前提下，才能真正達到家的功能。我們推演其真理，莫忘了《白陽易經》之初衷，即是給白陽修士指出一條康莊大道，因此，家人卦更蘊含著，自己當修身養性，精進行道，正己成人，使自性回歸如如不動，以達自家歸仁，家家歸仁，最後使天下歸仁。……

〔註18〕《少室六門》，《大正藏》冊48，頁373～374。
〔註19〕林榮澤編著，《白陽易經讀本》，頁15。

參透太極一圈，融合無級之理，以達到天下人人皆能止於至善，真正達到天人合一，示現人人清明之自性，才是真正天人歸和之家人。」〔註20〕可以說，將一貫道的道義，由訓中訓的「三期末劫年，天開大普渡」、「午盡未之初，白陽辦收圓」、「天下共一家，萬國一理繢」說明詳盡，最後達到「風調濟雨順，大同樂綿綿」的大同世界。

二、〈洛書〉訓中訓

昔時諸聖賢，修道修此心，後正諸身行，而後道可成。
心正道至公，言正諸身成，行義人皆善，膝理萬事通。
百病生於氣，百病從口入，食能如以時，可保五臟寧。
陽九陰六數，原靈盡於中，須臾不離道，可見五臟寧。
修法心無二，須時時觀照，正見成真慧，照視蘊皆空。
萬道由心生，萬法由心滅，一悟即離業，微見理萬事明。
道德為經緯，色受行識想，心清互助發，揮五蘊除業行。
修道仁以勸，化濟人善發，揮五蘊除業，珍惜此身靈。
修行亦其若，智慧觀照心，悟互助業心，清六根行容。
隱隱其法入，修悟行卻諸，法速掃除心，珍惜此身行。
法法亦法若，生無法卻諸，法時行時存，懺悔誠發願。
道之真精神，知悟行即可，受苦集滅道，定未有不就成。
師父引法門，入修行修行，在個人時行，時戒定慧大。
悟到精神知，悟行合一前，智慧正見白，行了一指性自。
起心動念時，觀照其動念，心了了明正，見白行了指琢磨。
二六中照時，觀其動不動，念四相亦淨，盡行了指琢磨成。
時刻而照見，八風不動有，苦掃除我意，念一切苦並自。
萬苦因我在，有我就有苦，掃除我意念，行圓陀性自成。
迷總難悟全，昧痴性更矇，三省四勿行，圓陀性自凝。
洞徹透微細，妙在其中生，自古修道客，清靜性自明。

圖 4-1-2：〈洛書〉訓中訓圖〔註21〕

〔註20〕游經順，〈《白陽易經》編輯詮釋問題與論要〉，頁 C1～24。
〔註21〕林榮澤編著，《白陽易經讀本》，頁 16。

這一篇訓文是南屏濟顛在民國七十四年歲次乙丑十一月十一日時，在新北土城的宣德佛堂借竅於三才時，所批的訓文。在本篇訓文中，提到「陽九陰六數原靈盡於中須臾不離道可見萬事空」《文言傳》曰：「乾元，用九，天下治也。」〔註22〕又云：「乾元用九，乃見天則。」〔註23〕注曰：「九，剛直之物，唯乾體能用之，用純剛以觀天，天則可見矣。」〔註24〕「用六：「利永貞。」象曰：「用六永貞，以大中也。」〔註25〕周易正義曰：「用六利永貞者，此坤之六爻也總辭也。言坤之所用，用此眾爻之六，六是柔順，不可純柔，故利在永貞。」〔註26〕又曰：「以大終者釋永貞之義，既，能用此柔順，長守貞正，所以廣大而終也。若不用永貞，則是柔而又圓，及前注云：求安難矣！此永貞即貞吉是也。」〔註27〕亦即研究《周易》時，九代表乾為天為剛，六代表坤為地為柔。「陽九陰六數原靈」所代表的就是天地之間的眾生原靈，就是一貫道所說的三曹普渡。其中提到「二六中觀照，觀其動念心，了了明白行，一指性自明」就是勉勵修行之人，二六時中，當下這顆有所動念的心，時時刻刻要活在當下，經由名師一指，找回清明的本性。而「時刻而照見，八風不動念，四相亦淨盡，行切琢磨成」「八風」是指我們在生活上所遇到的稱、譏、毀、譽、利、衰、苦、樂等八種境界。仙佛希望修行者，時時照見自己本心，將此影響修行的「八風」屏除於外，與破除我相、人相、眾生相、壽者相「四相」，互相研究及討論，取人之長處補己之短處，以求精進自己的道業。最後才能達到「洞澈透微細，妙在其中生，自古修道客，清靜性自明」的境界。因為人本來的覺性，是清淨無為的。人的這個覺性是與生俱來自用而無礙，自用而自通的，本來就存在的。只要能夠自明本心，自覺成佛將不是難事。《易經心傳與天道》中云：

> 從易學的觀念上，九代表乾，六代表坤，九六即乾坤，九六原人即一切眾原靈、眾佛子的通稱，非僅僅九六億原佛之狹義的解釋而已。〔註28〕

〔註22〕唐·孔穎達等，《周易正義》，頁47。
〔註23〕唐·孔穎達等，《周易正義》，頁49。
〔註24〕唐·孔穎達等，《周易正義》，頁49。
〔註25〕唐·孔穎達等，《周易正義》，頁66。
〔註26〕唐·孔穎達等，《周易正義》，頁66。
〔註27〕唐·孔穎達等，《周易正義》，頁67。
〔註28〕吳秋文主講，《易經心傳與天道》，頁63。

因為在一貫道之道義講述過程當中，常常有九十六億原佛子的說明出現。《十誡》云：「憶當初天未分混沌未判，杳冥冥無人我空空一團。九六億原佛子先天同聚，無憂愁無煩惱自在安然。」〔註29〕其中，將九六億原佛子解釋為原靈有九十六億，經過青陽期的傳法渡回兩億回天，紅陽期又渡回二億原靈回天，目前在凡塵中只剩下九十二億的原靈等待第三次白陽法期的龍華科期收圓，這樣的解釋實屬狹隘。

「洛書」訓中訓：

戴九	心經為般若法門精隨
履一	空
左三	戒定慧
右七	時時觀照正見成
二四為肩	二六時中觀照
六八為足	照見五蘊皆空度一切苦厄
五居中	色受想行識〔註30〕

「洛書」訓中訓當中，將《般若波羅蜜多心經》：「觀自在菩薩，行深般若波羅蜜多時，照見五蘊皆空，度一切苦厄。舍利子，色不異空，空不異色；色即是空，空即是色。受、想、行、識，亦復如是。」〔註31〕的精隨在洛書的各方位表示出來。其目的就是要修道人，要視透「心經為般若法門精隨」其中，《楞嚴經》：「攝心為戒，因戒生定，因定發慧，是則名為三無漏學。」〔註32〕修習「戒、定、慧」的話，除了可讓我們下墮三惡道的機會減少之外，每天還要返觀自照自身的身、口、意。因為一切的諸惡念都是從心中的妄念所源起，而如果我們能夠「二六時中觀照」住自己的內心，那麼自然可以「時時觀照正見成」，起心動念、身口行為都跟善法相應，這才是真正的修行。不讓色、受、想、行、識五法遮蔽了我們本來的真如佛性，顯發「般若智慧」。最終的目標，就是要修道人能夠在修持當中，最後由苦海之此岸回到清靜無為的極樂彼岸。

〔註29〕明德出版社，《皇母訓子十誡·第一誡》，新北：明德出版社，2010年，頁1。
〔註30〕林榮澤編著，《白陽易經讀本》，頁17。
〔註31〕唐·三藏法師玄奘譯《房山石經》No.28《般若波羅蜜多心經》，661年，頁1。
〔註32〕唐·般剌蜜帝譯，《大佛頂如來密因修証了義諸菩薩萬行首楞嚴經》，大正新脩大藏經第19冊No.0495，頁131。

三、〈河圖〉訓中訓

明心見其性，開啟萬端智，達致事遂通，身心俱無損，可生正見聞
智並達萬法，少思慈念無，妄為心身疲，心萌皆於自，全在者為其宗
詩經三百餘，一言以蔽之，世上教五理，一理能貫穿，道者為其宗
身心常清靜，可脫六界塵，勞之世因人，蘊識存佛為，眾生法心淨
萬法本不生，因人蘊識存，佛為眾生等，八萬四千法，對治速滅生
紙醉金迷處，快樂只一時，有朝時勢去，反悔終也遲，三毒亦無生
修道理德須，卷存仁義道，行圓無礙莫，忘心法皆放，下認理淨正宗生
道大理微細，理路德須澈，清理自道圓，無礙莫忘心，淨理歸正無生
菩提心者何，似如中之愛，普被理自道，生世提大道，彌彌道生諸苦滅
佛法實無窮，恒志皆可得，旨依理自道，生世普照耀，光輝明三施諸苦滅
道生慈其爐，常理皆藏諸，理可道生世，普照耀明照，常明道生諸苦滅
自覺覺他行，切莫着於相，知行理可明，更於二六中，廻光返照者聖
力行道心能，容大智妙理，其密心藏佛，規先究禮大，義可服人唯大可道能為仁
大肚物能容，大智妙理其，密心藏佛規，欲先究禮大，義可感天大義
修道心性源，多念諸業生，自修其性是，功德修身此，心即不善境
規矩方圓準，德為道之用，二者相輔行，天道言語須，致新民啟更
道為德本源，多念諸業生，自修其性淨，修道修身此，心即至善境
一念一劫始，外行禮是德，自修自是德，身德集皆眾，行
內心謙是功，外行禮是德，自修心離心，即於性本無，分智愚而有
真如本無跡，動心是始惡，念源於形如，是諸罪藪淵，一悟行
隨其心自淨，即是佛土淨，佛性本無分，智愚而有差，惟君一悟行

圖 4-1-3：〈河圖〉訓中訓圖〔註33〕

　　這一篇訓文是濟顛瘋僧在民國七十四年歲次乙丑十一月二十一日時，在台南新豐鄉員山村建興路一段 202 號的關聖宮借竅於三才時，所批的訓文。其中開宗明義便云：「明心見其性，開啟萬端智，達致事遂通，身心俱無損」聖嚴法師云：「明心見性是相信一切諸法，同一真性，一切眾生，皆具佛性。當你的心不受任何環境的影響而產生情緒、分別、執著時，自然而然就跟菩提道

〔註33〕林榮澤編著，《白陽易經讀本》，頁18。

相應。」〔註34〕也就是說，修道人藉由去除妄想將萬緣放下，當下能夠頓脫妄想，實見本性，最後能夠證得自己的如來智慧德相，也就是明心見性之後，達到佛的完美境界。這是濟顛瘋僧對一貫道信眾的期許與嘉勉。因為一般人沒有信仰的人，追求功成名就是所謂的人生勝利組。而仙佛在訓文中提及「紙醉金迷處，快樂只一時，有朝時勢去，反悔終也遲，三毒速滅盡」希望修道之人，早早將三毒「貪、嗔、痴」透過修行中的所得的大智慧，解脫其中的虛妄，到最後去除紙醉金迷的一時快樂，尋得永恆的知見，得到大自在。其中提到「大肚物能容，大智可行道，大孝可感天，大義可服人」許多供奉彌勒菩薩的寺院，常有對聯寫著：「大肚能容，容卻人間多少事；笑口常開，笑盡天下古今愁。」也就是期勉弟子在修行之時，能夠效法老祖師彌勒佛的大肚能容，而且在為人處事方面，既要寬容大量的氣度，又要有注意分寸的細膩，不可馬馬虎虎，得過且過。且也勉勵弟子們要有「大智」、「大孝」及「大義」，說明道就在日常生活當中的行住坐臥及待人處事當中。最後說明「隨其心自淨，即是佛土淨，佛性本無分，智愚而有差，惟君一悟行」因為惠能曰：「人雖有南北，佛性本無南北。獦獠身與和尚不同，佛性有何差別！」〔註35〕又云：「師告眾曰：「吾有一物，無頭無尾，無名無字，無背無面。諸人還識否？」神會出曰：「是諸佛之本源，神會之佛性。」師曰：「向汝道『無名無字』，汝便喚作『本源佛性』。」〔註36〕佛性，又作覺性或稱如來種性，一切眾生皆具有覺悟之性。也就是說，能見能聞的這念心是等無差別的，也就是佛性是平等沒有差別的。人雖然有居於南北之分，可是這一念心性及智慧心，都是源於清靜無為之源頭，並沒有東西南北之分，只是，佛菩薩和眾生，原本同樣都有這個同一根源的佛性，只是佛菩薩是悟得的眾生，而眾生是迷於苦海之佛祖。「如來今日普示眾生諸覺寶藏，所謂佛性。一切眾生見是事已，心生歡喜，歸仰如來。善方便者，即是如來；貧女人者，即是一切無量眾生；真金藏者，即佛性也。」〔註37〕也就是希望眾生的心於每個當下都充滿歡喜且能包容一切，發出慈悲之心又能感恩天地萬物，最後回歸到清淨無染的真心及佛性。

〔註34〕以上括號引文，詳見網路文章：〈明心見性〉，網址：https://sites.google.com/site/jingtufamenjung/17-sheng-yan-fa-shi/ming-xin-jian-xing 檢索日期：2022 年 7 月 11 日。

〔註35〕小野玄妙等人負責編輯校勘，《大正藏》卷 48，1934 年，頁 348，上。

〔註36〕見《大正藏》卷 48，頁 359，中-下。

〔註37〕宋・沙門慧嚴等依泥洹經加之，《大涅槃經》，中華電子佛典協會，2021 年，頁 87。

「河圖」訓中訓：

天一生水地六成之：生滅無常者為心

地二生火天七成之：恒常不變者其為性本

天三生木地八成之：心性道心是惡源形是罪藪

地四生金天九成之：多慾為苦少欲無為身心皆自在

天五生土地十成之：道可解諸苦卷之藏於密放之彌六合〔註38〕

凡夫的心，念念在生滅，所以說「生滅無常者為心」。而陳永革云：「染淨是經驗的實存，是綜合的現象，無不隨緣而現；明淨或性淨，是分析的性體，屬於恒常不變的自性清淨。法藏通過設喻辨析稱：鏡體之明淨為性淨，屬自性本具，而不隨外緣之染汙而改其體性。因其不動，由染淨而顯性淨；因其不壞，作為真如性體的性淨本源成為染淨之所依。染淨屬心、為用，性淨屬性、為體，染淨與性淨一體無二，亦即心性一如，體用不二。」〔註39〕故說「恒常不變者其為性本」。朱子云：「其書始言一理，中散為萬事，末復合為一理。放之則彌六合，卷之則退藏於密。」故而訓文中提到「道可解諸苦卷之藏於密放之彌六合」一切都能夠順於天心的本質去行事，且能夠將各種惡緣幻想拋之九霄雲外，放下身心世界的捨施，達到照見五蘊皆空的智慧，則可以達到「少欲無為身心皆自在」的清淨聖域。由此可知，濟顛瘋僧在借竅時，以河圖外在之表象，將佛法嵌入天一地六、地二天七、天三地八、地四天九、天五地十的位子。這樣的訓文的表現方式，就和《繫辭上傳》所云：「此所以成變化而行鬼神也。」讓人讚嘆文字安排之巧妙。這樣的顯化方式，是一貫道信眾所能相信及接受的方式之一。在借竅的時候，信眾們相信是師尊濟公活佛直接和徒兒們面對面的溝通，這樣的方式，是一貫道很獨特的方式。所以一貫道的講課方式，有很多是直接拿仙佛借竅時所批的訓文來和信眾探討，試圖從訓文中，了解仙佛諄諄告誡的苦心，體會一貫道所說三期末劫年，三曹大開普度的真實含意。

第二節 卦象

《白陽易經》的卦序和《周易》的卦序幾乎是完全不一樣，其卦序是依據先佛批訓之先後次序而定，卦序為乾、謙、渙、泰、歸妹、升、頤、剝、中孚、

〔註38〕林榮澤編著，《白陽易經讀本》，頁19。

〔註39〕陳永革，〈心識與種性：論唐代法藏華嚴教義闡釋與玄奘唯識學之交涉〉，玄奘佛學研究第十九期，2013年，頁20。

恆、夬、需、大有、大壯、小畜、大畜、履、明夷、否、隨、損、同人、復、師、賁、巽、坎、艮、噬嗑、益為上經三十卦。坤、兌、離、震、既濟、未濟、蒙、蠱、比、觀、咸、萃、解、遯、訟、姤、革、大過、困、臨、節、屯、豫、小過、豐、无妄、晉、旅、蹇、井、漸、鼎、睽、家人為下經三十四卦。

　　因為是仙佛借竅時的批訓，目前已林榮澤所出有關於《白陽易經》的書為最多，有《白陽易經》〔註40〕上下、《白陽易經講解本》〔註41〕及《白陽易經讀本》〔註42〕。但是，因為不像《周易》有《序卦傳》的說明，故而在研究《白陽易經》時，除了自己用心體會仙佛在批訓時的慈悲心意之外，再參照聖賢所整理出來的經典，最後整理出自己的體會心得。其中《白陽易經》第一卦為〈乾〉卦，這和《周易》是一樣的，是仙佛希望白陽修士能夠像六龍一樣，能飛高走低，在末劫年時，將自己的能力磨練好，這樣才可以成為白陽的棟梁，拯救尚未得道的眾生。第二卦為〈謙〉卦，期勉修士，時時保持謙卑謹慎的態度，要求自己能夠謙卑再謙卑，做事符合天道的規律，把握待人處事的分寸，「知行並重」，以人宏道而非以道宏人。第三卦為〈渙〉卦，渙是離散的意思，事物不可以終究都是離散的，故而仙佛希望修士能收回離散的心及意念，努力精進。如此就可以達到〈泰〉卦的通達、暢通。因為精進的學習而有通達的人、事、物，故而可以得到歸宿（〈歸妹〉）。人們因為得到歸宿，故而需求一直不停的上升（〈升〉），而頤就是養的意思，將平時的需要頤養起來以備不時之需。因為頤養（〈頤〉）而物事過多使用不完，於是就產生剝爛（〈剝〉）；故而修持者，應該用誠信（〈中孚〉）將資源分享給大眾分享，且要持之以恆（〈恆〉）的幫助芸芸眾生，始知脫離苦海，如此必定有決去的一天，成就功業。需（〈需〉）者，飲食之道也，就算在道場中，飲食為最大的問題。每次的法會，動則好幾百人，解決這些問題，在修持的過程中，也是重要的事。而大有（〈大有〉）就是大豐收，不管事心靈或是物質，擁有很多者會有陽氣過於壯盛（〈大壯〉）的問題，所以不可以自滿，必須要調整自己的腳步，如此，群眾才會來親近，群眾親近之後一定要將它聚集起來（〈小畜〉），群眾將會越來越多（〈大畜〉），道務才會壯盛的發展。群眾聚集起來之後就會有禮節（〈履〉）的問題，因為禮節是修道的首要條件，禮節可以給群眾好的印象。而在過程中，因為不同意見，

〔註40〕林榮澤編著，《白陽易經》上、下，桃園：仁風文創書苑出版社印行。2018 年。

〔註41〕林榮澤編著，《白陽易經講解本》，桃園：仁風文創書苑出版社印行，2018 年。

〔註42〕林榮澤編著，《白陽易經讀本》上、下，桃園：仁風文創書苑出版社印行，2017 年。

光明受到傷害（〈明夷〉）引此閉塞不通（〈否〉），更嚴重的還有很多人跟隨（〈隨〉），這時候對於道場一定會有所損害（〈損〉）。這時候，必須與人和同並以大同及大公無私的態度撥亂反正（〈同人〉），使得道務復返歸根（〈復〉），重新將道務推廣至世界各地，重新將群眾集結（〈師〉），讓群眾得以有求道的機會。修道是要腳踏實地而不是用裝飾（〈賁〉）到極致，呈現出亮麗的光彩，而沒有實際的內涵。如此，將會逐漸陷入（〈巽〉）坑坎（〈坎〉），使得道務停滯不前，這樣的危機必需讓它停止。而在過程當中都會有些棘手的事要處理，而且還得小心因為小小的獲得反而連帶而來的禍害。所以經過磨合（〈噬嗑〉）之後，這樣才會道務有所增益（〈益〉），以上為《白陽易經》的上經三十卦。

　　而下經第一卦講的是〈坤〉卦，相較於乾德之剛健而時變，坤德為柔順而堅貞，也象徵著大地廣博而德厚，無所不承載，象徵包容，博愛。這也是仙佛期望修道人，要有這樣的精神，去和群眾面對面的用言語溝通（〈兌〉），將道義解釋清楚，讓初入道門的人，心悅誠服，誠心修道。有了這樣的光明的指引（〈離〉），初入道門者才會對修道充滿信心及勇氣，就像當頭棒喝（〈震〉）一般，讓沉迷於紅塵中的眾生，找回失去的道心，如此才會像〈既濟〉卦象一樣，得到陰陽之調和而安定。但是，若是內心像〈未濟〉卦一樣，外文明而內幽暗的話，外表雖然很美麗，但實則危險藏於內。這時就該啟發蒙昧的人（〈蒙〉）讓他明白事理，不要讓事故（〈蠱〉）發生，將事故化為無形。當修行者遵行修行的善念而得到法喜的心，這時就會對道產生親密的心，修道人才會多觀摩學習（〈觀〉）用心觀看，這才越能看出門道，自我反省。〈咸〉卦上澤兌，下艮山，山澤通氣；少男下於少女，男女相交感，婚合之象，是家道的開始。此時後代的繁衍，就會聚集（〈萃〉）了許多的人，這時就該集合大眾共同謀事，藉由積極的行動，加上自己的力量解決（〈解〉）危險。若是處於無法挽回的困難危險的境地，吉道在於遠離是非，設法隱退（〈遯〉），盡量遠離小人，不要和人交惡。若和人有所爭執（〈訟〉）時，且在人所看不到的暗處已開始產生腐化（〈姤〉），則此時該是改革（〈革〉）的時候，自我反省，自我改變，大破大立（〈大過〉），顛覆過去的錯誤。或許君子在改變自己時，會遭受道窮困的境地；但是，在窮困的時候能夠堅守節操，因此才得以窮中求通。改變自己之後，開始發奮圖強，力精圖治，將自己的能力變得更強大（〈臨〉），雖然讓自己強大起來，但是形勢還是要有所節制（〈節〉），當面對困難（〈屯〉）時，困難不等同於事情之不可為，而是一種對自己的挑戰。修道之人，對任何挑戰都有所預

備（〈豫〉），這時就能夠寬裕，事情會有餘裕。當負面之事太多（〈小過〉）的時候，就必需不厭其繁的一一面對解決，凡事要不厭其煩地注意各種細節，小心行事。當事情盛大時，則難免狀況多（〈豐〉），所以還必需要有事情多而雜的準備。若是不在期望之內而突然發生（〈无妄〉），也就是意料之外而有所晉陞（〈晉〉），但是，身邊可親信的人很少（〈旅〉），做事情及各方面都比較困難（〈蹇〉）。若是能像水質不好的井（〈井〉），將水井修好，井水重新恢復甘美的話，群眾就自動會前來飲水。就像一個原本行為名聲不好的人，若是可以和君子一樣的修持及積德，最後終亦將會為民眾所擁戴。循序漸進（〈漸〉），一步一腳印，破壞之後的建設（〈鼎〉），兩者相輔相成。而原本的一家人，如果因為不期心現在要變成兩家人，彼此見外，斤斤計較（〈睽〉），甚至要兵戎相見的話，家道就會因此而衰落。而〈家人〉卦為中女與長女相處融洽之象，長女在上，中女，六二及六四皆當位，為兩女同居又同心之象。家中的溫暖讓人在遇到挫折傷害之後，可以尋求家庭溫暖的慰藉與安全感的保護。這就是《白陽易經》的下經三十四卦。也是自己在研讀《白陽易經》時，所體會出來的心得。而仙佛在批訊時，往往將對白陽修士的期待及修道心法蘊含在訓文當中，但是凡夫俗子，往往在參悟訓文時，無法砌入仙佛的真正心意，體會仙佛的心意不足餘萬一。故而研究者在體悟方面之不足，就是往後繼續研究的動力。

游經順認為：「仙佛批示乾卦為眾卦之先，乾卦卦辭「元亨利貞」，代表吾人剛健不息之自性，白陽修士速悟本來佛性，能遇明師指授，知其入手之處，更需具自強不息之精神，努力精進，此為乾卦為首之重要意涵。……，最後一卦為家人卦，家人卦卦辭「利女貞」，以坤道應運掌管一家之祥和，俗云「得一賢婦蔭三代」，正是這個道理。故能實現天下一家，大同世界早日來臨，此非具家人卦之精神來行持不可。」以下就舉孚佑帝君於民國六十七年在三峽靈隱寺借竅時所批的〈乾卦〉及〈謙卦〉及濟巔峰僧於民國七十六年在新豐關聖宮借竅時所批的〈家人卦〉，來了解其中的涵義。選擇這三個卦來做說明是因為〈乾〉卦代表天，也就是靈性的源頭，而仙佛批訓時，卦序和《周易》一樣都是第一卦，是具有先導位置的一卦。其二、第二卦為〈謙〉卦，是道場中最強調的一個行為及禮儀，且是延續《白陽易經》六十四卦的第二卦，代表著一生二的作用。其三、〈家人〉卦是最後一卦，代表著收圓的意思。因為白陽時期的修行法，就是要由家庭做起。因為家齊之後，才有治國及平天下的延續。故而仙佛在批訓時，已經將一貫道的道義基礎及理念暗藏於其中，希望白陽修

士能體會其中的奧妙，將先天大道由家庭拓展到世界各地，家家有佛堂，人人勤修行。其四、受限於篇幅的關係，無法將六十四卦全部在文本中呈現。但是選擇這三卦的說明，也符合一生二，⋯⋯到收圓的《易》學精神。且由三卦的整理及梳理，將其中的脈絡清楚呈現，也符合「一本散萬殊，萬殊歸一本」的由小看大的精神。

一、〈乾〉卦

《白陽易經》的第一卦和《周易》一樣，也是〈乾〉卦，是孚佑帝君於民國 75 年歲次甲寅 1 月 4 日時在新豐關聖宮所批的訓文（圖 4-2-1）。

人	乾	遷	龍	終	德	仁	不	聖
情	乾	善	行	日	施	之	二	德
之	終	日	乾	乾	以	立	過	修
道	日	思	德	惕	普	無	者	則
亦	君	子	自	強	不	息	求	社
若	學	所	行	息	行		其	稷
然	天	行	健	道	之	德	中	化
須	力	生	至	行	行	真	率	天
以	行	其	德	歸	此	本	性	道
其	真	誠	明	致	道	性	以	行
長	修	以	心	猶	可	安	致	則
補	必	會	悟	德	了	以	其	萬
短	得	真	道	性	命	全	根	物
行	明	性	進	身	真	正	本	順

圖 4-2-1：〈乾〉卦圖〔註43〕

對於整體的訓文而言，第一句的內容就已經點出了最重要的一點，就是「聖德修則社稷化，天道行則萬物順」。〈乾〉卦以龍取象，象徵自強不息，奮進不已，變化莫測。《周易》〈乾〉卦中的六個爻辭中所提到的「潛龍勿用」、「見龍在田，利見大人」、「君子終日乾乾，夕惕若厲，无咎」、「或躍在淵，

〔註43〕林榮澤編著，《白陽易經讀本》，頁 27。

无咎」、「飛龍在天，利見大人」及「亢龍有悔」，以修持的角度而言，就像是從潛藏的龍，逐漸經由奮發努力及審時度勢之後，克服了所有的困難，跨越了所有的障礙，最後成為人上之人宛如飛龍一般，遨遊在天際當中成為「飛龍在天」之勢，而當時勢移轉時，又能夠功成身退，知所進退。在這樣的過程當中，勤修聖德，和天地萬物結善緣，自然能夠天道行萬物順。故而在訓文中提到「龍行乾德自行健，至德明心悟道近」，也就是將〈乾〉卦大象辭中：「天行健，君子以自強不息」提點出來，也勉勵白修士能夠「至德明心」，去除妄想將萬緣放下，則離體悟大道的真諦的日子就不遠了。尤其更期許白楊修士能夠「乾乾終日君學天，力行真修必得明」《周易・乾卦》九三曰：「君子終日乾乾，夕惕若厲，无咎。」九三爻這個位置，正好處於下卦的結束。而乾卦前兩爻正處於陽氣上升的階段，但是因為處於下卦，態勢還不明朗，可以說是前途未卜。所以處於這個階段的話，應該要保持一種勤奮而警覺的狀態，且要堅持不懈，最後才能取得成功。故而訓文中要修士們「力行真修必得明」就是這個道理。

而爻辭的訓中訓：「䷀」乾為天

　　　初九：得真道性命全

　　　九二：修以心猶可安

　　　九三：行其德歸此本

　　　九四：天行健道之德

　　　九五：君子自強不息

　　　上九：終日乾乾以立〔註44〕

在林榮澤所講述的《白陽易經講解本》中有云：「「得真道」就是要得授明師的指點，得到自古聖聖相傳的寶貴真理大道，這是進入《白陽易經》最重要，也是最基本的條件。得真道，而後才足以全期性命之本真。」〔註45〕一貫道的最主要的論述就是名師的玄關一指，稱玄關這一指為得到的證明。也就是以後的修持路程中，所該拳拳服膺的修持路徑。如果能夠堅持到底，得證正果將是可以預期的事。對於白陽乾卦的卦辭，林榮澤的體悟為：「一位有德的君子，首重德性的涵養，因得授真道，得以全然了解天命之謂性的道理。進而發心修道，

〔註44〕林榮澤編著，《白陽易經讀本》，頁27。

〔註45〕林榮澤講述，書苑編輯室整理，《白陽易經講解本》，臺北：仁風文創書苑印行，2018年，頁49。

存天心、修天德、行天道以通天意，回歸天性知本真以知天命。效法天行健君子以自強不息的精神，每天以不斷的努力，達到以仁立身，以德為用，以成天道。」〔註46〕所以說，君子因為時時的把握時機增進德行與樹立功業，將自己磨練的堅強與有能力，所以就算是有災難發生，也可以用自己所學習到的種種技能解決種種的災難，讓自己遠離災難。以下的文章中，將對《白陽易經》中〈乾卦〉訓中訓的六爻爻辭做心得的詮釋：

　　《周易》〈乾卦·初九爻〉的爻辭中提到：

　　　潛龍勿用。〔註47〕

正義曰：「居第一之位，故稱初，以其陽爻，故稱九，潛者隱伏之名，龍者變化之物，言天之自然之氣，起於建子之月，陰氣始盛，陽氣潛在地下，故言：初九潛龍也。此自然之象，聖人作法，言於此潛龍之時，小人道盛，聖人雖有龍德，於此時唯宜潛藏，勿可施用，故言：勿用。」〔註48〕就像是一個人正在發展的時候雖然很猛，但是，外在的許多條件尚且無法配合，發展過程當中還有種種的障礙。在這個時候，應該要以戰戰兢兢的心態來應付種種的挑戰，不要急著要有所成就，出人頭地，應該要「潛龍勿用」。過早地暴露潛龍的實力，不利於潛龍的成長，有百害無一益。故而在《黃敬易經初學義類附觀潮齋詩集校釋》中亦有云：「「初九」，周公析觀一節之變，而繫辭於各爻。之下以為九以。陽居下，其象猶「潛」藏之「龍」。占者遇之，未可有為，故曰「勿用」。」〔註49〕因為初九爻，陽氣尚處在「潛龍」的階段，所以應該要好好的保護剛剛才開始的「陽氣」。過早地開發及利用，就像是揠苗助長一樣，不僅對事情的發展沒有幫助，更是造成了無可言喻的傷害。故而李易儒云：「乾卦初九，以陽居陽位，得其正道，為六十四卦三百八十四爻之始，然處於全卦之最下爻，象徵著潛伏在水中的龍，蟄伏隱藏養精蓄銳之待時。引申其意，如同有道德的君子，不因世俗名利，權勢而動搖，也不能有所作為，所以說勿用。」〔註50〕及《李鼎祚周易集解》中亦有提到：「崔覲曰：九者，老陽之數，動之所占，

〔註46〕林榮澤講述，書苑編輯室整理，《白陽易經講解本》，頁74。

〔註47〕唐·孔穎達等，《周易正義》，頁17。

〔註48〕唐·孔穎達等，《周易正義》，頁17～18。

〔註49〕清·黃景寅原著，賴貴三校釋，簡逸光主編，《黃敬易經初學義類附觀潮齋詩集校釋》，臺北：萬卷樓圖書股份有限公司，2021年，頁16。

〔註50〕李易儒，《易經之道》（第一冊），臺北：藍燈文化事業股份有限公司，2002年，頁392。

故陽稱焉。潛,隱也,龍下隱地潛德不彰,是以君子韜光待時,未成其行,故曰勿用。」〔註51〕都在說明一個人要學會懂得隱忍及等待時機,在「小人道盛」時,不要過於強出頭,「聖人雖有龍德,於此時唯宜潛藏,勿可施用」。就像一條龍要潛藏在深淵,待時而動,如果不到施展抱負的時候,就要懂得蟄伏。林榮澤云:「一位有德的君子,首重德性的涵養,因得授真道,得以全然了解天命之謂性的道理。」〔註52〕

所以,《白陽易經》當中的爻辭,雖然已經被仙佛以簡易的精神,陽爻只有六個字,陰爻只有四個字,但是其中所隱含的《周易》精神卻是不變的,承傳著概念,卻保有著原來的精神,再化繁為簡。就像《白陽易經・乾卦》初九爻爻辭提到:「得真道性命全」,就是這個道理。因為得到真道的修道人,像「潛龍」一樣懂得沉潛及隱忍的道理。不隨便和別人爭長短,也不強出頭。這樣的行為及修養,就不會輕易地和人發生衝突,造成生命及財產的損失,所以才說「得真道性命全」。

《周易》〈乾卦・九二爻〉的爻辭中提到:

　　見龍在田,利見大人。〔註53〕

正義曰:「陽處二位,故曰九二,陽氣發見,故曰見龍。田是地上可營為有益之處,陽氣發在地上,故曰在田。且一之與二,俱為地道,二在一上,所以稱田。見龍在田,是自然之象,利見大人,以人事托之,言龍見在田之時,猶似聖人久潛稍出,雖非君位而有君德,故天下眾庶,利見九二之大人。」〔註54〕龍這種動物,在中國的社會中的認知應該是飛騰在天地之間,逍遙自在的一種吉祥之生物。而今,「見龍在田」出現在地面上,就是在說明將會有重要的人物即將出現在大環境當中。這樣的大人物,將來有一番大的作為是可以預期的。但是,各式各樣的考驗將隨之而來,當這些考驗熬過去的時候,他將會成就一番豐功偉業。故而,見龍在田是成功的第一步,這個階段的不如意及考驗,將是往後成功的關鍵。因此,《黃敬易經初學義類附觀潮齋詩集校釋》中有云:「『九二』,剛健中正,在初之上,則出初九潛象。『見龍在田』,霖雨足

〔註51〕唐・李鼎祚輯,《周易集解》卷一,臺北:臺灣商務印書館,2004年,頁1。
〔註52〕林榮澤講述,書苑編輯室整理,《白陽易經講解本》台北:仁風文創書苑印行,2018年,頁74。
〔註53〕唐・孔穎達等,《周易正義》,頁19。
〔註54〕唐・孔穎達等,《周易正義》,頁19～20。

以及物，而為『利見』之『大人』。」〔註55〕李易儒亦有云：「乾卦九二，陽爻居陰位，剛柔相濟，處於內卦之中位，得其正道。由初二，由潛伏隱忍的龍，而顯見於地面之上。九二象徵旭日東昇，呈現著無限的希望和機會，利見聖明大德的君子。」〔註56〕及《文言》中亦提到：「九二曰：『見龍在田，利見大人。』何謂也？子曰：『龍德而正中者也。庸言之信，庸行之謹，閑邪存其誠，善世而不伐，德博而化，易曰：見龍在田，利見大人，君德也。』」〔註57〕所講的都是同一件事，就是說，原本潛藏的龍，已經從潛藏的地下爬到了地面，且出現在田間讓人發現了。當事物發展到九二爻的時候，說明事物的發展已經擁有了一定的基礎，此時，已經具備了一定的實力，可以和人一爭長短，為成功做好了準備。

故而《白陽易經・乾卦》九二爻爻辭云：「修以心猶可安」。也就是仙佛勉勵修道人，修佛首重於修心放下執念，化心去性，在平時努力的充實自己的實力，雖然在一時之間，還沒有被賦予重任。但是機會是給準備好的人，只要持續地將各種能力學習且精通的話，一旦機會到時，才可以「旭日東昇，呈現著無限的希望和機會，利見聖明大德的君子。」就像「潛龍」到「見龍在田」一樣，初露頭角卻具備了一定的實力，對於往後的發展充滿著信心，故稱為「修以心猶可安」。

《周易》〈乾卦・九三爻〉的爻辭中提到：

君子終日乾乾，夕惕若厲，无咎。

正義曰：「以陽居三位，故稱九三。以居不得中，故不稱大人。陽而得位，故稱君子。在憂危之地，故終日乾乾。言每恆終竟此日，健健自強，勉力不有止息。夕惕者，謂終竟此日，後至向夕之時，猶懷憂惕。若厲者，若，如也；厲，危也。言尋常憂懼，恆如傾危，乃得无咎，謂既能如此戒慎，則无罪咎，如其不然，則有咎。故繫辭云：无咎者，善補過也。此一爻因陽居九三之位，皆以人事明其象。」〔註58〕這就是在說明一位正人君子，除了在白天自強不息勤勉努力的學習各種學問技能之外，夜晚也像在危境般一樣，時刻保持警惕及戒懼，居安思危謹慎小心，如此，才能避免過失與災難。《黃敬易經初學義類附

〔註55〕清・黃景寅原著，賴貴三校釋，簡逸光主編，《黃敬易經初學義類附觀潮齋詩集校釋》，頁16。

〔註56〕李易儒，《易經之道》（第一冊），頁393。

〔註57〕唐・孔穎達等，《周易正義》，頁39。

〔註58〕唐・孔穎達等，《周易正義》，頁22。

觀潮齋詩集校釋》中亦有云:「『九三』,重剛不中,居下之上,乃危地也。占得此爻之『君子』,必『終日乾乾』,至『夕』而又『惕若』。敬畏如此,則雖厲,而可以『无咎』」〔註59〕因為九三爻居於「三多凶」之爻位,因此才說是「『九三』,重剛不中,居下之上,乃危地也。」解決的方法,就是要時時刻刻努力奮發且不懈怠,日日夜夜提醒自己要多多警惕,不休不止地致力於德業的完成,這樣的精神,讓自己雖然處於危險的地位,但是卻不會發生過失與災難。而李易儒亦云:「乾卦九三,陽爻居陽位,得其正道。君子終日乾乾是重複本卦之卦名,形容君子終日效法乾卦的德性,於二六時中,成性存存,固守剛建中正的精神,有這種小心戒慎警惕,培養的精神,就不會有災患與過錯了,故曰『无咎』。」〔註60〕李一匡亦云:「君子當位而難當大位,由於不得天時,不得地利。所以自強不息,隨時警惕,雖危險也沒有差錯了。」〔註61〕林益勝云:「於西周,九三屬於『卿』之位,居決策與執行之關鍵位置,負責上級決策之推動與執行情形之反映,乃承上啟下之中間領導人,負安撫、鼓舞、承擔、潤滑之重任,宜日月自我堅強時懷憂懼,如此雖欲災厄,亦不致發生差錯。」〔註62〕所以處於這個爻位的正人君子,雖然不當時也不當位,但是因為做人處事不張揚不浮誇,且堅守著小心謹慎的行事作風,所以不去得罪人,甚至秉持著奮發向上的精神而贏得人們的敬重。

故而《白陽易經・乾卦》九三爻爻辭云:「行其德歸此本」就是希望「君子終日效法乾卦的德性,於二六時中,成性存存,固守剛建中正的精神,有這種小心戒慎警惕,培養的精神,就不會有災患與過錯了」。也就是希望修道之人,隨時隨地要提醒自己是個一貫道弟子,在待人處事及行事作風方面,一定要努力奮發向上且謹言慎行。不管是在白天或晚上,在人多或人少之處,又或是在佛堂之中還是在平時的群體中,若是可以「行其德歸此本」,時時刻刻都能夠努力奮發向上且不懈怠,日日夜夜常常提醒自己要多多警惕及小心行事,不休不止地致力於德業的完成的話,這樣才可以將一貫道的精神傳揚,讓人感受到一貫道的道真、理真、天命真。

《周易》〈乾卦・九四爻〉的爻辭中提到:

〔註59〕清・黃景寅原著,賴貴三校釋,簡逸光主編,《黃敬易經初學義類附觀潮齋詩集校釋》,頁 17。

〔註60〕李易儒,《易經之道》(第一冊),頁 395。

〔註61〕李一匡,《易經解譯》,臺北:維新書局,1997 年,頁 37。

〔註62〕林益勝,《周易乾卦原始本義試探》,空大人文學報第三期,2003 年,頁 79。

　　或躍在淵，无咎。〔註63〕

正義曰：「或，疑也；躍，跳躍也，言九四陽氣漸進，似若龍體欲飛，猶疑或也，躍於在淵，未即飛也。此自然之象，猶若聖人位漸尊高，欲進於王位，猶豫遲疑在於故位，未即進也。云：无咎者，以其遲疑進退，不即果敢以取尊位，故无咎也。若其貪利務進，時未可行而行，則物所不與，故有咎也。若周西伯內執王心，外率諸侯以事紂也。」因為身處九四爻的龍，心存困惑，對自身能力有所疑惑及遲疑。這時，在行為上就有所徘徊及彷徨。但是，「龍非池中物，終究要上天」，一時的不如意及小困難並無法困擾龍的奮進，龍終究要繼續奮進，飛躍上天。就像是君子一心想要增進自己的德行修治功業，隨時抓住機遇及時進取，因此就算是有小小的疑惑，卻可以克服而所以沒有災咎。〔註64〕《黃敬易經初學義類附觀潮齋詩集校釋》中亦有云：「『九四』，以陽居陰，陽進而陰退；在上之下，上進而下退，且初離下體入上體。改革之際，皆進退未定也。象龍，『或』欲『躍』而升；猶『在淵』，則未遽躍。占者能隨時進退，則『无咎』。」〔註65〕就是在說明在由「九三」之位奮進到「九四」爻時，「初離下體入上體」這種不穩定狀態時「進退未定」的情況。李易儒亦云：「乾卦九四，陽爻居陰柔之位，剛柔相兼。已經跳出內卦之上，進入外卦之初，步履重剛之險，預備進入九五尊位。譬如一條潛伏在深淵裏的遊龍，從深淵裡跳躍出來，恰好風雲變化，時機來臨，便可搖搖直入，九五尊位，若能如此就不會有差錯。」〔註66〕「九四」爻離「九五」爻僅一步之差，若能夠掌握時勢及變化的話，爭取大位將是有機會的事。因此文言曰：「九四曰：『或躍在淵，无咎。』何謂也？子曰：『上下无常，非為邪也。進退无恆，非離群也。君子進德脩業，欲及時也，故无咎。』」〔註67〕

　　故而《白陽易經・乾卦》九四爻爻辭：「天行健道之德」，就是希望修道人「譬如一條潛伏在深淵裏的遊龍，從深淵裡跳躍出來，恰好風雲變化，時機來臨，便可搖搖直入，九五尊位，若能如此就不會有差錯。」期勉著一個修道人，若是可以審時度勢，察覺人心之向背，等待有利的時機而行事。時機到時，把

〔註63〕唐・孔穎達等，《周易正義》，頁23。

〔註64〕唐・孔穎達等，《周易正義》，頁24。

〔註65〕清・黃景寅原著，賴貴三校釋，簡逸光主編，《黃敬易經初學義類附觀潮齋詩集校釋》，頁17。

〔註66〕李易儒，《易經之道》（第一冊），頁396。

〔註67〕唐・孔穎達等，《周易正義》，頁43。

握時機，將自己該做的事，全力以赴的完成。就像上天一樣，有「自強不息」之德，隨時抓住機遇及時進取，就算是偶有挫折橫亙於前，也擋不住自己德頁的精進。所以，君子待人處事，就應該像天一樣，時時的督促自己，發奮圖強力求進步。

《周易》〈乾卦・九五爻〉的爻辭中提到：

飛龍在天，利見大人。〔註68〕

正義曰：「言九五陽氣盛至於天，故云：飛龍在天。此自然之象，猶若聖人有龍德，飛騰而居天位，德備天下，為萬物所瞻覩，故天下利見此居王位之大人。」〔註69〕九五爻是上卦的中間位置，事吉祥的表徵，相徵著龍經過潛沉、醞積之後，在時機成熟之後，終於一飛沖天，有足夠的高度俯視萬物，將自己的地位定於一尊。這樣的地位及能力，不僅有能力，可以造福大眾，還有崇高的地位，吸引著群眾的跟隨。《黃敬易經初學義類附觀潮齋詩集校釋》中有云：「九五，剛健中正，以居尊位，象為「飛龍在天」，霖雨徧及於物，而為天下「利見」之「大人」。」又云：「此爻是聖天子繼天出世，三皇、五帝、三王，皆足以當之。」〔註70〕李易儒亦云：「乾卦九五爻，陽居陽位，居剛健中正之道。龍乘雲氣翱翔天空無邊無際，是龍最得意之時。象徵著能力沖天之志有道德之君子，已經得到聖位了，正如飛龍在天之德，以德感化偏下，天下無不治矣！」〔註71〕都是在講說君子的心路歷程，到這個爻位時的人，一切的人、事、物都通達順暢，故而許多人去會去請教他及附和他，活力充沛資源豐足而可以有所作為。易經證釋云：「九五爻乃乾主位，陽爻正位龍德飛天，故利見大人。大人者，聖人也。而有其時，居其位道行德昭為天下主天下服之，故曰，大人。言人中之尊也，夫五爻當位，居外卦之中，乘陽氣之正，孚飛龍之德，承天地之道。」〔註72〕康全誠、張忠智《論李光地釋《易》的方法》中提到：「九五爻即陽居陽位，君中得正，居尊而有「中庸之德」之君王之位，故九五爻應為〈乾〉之主卦。」〔註73〕

〔註68〕唐・孔穎達等，《周易正義》，頁25。
〔註69〕唐・孔穎達等，《周易正義》，頁25。
〔註70〕清・黃景寅原著，賴貴三校釋，簡逸光主編，《黃敬易經初學義類附觀潮齋詩集校釋》，頁18。
〔註71〕李易儒，《易經之道》（第一冊），頁398。
〔註72〕古聖先賢，《易經證釋・乾卦》，頁41。
〔註73〕康全誠、張忠智，《論李光地釋《易》的方法》，應用倫理教學與研究學刊，第七卷第一期，2012年，頁13。

　　故而《白陽易經・乾卦》九五爻爻辭云：「君子自強不息」，指的就是仁人君子們，應該要學習天的強健，以剛毅堅卓的精神，發憤圖強，初心不改而始終不渝地勇於追求和天一樣的剛強及勁健，達到「飛龍在天」的高度及地位，且自己必須要不斷努力向上，永遠都不會懈怠，這樣的話，才可以有機會接觸群眾，渡化群眾，將群眾引入佛門。這就是仙佛給修行者的建言及期望，希望修行者可以學習「君子自強不息」的精神，學習將一切的人、事、物都能夠做到通達順暢，成為眾人學習的楷模。

　　李易儒又云：

> 乾卦九五與人生修道之過程；初九，潛龍勿用；如出發心學道之時，隱藏德行，潛心研究，真修實煉。九二，見龍在田，利見大人；如欲道明師傳授心性秘訣，明白自身中有一個不生不滅，不得不失，恆久存在之「自性」亦稱龍。九三，君子終日乾乾；已經明白「自性」的君子，必須終日在二六時中，存心養性。九四，或躍在淵；進退之時，在心物欲動未動之前，神鬼不知，為吾獨知。這個「⊙」當下豁然貫通，揭開歷劫以來迷惑，顯出天真純樸的「天性」或稱「道」。如九五至尊飛龍在天，同時得見大德的君子，共同參贊天地之化育，與萬物合一體，研究易經的目的在此矣！〔註74〕

一貫道的修持是要培養一位有與天地一樣的品德，同日月一樣的光明的正人君子，一切都要依正道行事。而這樣的君子，只要能自強不息的努力學習及奮鬥，到最後必能排除萬難前途無量，成為人上之人宛如飛龍一般，遨遊在天際當中，睥睨群雄。這就是白陽易經中，仙佛所批的「乾卦」訓文及訓中訓所期勉白陽修士所該達到的目標及境界，成為自強不息的真正君子。如此，才可以將天道普傳於九州萬國，普渡三曹。讓修道者明瞭靈性生來死去出入的門戶「玄關竅」的奧義，讓這個「⊙」當下豁然貫通，明白自性之所在，頓悟本性而恢復本來光明的佛性。「如九五至尊飛龍在天，同時得見大德的君子，共同參贊天地之化育，與萬物合一體，研究易經的目的在此矣！」

　　〈乾卦・上九爻〉的爻辭中提到：

> 亢龍有悔。〔註75〕

正義曰：「上九六陽之至大而極盛，故曰：亢龍。此自然之象，以人事言之，

〔註74〕李易儒，《易經之道》（第一冊），頁398～399。
〔註75〕唐・孔穎達等，《周易正義》，頁26。

似聖人有龍德，上居天位，久而亢極，物極則反，故有悔也。純陽雖極，未至大凶，但有悔吝而已。繫辭云：悔吝者言乎其小疵也。故鄭引堯之末年，四凶在朝，是以有悔未大凶也。……故《文言》云：「知進退存亡而不失其正者，其唯聖人乎？」是知大聖之人，本無此悔。但九五天位，有大聖而居者，亦有非大聖而居者，不能不有驕亢，故聖人設法以戒之也。」〔註76〕〈乾〉卦上九爻位，以六爻的爻位而言，已位高到極點，猶如一條乘雲升高的龍，當它爬升到了最高及最極端的地方，孤高在上，環顧四週四顧茫然，既已無再上進的位置，又不能再次下降，所以反而有了憂鬱悔悶。就是在比喻處於極尊之位的君子，應當將驕傲自滿引以為戒，否則就會有敗亡之禍端出現。《黃敬易經初學義類附觀潮齋詩集校釋》中亦有云：「「上九」陽極於上，其象如「亢龍」之久於在天，而不反於淵。占者得此，勢勝則親傾，動必「有悔」。」〔註77〕李易儒亦云：「乾卦上九，陽爻居陰位，不得正位又不中，表示只知進而不知退，知盈而不知返，終後悔莫及。亢龍有悔；意思是下有九五登峰之極位，然至上九，超過極位，飛到高亢的地步，茫然無輔，即成亢龍有悔。譬如修心學道的人，必須要時時檢討自己，悔過自己，若是志得意滿，終難免有懊悔。」〔註78〕因為一心想要贏過別人的人，有時陷入「一將功成萬骨枯」的境地而不自知。當一個人為了達到自己的目的得到自己想要的位子的時候，卻將所有的親戚朋友都被自己得罪光了，環顧自己的身邊，連一個信任及說話的人都找不到，這時才在後悔自己的種種行為。易經證釋云：「夫上九位非當位，時則失，時高而无位則徒勞，大而失時則徒困。處獨而无助，居顛而无應，故曰亢龍有悔。」〔註79〕

故而《白陽易經·乾卦》上九爻爻辭：「終日乾乾以立」林榮澤云：「君子終日乾乾以學天德，真修力行天德，持盈保泰，以免亢龍有悔」〔註80〕作為有德行修養的君子，在處理人與事的問題過程中，不管是一天還是一生一世，都應該時時刻刻保持陽剛和健強的精神去追求自己所立定的目標。雖然在這樣的過程中會遇到危險和阻礙，但是，若能真修實煉的小心行事，秉持著兢兢業

〔註76〕唐·孔穎達等，《周易正義》，頁26。

〔註77〕清·黃景寅原著，賴貴三校釋，簡逸光主編，《黃敬易經初學義類附觀潮齋詩集校釋》，頁18。

〔註78〕李易儒，《易經之道》（第一冊），頁400。

〔註79〕古聖先賢，《易經證釋·乾卦》，頁42。

〔註80〕林榮澤編著，《白話白陽易經上經》，頁38。

業的精神，這樣的君子，將不會有過錯和失誤。這就是希望修道之人，要學的是龍德的奮發向上及努力不懈的精神，不要有驕傲及亢滿之心，這才是修持的真正意義及目的。不要陷入成功之後卻眾叛親離的境地，這樣的話，如何去渡化眾生，拯救眾生呢？

二、〈謙〉卦

　　〈謙〉卦是孚佑帝君於民國75年歲次甲寅1月4日時在新豐關聖宮所批的訓文（圖4-2-2）。

異息行之實相成若樹心異處實通
庶人聖人以此分壇前賢士須宜明
輕利重義為聖者成道謙義為貴致
仁謙並行義為聖道者成謙義為貴
發而不失致中道理謙義致仁顯為
君子義之以比行德和道義在萬理
舍藏行用之志德之用行藏仁行本
默識知之行恒藏仁之智顯以謙謙
堅與赤者皆性本性也者受天之賦

圖4-2-2：〈謙〉卦圖〔註81〕

　　這篇訓文，首要的精神就是「庶人聖人以此分，壇前賢士須宜明」因為一位修道者，因為有著修道者的身分，所以形式處事皆應以道為依歸。且時時存著感恩的心，發出慈心悲愿，挽救眾生齊出苦海，認理實修不落人情，見道成道重聖輕凡，且要行功立德成就自己的身心靈。這也就是仙佛所慈勉「庶人聖人以此分，壇前賢士須宜明」的道理。其中，提所提到的「輕利重義聖以成，

〔註81〕林榮澤編著，《白陽易經讀本》，頁29。

義貴致用顯德倫」，就是在教導白陽修士們成聖之方法。因為白陽修士的老師為「濟公」活佛，光由老師的名號就知道白陽修士所要學習的是要以天下大利為己任的「濟公」，而不是《孟子‧盡心上》的「拔一毛而利天下不為也」的「濟私」。馮友蘭認為：「只要楊朱肯拔他身上一根毛，他就可以享受世界上最大的利益，這樣，他還是不幹。」〔註82〕這樣的人，絕對不是白陽修士修持的目標及目的。而是《論語‧里仁第四‧第十六章》所記載的：「子曰：「君子喻於義，小人喻於利。」」要效法君子的義行，唾棄小人的唯利是圖，這才是白陽修士的真正修持觀。

「顯仁藏智」是中華文化所傳下來的智慧。要我們把「智」藏起來，而把「仁」顯現出來。一個沒有真才實學的人，若是還到處去炫耀、吹捧自己，這樣的人不僅不聰明，更不會有多大的成就。所以，一定要把基本的個人修養及品德打下良好的基礎之後，再去求知識，求表現。所以，在訓文中提到：「藏仁顯智以謙行」，就是告誡修道人不要時時都想強出頭，而是要反觀自心，二六時中，在學、修、講、辦當中，磨練自己訓練自己，時時以謙虛為待人處事之原則，這才是最有智慧的修持之道。

而爻辭的訓中訓：「䷎」地山謙

初六：謙謙為德

六二：顯以致用

九三：人之用和為貴

六四：恒志者成

六五：行之為聖

上六：知行並重〔註83〕

在第一卦〈乾〉卦之卦爻辭為每一爻六個字，在第二卦〈謙〉卦時，因為有陰爻，此時可以知道陰爻的爻辭為四個字。李易儒云：「謙卦最特殊的重點，是周易六十四卦中，每一卦的卦、爻辭所論皆有吉凶消長之象（絕無全吉或全凶的卦象），卻是唯有謙卦，竟能六爻皆吉。由此可見，謙遜之德是非常重要的。」〔註84〕以下將由《周易》〈謙卦〉的六爻爻辭和《白陽易經》來做對照，以《周易》來解釋《白陽易經》〈謙卦〉所蘊含的含意。

〔註82〕馮友蘭，《中國哲學史新編》第 1 冊，北京：人民出版社，1992 年，頁 244。
〔註83〕林榮澤編著，《白陽易經讀本》，頁 29。
〔註84〕李易儒，《易經之道》（第二冊），頁 151～152。

　　首先，《周易》〈謙卦‧初六爻〉的爻辭中提到：「謙謙君子，用涉大川，吉。」〔註85〕《黃敬易經初學義類附觀潮齋詩集校釋》中有云：「初六，以柔居下，「謙」而又「謙」之「君子也。占者即「用」謙謙之道，以「涉大川」，何往不濟？「吉」。」〔註86〕這樣的寓意非常明顯，也就是講說，一個人如果擁有好的品德，自然就會有貴人相助。因為謙虛的君子，是用謙卑的德行來約束自己，以謙卑的態度來管理自己。且初六陰爻，柔順，位在最下位，可以說是謙卑再謙卑，這才是君子應有的態度。故而〈謙卦‧初六爻〉的〈象傳〉中提到：「謙謙君子，卑以自牧也。」〔註87〕《正義》曰：「〈卑以自牧〉者，牧，養也。解謙謙君子之意，恒以謙卑自養其德也。」〔註88〕因此，作個謙之又謙的君子，把自己擺在最卑微的位置，從最基層的地方慢慢做起，待人處事絕不會自我誇耀，也不會自我膨脹，藉此磨練及修養自己，這樣的人才足以承受任何的困難，任何的挑戰。

　　所以，《白陽易經‧謙卦》初六爻爻辭：「謙謙為德」，除了吻合《周易》的精神之外，更是將其中精神以精簡的文字表示出來，讓白陽修士能有更正確及更方便的修持方法及方向。從最基層的地方修練良好的品德及謙卑的德行，且絕對不會自我誇耀也不會自我膨脹，這樣的人才德以有好的人緣，讓人心悅誠服的跟隨在左右，且也才足以承受任何的困難，任何的挑戰。

　　《周易》〈謙卦‧六二爻〉的爻辭中提到：「鳴謙貞吉。」〔註89〕《注》曰：「鳴者，聲名聞之謂也，得位居中謙而正焉。」〔註90〕《正義》曰：「〈鳴謙〉者謂聲名也，處正得中，行謙廣遠，故曰：鳴謙正而得吉也。」〔註91〕在徐芹庭《易經深入》中提到：六二以陰居陰位，得位居中，故位居中正。當謙卦之時，既中且正，則謙德昭明，聲聞于外。正而且吉者。」〔註92〕六二陰爻居於陰位，故而得勢。且上承九三陽爻，九三、六四、六五三爻互卦組成了震卦故而有雷鳴之勢。謙卦的上卦為坤卦，象徵著六二的謙虛美德可被九三遠播而聲

〔註85〕唐‧孔穎達等，《周易正義》，頁166。
〔註86〕清‧黃景寅原著，賴貴三校釋，簡逸光主編，《黃敬易經初學義類附觀潮齋詩集校釋》，頁111。
〔註87〕唐‧孔穎達等，《周易正義》，頁166。
〔註88〕唐‧孔穎達等，《周易正義》，頁166。
〔註89〕唐‧孔穎達等，《周易正義》，頁166。
〔註90〕唐‧孔穎達等，《周易正義》，頁166。
〔註91〕唐‧孔穎達等，《周易正義》，頁166。
〔註92〕徐芹庭：《易經深入》（冊一），桃園：普賢出版社，1991年，頁288。

名遠揚，其影響深遠有如雷鳴震撼大地一般。九二柔得位而居中，又上承九三，因此「鳴謙，貞吉」之象。

故而仙佛所批《白陽易經・謙卦》六二爻：「顯以致用」，希望白陽修士能夠在「聲名聞之」之時，顯其所學之妙用，輕利重義固守中正，名聲雖然鳴揚四方，但是，內心仍保有謙讓之德。也就是說，能夠自始自終都堅守著謙虛之道的話，就可以讓大家體認到內心的真誠及修養而產生認同，這樣就可以將在道場中所學「顯以致用」。因此，當德名遠播時，就會廣受眾人的尊崇，這樣的行為能謹守正道而獲得吉祥。

《周易》〈謙卦・九三爻〉的爻辭提到：「勞謙，君子有終極。」〔註93〕《注》曰：「處下體之極，履得其位。上下无陽以分其民，眾陰所宗，尊莫先焉。居謙之世，何可安尊，上承下接，勞謙匪解。是以吉也。」〔註94〕《象》曰：「勞謙君子。萬民服也。」〔註95〕一個對眾人有所貢獻且有功勞的君子，一定要記住一點，就是不要居功自傲而目中無人，要能謙卑待人，這樣才有好結果，也才會吉祥。《正義》曰：「〈萬民服〉者，釋所以勞謙之義，以上下群陰，象萬民皆來歸服，事須引接，故疲勞也。」〔註96〕《黃敬易經初學義類附觀潮齋詩集校釋》中亦云：「九三，卦惟此爻一陽居下之上，剛而得正，上、下所歸，有功「勞」而能謙者也。然雖自謙，其功難掩，不為「君子有終」而「吉」乎！」〔註97〕因為君子的辛勤勞苦去不計較得失，感化了群體大眾，最終讓大家都心悅誠服地追隨著自己。雖然吃了很多苦頭，但是卻能謙虛而功成不居，直到最後都能持之以恒，有始有終，這樣的行事方式為吉。在徐芹庭《易經深入》中提到：「謙卦一陽五陰，唯九三以陽居陽位，得正，以陽剛之質為一卦之主，上則承奉於六五之君，坤為民為眾，下則承君之令安撫百姓，勞苦功高，而居謙卦之時，正當其位，而又謙虛如此，君子處斯，必能得善終且吉利者。」〔註98〕九三，為勞謙君子，雖然有功勞，但是卻以謙卑來待人處事。有功不自以為功，且能謙卑禮下於人，絲毫之傲慢之心皆無。故得萬民歸服，理所當然。

〔註93〕唐・孔穎達等，《周易正義》，頁167。
〔註94〕唐・孔穎達等，《周易正義》，頁167。
〔註95〕唐・孔穎達等，《周易正義》，頁167。
〔註96〕唐・孔穎達等，《周易正義》，頁167。
〔註97〕清・黃景寅原著，賴貴三校釋，簡逸光主編，《黃敬易經初學義類附觀潮齋詩集校釋》，頁112。
〔註98〕徐芹庭：《易經深入》（冊一），頁288。

故而《白陽易經‧謙卦》九三爻云：「人之用和為貴」即有如畫龍點睛般
點出此爻的精神，因為此爻「剛而得正，上、下所歸」，故而得有人和之優勢。
《論語‧學而第一》第十二章：有子曰：「禮之用，和為貴。」仙佛苦心希望
白陽修士能夠得到人和之優勢之後，走入群眾之中得到人和之優勢，這樣才能
夠在群眾當中，渡化群眾。沒有得到人和，甚至成為人見人嫌的人，任憑大道
再怎麼好，根本沒有人可以渡化。故而《論語‧衛靈公十五》第二十九章曰：
「人能弘道，非道弘人。」大道是要由人走入群眾之中去發揚光大，而不是藉
由大道來標榜自己。

　　《周易》〈謙卦‧六四爻〉的爻辭提到：「无不利，撝謙。」〔註99〕《正義》
曰：「『无不利』者，處三之上而用謙焉，則是自上下下之義。承五而用謙順，
則是上行之道。盡乎奉上下下之道，故無所不利也。」〔註100〕《象》曰：「无
不利，撝謙，不違則也。」〔註101〕《正義》曰：「指撝皆謙不違則者，釋无不
利撝謙之義，所以指撝皆謙者，以不違法則，動合於理，故無所不利也。」〔註
102〕《黃敬易經初學義類附觀潮齋詩集校釋》中亦云：「六四，柔而得正，上而
能下，其謙如是，『无不利』矣。然位居九三功臣之上，故戒矣當更發『撝』
其『謙』，以示不敢自安之意也。」〔註103〕也就是說，在認清自己的身份及地
位，且認清自己當下所處的形勢之後，審時度事，不去做越軌或是違背規則的
事情，保持著謙虛的態度，如此，一切都會平安有順利的。在徐芹庭《易經深
入》中提到：「六四以陰居陰，得居正位，上近九五之尊位，下比九五之權臣，
當謙卦之時，無不謙遜，且服行法則，如是處事，無不利者也。」而處於九三
及六五上這樣的位置，如果能夠具備謙卑的美德，以謙虛的內涵，對九三及六
五上下位的關係處理好且能和諧相處，那麼這樣的行事方式，不會不吉利。〔註
104〕而黃壽祺、張善文《周易譯註》中也有提到：「六四處三之上、五之下，柔
順得正，無論對下對上，均能發揮『謙德』，故『无不利』。」〔註105〕此六四
爻，位於九三功臣之上，表示在自己的身邊有比自己功勞更大更有權力的領導

〔註99〕唐‧孔穎達等，《周易正義》，頁167。
〔註100〕唐‧孔穎達等，《周易正義》，頁167～168。
〔註101〕唐‧孔穎達等，《周易正義》，頁168。
〔註102〕唐‧孔穎達等，《周易正義》，頁168。
〔註103〕清‧黃景寅原著，賴貴三校釋，簡逸光主編，《黃敬易經初學義類附觀潮齋詩
　　　　集校釋》，頁112。
〔註104〕徐芹庭：《易經深入》（冊一），頁289。
〔註105〕黃壽祺、張善文：《周易譯註》，上海：上海古籍出版社，1990年，頁141。

者，此時更要要注意自己所處的位置及環境，在這樣的情況之下，更要發揮謙虛的精神。而六四爻是陰爻居於柔位，屬於得位，因此，只要保持謙虛的態度即精神，則將會無往不利。

故而《白陽易經・謙卦》六四爻：「恒志者成」就是仙佛希望白陽修士要注意自己所處的位置及環境，發揮謙虛的精神，對上對下均能發揮謙虛的美德，持之以恒，再衡量當時自己所處的形勢，不做出逾越規矩的事情，且不因小挫折而半途而廢，只要秉持這樣的精神，將會無往不利，一切都會平安及順利吉祥的。

《周易》〈謙卦・六五爻〉的爻辭提到：「不富，以其鄰，利用侵伐，无不利。」〔註 106〕《正義》曰：「〈不富以其鄰〉者，以，用也，凡人必將財物周瞻鄰里，乃能用之，六五居於尊位，用謙與順，鄰自歸之，故不待豐富，能用其鄰也。〈利用侵伐無不利〉者，居謙履順必不濫罰無罪，若有驕逆不服，則須伐之，以謙得眾，故利用侵伐，無不利者也。」〔註 107〕《黃敬易經初學義類附觀潮齋詩集校釋》中云：「六五，以柔居尊，在上能謙，而從知者象，故為『不富』，而能『以其鄰』之象。設或有未服者，即『利用侵伐』以征服之，而于他事，亦『无不利』。」〔註 108〕在徐芹庭《易經深入》中提到：「六五以陰柔，居五之君位，當謙卦之時，無為而治，教化大行，臣下皆行謙，人皆富貴而各得其所，故不待以財物贍養周施鄰里。本身為謙卑之君，故亦不妄加討伐其鄰國，至若驕縱背逆不行謙道者則可用侵伐，討其不順，蓋無不利者也。」〔註 109〕在上位者，應該以人民的意志為依歸，若是意志好的則要善待，不好的也要溝通及解決，這樣的施政就可以得到了大善。人民的生活將可以各獲所需，各如所願。如此謙卑施政的君王，並不會隨便的去爭伐臨近的國家。但是假如有背叛忤逆且傲慢任性倒行逆施的鄰國，就算是用侵武力來討伐這樣的鄰國，也就沒有什麼不利的。〈《周易正義—謙》：六五：不富以其鄰，利用侵伐，無不利〉中提到：「「六五」處於至尊的地位，但寬柔、謙虛，以德服人。普通人要讓鄰里都幫他，需要拿出財物周贍鄰里，才能讓鄰里甘心出力。但六五由於其品德和地位，不需富有施捨財務就得到鄰居們的愛戴。謙遜對君子和

〔註 106〕唐・孔穎達等，《周易正義》，頁 168。
〔註 107〕唐・孔穎達等，《周易正義》，頁 168。
〔註 108〕清・黃景寅原著，賴貴三校釋，簡逸光主編，《黃敬易經初學義類附觀潮齋詩集校釋》，頁 113。
〔註 109〕徐芹庭：《易經深入》（冊一），頁 289。

普通人是可以，但對惡人、奸猾之輩和無恥之國是無效的，謙虛的統治者，如果不能以德使其服從，不得已只有使用武力。由於有鄰國的廣泛支持，所以不會不利。君子之國用兵，是為了征伐不服從道德、道理和道義的人，而不是為了炫耀武力或奪取利益。」〔註110〕

《白陽易經・謙卦》六五爻云：「行之為聖」。朱熹在《朱子語類》中論道：「聖人不能知不能行，天地間固有不緊要底事，聖人不能盡知；緊要底，則聖人能知之，能行之。若妙處，聖人不能知不能行；粗處，卻能之，非聖人，乃凡人也。」〔註111〕中庸第二十七章：「大哉聖人之道！洋洋乎，發育萬物，峻極于天。優優大哉！」因為君子通常都是以德服人，但是面對著惡人、奸猾之輩和不合理的人、事、物，已經危害道自己周遭的親朋好友，甚至已經到了顛覆邦國之程度，於是不得已才使用武力，征伐不服從道德、道理和道義的人，目的是為了造福群眾，而不是為了炫耀武力或奪取利益。謙虛並不是一味地忍讓，當為了讓整體利益能夠公平的運作時，一樣要有堅定的道德勇氣，制止惡勢力的擴大，承擔起這樣的責任。由此可見，這一爻說明了謙虛的本質原本是以德服人，但是卻也有堅強及剛毅的一面。故而仙佛才會批《白陽易經・謙卦》六五爻為「行之為聖」。

《周易》〈謙卦・上六爻〉的小象辭提到：「鳴謙，利用行師，征邑國。」〔註112〕《正義》曰：「「鳴謙」者，上六最處於外，不與內政，不能於實事而謙，但有虛名聲聞之謙，故云鳴謙。志欲立功未能遂事，其志未得，既在外而行謙順，唯利用行師，征伐外旁國邑而已，不能立功在內也。」〔註113〕《黃敬易經初學義類附觀潮齋詩集校釋》中云：「上六，謙極聲聞于人，故為「鳴謙」，人所樂噢，故「利用行師」。然以其值柔而无位，亦唯可「征」己之「邑國」而已。」〔註114〕象曰：「鳴謙，志未得也。可用行師，征邑國也。」〔註115〕注曰：「夫吉凶悔吝生乎動者也，動之所起興於利者也，故飲食必有訟，訟

〔註110〕以上括號引文，詳見網路文章：〈《周易正義—謙》：六五：不富以其鄰，利用侵伐，無不利〉，網址：https://kknews.cc/news/2eeyz5g.html 檢索日期：2022年7月14日。

〔註111〕黎靖德編，王星賢點校，《朱子語類》，北京：中華書局，1986年，頁1533。

〔註112〕唐・孔穎達等，《周易正義》，頁168。

〔註113〕唐・孔穎達等，《周易正義》，頁168。

〔註114〕清・黃景寅原著，賴貴三校釋，簡逸光主編，《黃敬易經初學義類附觀潮齋詩集校釋》，頁114。

〔註115〕唐・孔穎達等，《周易正義》，頁169。

必有眾起，未有居眾人之所惡而為動者所害，處不競之地而為爭者所奪；是以六爻，雖有失位，无應乘剛，而皆无凶咎悔吝者，以謙為主也，謙尊而光，卑而不可逾，信矣哉」〔註116〕對不安分於自己崗位之臣子，仍需以剛強之手段治理，因為錯誤的政策及不守法的官員對人民的危害是巨大的。而對於不服自己治理的臣屬之國，就可以對這些國家興兵討伐，終止驕橫強暴之封邑國家，最後可以安定其封邑，讓國家得以安定及和平。《黃敬易經初學義類附觀潮齋詩集校釋》中云：「象曰，上之「鳴謙」，而陰柔无位，其「志未得也」。雖「可用可師」，亦惟「征邑國」而已「也」。」〔註117〕在徐芹庭《易經深入》中提到：「上六以陰居謙卦之極，當謙卦之時，維德昭聞，故曰鳴謙。惟已處外掛之極，陽實陰虛，己既為陰，故志未得。但可征驕逆之鄰國而已，故曰利用行師征邑國。」〔註118〕也就是強調要將謙虛的功用及效果，發揮到政治及戰略的運用上。但是卻也強調，謙虛的後盾就是力量，有個強而有力的政府才能夠讓小人退怯，進而有積極的作為。在鍾國偉《從《周易》憂患九卦論君子成立之道》一文中提到：「〈謙卦·上六爻〉陰爻處陰位，得位而又處柔順之極矣！乃君子處謙極之位，但志不易遂行之象。惟仍是一位道德高尚，而能發揮並響應謙德之道的君子，其好謙之名自響。《周易本義》云：「謙極有聞，人之所與，故可用行師。」君子行治天下雖以謙柔為上，但對不安分之臣子仍需以剛濟之，故言〈謙卦〉適宜君王於自己封地之治理，對於不服治理的屬國，可以對其興兵討伐，因為這是君子在管理屬國、部屬應為之事。」〔註119〕上六已經到該下台的位子了，因此沒有太多的權勢。但是因為有謙虛之德，所以能夠得到公侯的響應。有些不守規則的一方之霸太驕傲了，不再朝見柔順謙虛的天子，也不給天子進貢，覺得自己可以稱王稱霸了，因此才有「利用行師，征邑國。」的正義之師的出現。

《白陽易經·謙卦》上六爻云：「知行並重」林榮澤云：「上六是謙卦的極高之處。處高處與謙的本質不符，因謙卦貴在于卑微，謙虛，退讓，初六處於最下處說「謙謙」，是謙卑又謙卑，是低調的謙卑，也是最得謙道者；上六則

〔註116〕唐·孔穎達等，《周易正義》，頁169。
〔註117〕清·黃景寅原著，賴貴三校釋，簡逸光主編，《黃敬易經初學義類附觀潮齋詩集校釋》，頁114。
〔註118〕徐芹庭：《易經深入》（冊一），頁290。
〔註119〕鍾國偉：《從《周易》憂患九卦論君子成立之道》，東海大學哲學研究所碩士論文，2016年，頁28。

是在最高處，為最高調的謙卑，因此是虛假、徒具虛名，拿來說嘴與張揚的謙卑。因此才要強調「知行並重」，還要藏行其智有謙行，以謙卑來行仁愛。」〔註120〕因為會被人傳揚有「謙讓」美名的人，在自己的內心中，自己知道謙卑還做得不夠。因此，他會時時保持謙卑謹慎的態度，時時要求自己能夠謙卑再謙卑，而這樣的人，做事符合天道的規律，把握待人處事的分寸，「知行並重」。在社會中做為一個團體的領導人或是上位者，因為以謙虛待人，大部分的人感受到你的誠意及用心，所以大部分的同事都支持你。但是也有一些驕橫自大卻沒有本事卻又喜歡搞破壞及小團體的人，這樣的人會暗中破壞而影響你對團隊的管理。面對這樣搞破壞的人，當然要用特殊的手段制止這種行為，用懲罰的手段讓這樣的人守法守規則，結局對領導人及整個公司或是團體是有利的。

宋朱熹所著的《周易本義》中提到：「謙者，有而不居之義。止乎內而順乎外，謙之意也；山至高而地至卑，乃屈而止於下，謙之象也。占者如是，則亨通有終矣。有終，謂先屈而後伸也。」〔註121〕在《易傳·象傳》提到：「謙亨。天道下濟而光明，地道卑而上行。天道虧盈而益謙，地道變盈而流謙，鬼神害盈而福謙，人道惡盈而好謙，謙尊而光，卑而不可踰，君子之終也。」〔註122〕在《易傳—象傳》曰：「地中有山，謙。君子以裒多益寡，稱物平施。」〔註123〕在黃壽祺、張善文《周易譯註》中也有提到：「謙虛的美德，因純誠積於中心所致；越享有名聲，越須保持「中正」的內質。故爻辭強調「貞」則能「吉」。」〔註124〕在班固《漢書·藝文志》篇中提到：「易之嗛嗛，一謙而四益，此其所長也。」〔註125〕也就是《易傳·象傳》提到的：「天道虧盈而益謙，地道變盈而流謙，鬼神害盈而福謙，人道惡盈而好謙」。李易儒云：「謙卦，上為坤，「卦德」為柔順。下為艮，「卦德」為靜止。兩者形成艮山止於內，收斂自處，其德深藏不露，以達盛德有道謙遜之義。坤地柔順處於外，以虛己寬厚容納一切的美德。因此謙卦，能以六爻皆吉，它象

〔註120〕林榮澤編著，《白話白陽易經上經》，新北市：一貫義理編輯苑，2018年，頁50～51。
〔註121〕南宋·朱熹著：《周易本義》，臺北：大安出版社，1997年，頁83～84。
〔註122〕唐·孔穎達等，《周易正義》，頁164。
〔註123〕唐·孔穎達等，《周易正義》，頁165。
〔註124〕黃壽祺、張善文，《周易譯註》，頁140。
〔註125〕漢·班固撰、顏師古注：《漢書》，臺北：鼎文書局，1977年，頁1732。

徵君子能卑下自處，得中和之義，忠恕之情，故具有亨通之德性，使人人尊重景仰，而他的美德，更光明輝煌，必得善終。」〔註126〕又云：「山之高本在地之上，今屈居地之中，有損其高以就滴下，是卑下中含有高貴、高尚，謙虛之象。君子有見於此，了解世人驕傲之心多，卑下之心少，所以君子教導世人把驕傲之心損掉，而謙卑低下之心補之。」〔註127〕李光地云：「地中有山者，山卑則平夷，而如在地中」〔註128〕在《周易》的卦象當中，以地中有山的生動的畫面來引導著人們，要懂得隱藏鋒芒，而且必須處處與眾人廣結善緣，讓自己在群體之中，佔有人和這個優勢。

故而林榮澤云：「謙卦是六十四卦中，唯一六爻皆吉的一卦。因為謙卦講的是謙卑低下的水德，所以能無往不利，處處皆吉。謙可用於涵養生命的高度，低到極處方為高。傳統易經講謙謙君子，白陽易經則言，謙謙為德，意思是修德要從學習謙卑開始，並配合修慈悲仁愛心，達到仁謙並行。當仁謙能並行，就是「藏行其仁」的隱德，足以成就最高的謙德。」〔註129〕在《開設佛堂的真義》中有云：「尤其在態度上，要誠敬謙恭；一個人的言行舉止，是否能感化人，取決於態度和溫度的拿捏是否恰到好處！否則，沒有誠敬的態度，又怎能顯發出道氣？所謂「誠於中，形於外」，內心是否真誠，從外在的言行舉止，都顯露無遺」〔註130〕因為是仙佛所批的訓文，字裡行間都是先佛對白修是的諄諄教誨極深切的期望及勉勵，希望白陽修士「修德要從學習謙卑開始，並配合修慈悲仁愛心，達到仁謙並行。」如此，則不負上天大開普渡之恩德，「家家觀世音，戶戶彌陀佛」，將九六原佛子一起渡化，同登法船，一同將娑婆世界化為蓮花邦國，這才是白陽修士的目標及責任，而這也是筆者花了比較長的篇幅來探討〈謙卦〉的意義及價值。

三、〈家人〉卦

〈家人〉卦是濟巔瘋僧於民國76年歲次丁卯2月9日，在新豐關聖宮所批的訓文（圖4-2-3）。

〔註126〕李易儒，《易經之道》（第二冊），頁153。
〔註127〕李易儒，《易經之道》（第二冊），頁155。
〔註128〕清‧李光地，《周易觀象》，臺北：廣文書局有限公司，1974年，頁129。
〔註129〕林榮澤編著，《白話白陽易經上經》，頁51。
〔註130〕明德編輯部，《開設佛堂的真義》，頁：97。

圖 4-2-3：〈家人〉卦圖〔註131〕

　　身為修道者，不管是行住坐臥之間，都該有一定的規矩及準繩。尤其文章的宣揚道義更是有著深遠的影響。黃庭堅云：「老杜所謂文章千古事得失寸心知」〔註132〕任何的文書著作都要根據本源，而不可以有違心之論，「誠以行事，心無小輕」。而在家中的關係亦是如此，不可以有外表好像親密無間，但是內心卻冷若冰霜，表裡不一的家庭關係讓家庭毫無溫暖。所以，《周易》〈家人〉卦卦辭：「家人，『利女貞』。」」〔註133〕《彖》曰：「家人，女正位乎內，男正位乎外。男女正，天地之大義也。家人有嚴君焉，父母之謂也。父父，子子，兄兄，弟弟，夫夫，婦婦而家道正。正家而天下定矣。」〔註134〕也就是說，家人之間，要互相扶持互相幫助，彼此能互相提攜，男女各守其位其位的話，這樣整個家庭的關係就很和諧。而家人的關係能夠處理好的話，才能夠擴展到天下的安定。《黃敬易經初學義類附觀潮齋詩集校釋》云：「卦之九五、六二，外、內各得其正，故為『家人』。而家人之離，恆起於婦人，故『利』於『女』

〔註131〕林榮澤編著，《白陽易經讀本》，頁155。
〔註132〕清・紀昀、陸錫熊、孫士毅等編輯，《欽定四庫全書》宋・黃庭堅，《山谷內集詩注卷十九》，1787年，頁1。
〔註133〕唐・孔穎達等，《周易正義》，頁318。
〔註134〕唐・孔穎達等，《周易正義》，頁318～319。

之「貞」正焉。女正，則男正可知矣。」〔註135〕又云：「「彖曰：家人」之利
女貞者，以六二有「女」之象，柔順以「正位乎內」；九五有「男」之象，剛
健以「正位乎外，男、女」之各「正」，起細故哉？蓋天以陽而居尊，地以陰
而居卑，定分不易，乃「天、地之大義也」。然必先正內，而后正外，此詞所
以「利女貞」也。且九五以陽主外，父之象；六二以陰主內，母之象，是「家
人有嚴君焉，父母之謂也」。然欲正家，必先正內，不可以見「利女貞」之義
也。然一家之人，豈獨父母？以卦畫推之，上為父，初為子……上、下有序，
內外有別，「而家道正。正家而天下定矣」。」〔註136〕家有嚴君之意，並不是
像酷吏那樣，時刻繃著臉，讓家人害怕。而是做父親的一定要嚴厲，這個嚴厲，
指的是家道之原則，違反了原則及家道，那就要該要嚴厲的指責及教訓，以這
樣的一個嚴厲的家道，先將家中治理的井井有條。所以，父母就是家道的維護
者。「《象》曰：「風自火出，家人。」」〔註137〕《正義》曰：「巽在離外，是風
從火出，火出之初，因風方熾，火既炎盛，還復生風，內外相成，有似家人之
義，故曰風自火出。家人也。」〔註138〕就像游經順所提到：「我們推演其真理，
莫忘了《白陽易經》之初衷，即是給白陽修士指出一條康莊大道，因此，家人
卦更蘊含著，自己當修身養性，精進行道，正己成人，使自性回歸如如不動，
以達自家歸仁，家家歸仁，最後使天下歸仁。……，最後一卦為家人卦，家人
卦卦辭「利女貞」，以坤道應運掌管一家之祥和，俗云「得一賢婦蔭三代」，正
是這個道理。故能實現天下一家，大同世界早日來臨，此非具家人卦之精神來
行持不可。」〔註139〕

李易儒云：

> 家人卦，以人象而言，上巽為長女，下離為中女，象徵女子對上能
> 尊敬長輩，對下能愛護子孫，照顧家庭，家道以立，而利於固守貞
> 正之道，故卦辭所說：「利女貞」之象。若以全卦六爻爻象觀之：九
> 五為剛健中正之君為夫，六二為柔順之德為婦。男在外，女在內，

〔註135〕清‧黃景寅原著，賴貴三校釋，簡逸光主編，《黃敬易經初學義類附觀潮齋詩
　　　　集校釋》，頁226。
〔註136〕清‧黃景寅原著，賴貴三校釋，簡逸光主編，《黃敬易經初學義類附觀潮齋詩
　　　　集校釋》，頁227。
〔註137〕唐‧孔穎達等，《周易正義》，頁319。
〔註138〕唐‧孔穎達等，《周易正義》，頁319。
〔註139〕游經順，〈《白陽易經》編輯詮釋問題與論要〉，頁C1-24。

　　各得其正，則家道立，為家人之象。〔註140〕

在中華文化的傳統的家庭之中，一般而言，通常都是男主外，出去外面工作，同外界打交道。而女人主內，留在家裡主持家務，維持生活的根本。舉凡準備一家人的食物、養育子女、灑掃庭除、孝敬公婆……等。若是「男在外，女在內，各得其正，則家道立，為家人之象。」則一家正。

　　李易儒又云：

　　　若以國家而言，國有聖君，萬民輔助，天下太平。國之本在於家，
　　　家有尊長，人人孝敬，自然能得父慈、子孝、兄友、弟恭、夫婦相
　　　敬如賓，家道以正，推及天下，自然天下太平定也，故曰「正家而
　　　天下定矣！」〔註141〕

這一段就是《禮記・大學》篇中所云「身修而後家齊，家齊而後國治，國治而後天下平。」〔註142〕的認知及體悟。因為家庭原本就是是國家的縮影，能夠把自己的家庭經營好的人，才有可能把國家治理好。而能夠把自己國家治理好的人，也才有可能讓世界充滿和諧，天下太平。簡言之，先將個人問題解決之後，再來解決家庭問題。解決了家庭問題而無後顧之憂後，然後才能處理國家問題。若是國家能夠問題處理好，則天下就太平了。由此可知，家庭對於社會國家的重要。

　　爻辭訓中訓：「☲☴」風火家人

　　　初九：人背信名不達

　　　六二：利快害義

　　　九三：苟其心則害德

　　　六四：小慧害道

　　　九五：心如天地者明

　　　上九：形如繩墨者章〔註143〕

《周易・序卦》云：「夷者傷也。傷於外者，必反於家，故受之以家人。」〔註144〕就像游經順所提到：「家人卦給予的內在精神與外在行動的感召，在人的一生當中佔有極重要地位。家能夠給予溫暖、撫慰、鼓勵、涵養與感動人心，

〔註140〕李易儒，《易經之道》（第三冊），頁25。
〔註141〕李易儒，《易經之道》（第三冊），頁26。
〔註142〕朱熹，《四書集注》，臺北：世界書局，1995年12月初版，頁6。
〔註143〕林榮澤編著，《白陽易經讀本》，頁155。
〔註144〕唐・孔穎達等，《周易正義》，頁695。

亦是內心受創、受傷的療癒所。一個家要健全，必須在綱常倫理實現的前提下，才能真正達到家的功能。」〔註145〕所以說，家人是最支持我們的人，也是我們受到挫折時的避風港。在外面受到挫折及不如意時，許多人第一個想到的就是家人。所以說，家人是讓我們拼搏奮鬥的原動力，更是成就我們的生命，讓我們堅強的最大助力。

首先，《周易》〈家人卦·初九爻〉的爻辭中提到：「閑有家，悔亡。」〔註146〕正義曰：「治家之道，在初即須嚴正立法防閑，若黷亂之後，方始治之，即有悔矣。初九處家人之初，能防閑有家，乃得悔亡，故曰閑有家，悔亡也。」〔註147〕《黃敬易經初學義類附觀潮齋詩集校釋》中亦有云：「「初九」，處有家之始，亦當防閑，以剛陽處之，德能防閑，為能「閑」其「有家」，而「悔」可「亡」」〔註148〕故而，在剛建立自己的家庭時，就要在家中做好防範防止任何不正當的事情發生。如果在一開始的時候，治家不嚴，放任家人各自為所欲為的話，等到家風敗壞，再想要加以管教的時候，勢必積重難返難以收拾，這時將會發生讓自己悔恨的事情。李易儒云：「家人卦初九，陽爻居陽剛之位，得剛正之象。又與六四相應，得其正道。所謂「閑有家，悔亡」閑：防範越出範圍之義。因此聖人有先見之明，體會陽剛正氣威如之吉，治家必威嚴端正，長久保持家道興旺，必須提早防範家道的偏差，以免發生變故。使父子、兄弟、夫婦、長幼有序，男女有別，各守本分，則家道不亂，生活起居有規律，家道以立，而無後悔之事發生，故曰「閑有家，悔亡。」」〔註149〕

故而《白陽易經·家人卦》初九爻爻辭云：「人背信名不達」若是人不守信用，說過的話根本就做不到，則人無信不立，沒有信用的話，人的誠信度就降低了，別人也就不會再相信你了。這和治家時，一開始放任家人各自為所欲為的話，等到家風敗壞，再想要加以管教的時候，勢必積重難返難以收拾的道理是一樣的，都是強調防微杜漸於起始的時候，這樣，就不會發生讓自己悔恨的事情。

再來就是《周易》〈家人卦·六二爻〉的爻辭中提到：「无攸遂，在中饋，

〔註145〕游經順，〈《白陽易經》編輯詮釋問題與論要〉，頁 C1-24。

〔註146〕唐·孔穎達等，《周易正義》，頁 320。

〔註147〕唐·孔穎達等，《周易正義》，頁 320。

〔註148〕清·黃景寅原著，賴貴三校釋，簡逸光主編，《黃敬易經初學義類附觀潮齋詩集校釋》，頁 228。

〔註149〕李易儒，《易經之道》（第三冊），頁 29。

貞吉。」〔註150〕正義曰：「六二履中居位，以陰應陽，盡婦人之義也。婦人之道巽順為常，无所必遂，其所職主，在於家中饋食供祭而已，得婦人之正吉，故曰无攸遂，在中饋，貞吉也。」〔註151〕《黃敬易經初學義類附觀潮齋詩集校釋》中亦有云：「「六二」，柔順中正，女之正位乎內者也，其於，家事一「无」所「攸」專「遂」，而所遂者，惟「在中饋」之事，此六二之貞吉也。占者如之，則男、女各正而「吉」。」〔註152〕李易儒云：「家人卦六二，陰柔居坤之正位，得中正之道，為本卦的成卦主。又處於離明之中，秉坤柔之至德，與上卦九五尊位為正應，而成一陰一陽之謂道。所以六二陰順於外，主動於內，雖動於內，但坤順乾而動，故不自作主張，即无攸遂。所謂「在中饋」中饋：即婦人在家中烹飪饋食之道，意思是說，婦人在家中處理家事，主持善廚之工作，不得委于他人，盡其婦德之道，而得貞吉。」〔註153〕李易儒又云：

> 家人卦☲☴六二爻動，變成小畜卦☴☲。小畜，三、四、五互卦為離，與家人卦本身下卦為離，三、四、五互卦又為離，「五行」為火，「卦意」為烹飪，故有「在中饋」之象。然而小畜卦，有蓄積之象。若能日日蓄積財務，與蓄積功德自然富裕愉快，就變成豫卦（小畜錯為豫）之象。日日增進善功，言出必行，實現道業聖業，又變成履卦（小畜綜為履）之象。〔註154〕

古代的婦女，在家相夫教子，尤其主持「中饋」是一件非常很重要的事。除燒飯煮菜外，舉凡一切的家中事務，都是婦女們的重要工作。而生火煮飯所產生的濃煙從煙囪而出，這不就是「風自火出」之象嗎！此時，孩子在外玩耍後，期待着飽腹的晚餐，而丈夫也由外面正在加快腳步回到家中，遠遠望著炊煙，這不就是「家人」之象嗎？在有限的條件之下，婦人們還要量入為出，「日日蓄積財務」未雨綢繆。由此可知，循規蹈矩主持家中的婦女，她會細心且仔細地注意著每個細節，讓小孩衣食無虞、丈夫無後顧之憂，這樣的話才可以蓄積財富，達到安和樂利的生活。

故而仙佛所批《白陽易經‧家人卦》六二爻：「利快害義」就是希望修道

〔註150〕唐‧孔穎達等，《周易正義》，頁320。
〔註151〕唐‧孔穎達等，《周易正義》，頁321。
〔註152〕清‧黃景寅原著，賴貴三校釋，簡逸光主編，《黃敬易經初學義類附觀潮齋詩集校釋》，頁228。
〔註153〕李易儒，《易經之道》（第三冊），頁30。
〔註154〕李易儒，《易經之道》（第三冊），頁30～31。

人，要謹守著自己的本分，循規蹈矩的做好修持自己身心靈的課業，不要妄想著走捷徑而傷害了自己的道業，「蓄積功德自然富裕愉快」。

《周易》〈家人卦‧九三爻〉的爻辭中提到：「家人嗃嗃，悔厲，吉。婦子嘻嘻，終吝。」〔註155〕正義曰：「嗃嗃，嚴酷之意也。嘻嘻，喜笑之貌也。九三處下體之上，為一家之主，以陽處陽，行剛嚴之政，故家人嗃嗃，雖復嗃嗃傷猛，悔其酷厲，猶保其吉，故曰悔厲，吉。若縱其婦子，慢黷嘻嘻，喜笑而无節，則終有恨辱，故曰婦子嘻嘻終吝也。」〔註156〕《黃敬易經初學義類附觀潮齋詩集校釋》中亦有云：「「九三」，以剛居剛而不中，治家過剛，故有「家人嗃嗃」嚴厲之象。未免有「悔」，而可危「厲」；然家道齊肅，人心祇畏猶「吉」。若始於慈祥，致使「婦子嘻嘻」，則彼雖歡洽，「終」必羞「吝」。」又云：「治家太嚴，則人情不堪，未免眾口嗷嗷。然過寬，則家範不利，如楊貴妃與安祿山，笑話相謔，終必羞吝也。」〔註157〕李明儒云：「家人卦九三，陽剛居離明之上，有過於嚴厲之象。象徵對於家人大聲訓示，難免傷和氣，後悔改過則可，若能行中道之威嚴，即可得吉。婦子嘻嘻是家教失去節度，毫無節制，剛常倫理與家規廢，甚至造成喪家敗德，終有悔吝之事發生，故曰「終吝」。」〔註158〕

李易儒又云：

> 家人卦☲☴九三爻動，變成益卦☳☴。益，二、三、四互卦為坤，「人象」為母；下卦為震，「人象」為長子，合而言之，故有「婦子」之象。然而益卦，有收益之象。若與家人同心協力，認真奮鬥，獲最大收益，甚至恆久不變之志，必變成恆卦（益錯為恆）之象。否則恆心不堅，必招損失，又變成損卦（益綜為損）之象。〔註159〕

第三爻因為是陽爻居陽位，是下卦離卦的最上爻，是很剛烈的，適合執法來捍衛家規。一家人原本就是一個團體，但是，如果有人觸犯家規或者做錯事情，真正要處理起來有時會傷害家人的感情。而家人卦的九三爻，就是要堅持原則及家規，這樣的話，對家庭秩序的長期維持是很重要的。或許執行時會，短期而言似乎很傷感情，但是長期來看的話，卻讓家規順利運行「與家人同心協力，

〔註155〕唐‧孔穎達等，《周易正義》，頁321。

〔註156〕唐‧孔穎達等，《周易正義》，頁321。

〔註157〕清‧黃景寅原著，賴貴三校釋，簡逸光主編，《黃敬易經初學義類附觀潮齋詩集校釋》，頁229。

〔註158〕李易儒，《易經之道》（第三冊），頁32。

〔註159〕李易儒，《易經之道》（第三冊），頁32。

認真奮鬥，獲最大收益，甚至恆久不變之志」如此，不僅不會破壞整體的關係，更能夠讓家人平安順利地發展。

故而《白陽易經·九三爻》云：「苟其心則害德」，心態苟且而不能「與家人同心協力，認真奮鬥」的話，則終將如李明儒所云：「家教失去節度，毫無節制，剛常倫理與家規廢，甚至造成喪家敗德，終有悔吝之事發生」。

《周易》〈家人卦·六四爻〉的爻辭中提到：「富家，大吉。」〔註160〕正義曰：「富謂祿位昌盛也。六四體柔處巽，得位承五，能富其家者也，由其體巽，承尊長，保祿位，吉之大者也，故曰富家大吉。」又云：「〈順在位〉者，所以致大吉，由順承於君，而在臣位，故不見黜奪也。」〔註161〕《象》曰：「富家大吉，順在位也。」〔註162〕《黃敬易經初學義類附觀潮齋詩集校釋》中亦有云：「「六四」，以陰居陰，有致富之資，而在上位，挾致富之勢，能「富」其「家」也。其占，「大吉」乎。」又云：「此爻以柔順居上位，是主家之婦也。有柔順之德，以理家財，故得富家大吉。若牝雞司晨，惟家之索，蠶事休織，則致家亡，益安有吉乎？」〔註163〕李易儒云：「家人卦六四，以柔順之德，居陰柔之位，得其正道。又居巽順之初，與初九為正應。而且能上承九五之尊位，象徵賢慧之婦，保其富有大吉祥之象。有如夫婦和順，父慈子孝，兄弟和睦，得財源廣進，富有大吉之象。故曰「富家，大吉。」」〔註164〕家人卦是離為下卦，巽為上卦。下卦離，為文為智慧，上卦巽為隨順。想富家就該內在有智慧，外在隨緣順喜。而六四爻是陰爻居陰位，這就是所謂的得正位。再來就是六四爻上面有兩個陽爻，呈現陰承陽的爻象，這就是為何說隨順、跟隨之意涵。且六四爻為近君大臣之位，能夠緊跟著主管及領導人，創造對自己有利的條件及環境，這些都是富家的必備條件。

李易儒又云：

> 家人卦☲☴六四爻動，變成同人卦☲☰。同人，「物象」為金、為玉，故有「富家大吉」之象。然而同人卦，有同心同德之象。團結群眾必有組織，故有師長指導，就變成師卦（同人錯為師）之象。有師長

〔註160〕唐·孔穎達等，《周易正義》，頁322。
〔註161〕唐·孔穎達等，《周易正義》，頁322。
〔註162〕唐·孔穎達等，《周易正義》，頁322。
〔註163〕清·黃景寅原著，賴貴三校釋，簡逸光主編，《黃敬易經初學義類附觀潮齋詩集校釋》，頁230。
〔註164〕李易儒，《易經之道》（第三冊），頁33。

的指導，將來事業必定大有發展，大有成就，又變成大有卦（同仁
綜為大有）之象。〔註165〕

從天、地、人三才而言，六四爻上承重陽，也就是說五爻及六爻為天之爻位，
得天時。而六四爻與初爻相和，且初爻處於地之爻位，因此稱之得地利。至於
六四爻本身是處於人的爻位，又得人和。因此說，六四爻具備了天時地利人和。
如此得天時、地利、人和的家庭，當然有「富家大吉」之象。

故而，《白陽易經・六四爻》云：「小慧害道」就要修道人不要用自己的小
聰明來傷害人與人間的道德倫理，應該「內在有智慧，外在隨緣順喜」，展現
「柔順之德，以理家財，故得富家大吉。」《論語・衛靈公十五・第十七章》
子曰：「群居終日，言不及義，好行小慧，難矣哉！」也就是提醒著修道人，
不要整天和說話不講道義，喜歡耍小聰明的小人聚在一起，這樣的話，將會傷
害自己的修持及智慧。

《周易》〈家人卦・九五爻〉的爻辭中提到：「王假有家，勿恤，吉。」〔註
166〕正義曰：「〈王假有家〉者，假，至也。九五履正而應，處尊體巽，是能以
尊貴巽接於物，王至此道，以有其家，故曰王假有家也。〈勿恤吉〉者，居於
尊位，而明於家道，則在下莫不化之矣，不須憂恤而得吉也，故曰勿恤，吉也。」
〔註167〕《黃敬易經初學義類附觀潮齋詩集校釋》中亦有云：「「九五」，剛健中
正，下應六二之柔順中正，為「王假有家」之象。如是則家无不正，「勿」用
憂「恤」，而吉可必矣。」又云：「男正乎外，下應六二，女正位乎內。王者之
家，至于如是，故勿恤而吉。如舜之於英、皇，文王之於后、妃是已。」〔註
168〕李易儒云：「家人卦九五：以剛建中正居尊位，象徵君王勤於國政，並以
身作則能修身、齊家，以光明正大天下自然治理之道。又能與內卦柔順的六二
為正應，各守其正，家道以齊，由此推及天下，萬眾一心，萬邦協和，天下大
治，那還有什麼可憂愁呢？故曰「勿恤，吉」。」〔註169〕

李易儒又云：

家人卦☲☴九五爻動，變成賁卦☲☶。賁，二、三、四互卦為坎，「卦意」

〔註165〕李易儒，《易經之道》（第三冊），頁33～34。

〔註166〕唐・孔穎達等，《周易正義》，頁322。

〔註167〕唐・孔穎達等，《周易正義》，頁323。

〔註168〕清・黃景寅原著，賴貴三校釋，簡逸光主編，《黃敬易經初學義類附觀潮齋詩
集校釋》，頁230。

〔註169〕李易儒，《易經之道》（第三冊），頁35。

為血卦，故家人卦九五已出坎險之外，故有「勿恤」之象。然而賁
卦，有裝飾之象。如果偽裝事實，或掩蔽弊害，就有困難之事發生，
已變成困卦（賁錯為困）之象。最後將受法律制裁，又變成噬嗑卦
（賁綜為噬嗑）的現象了。〔註170〕

九五陽爻在陽位，為上卦的中爻，主剛健，為君位。既然身處君位為一個領導
人，則一定要有感召的能力，可以用人格或理念讓所有人受到感召，使他們各
自都按照自己的本分和職責去做，且還要有說到做到的強大執行力，這樣才會
吉祥如意的，才能離開坎險之外。

　　《周易》〈家人卦‧上九爻〉的爻辭中提到：「有孚威如，終吉。」〔註171〕
《象》曰：「威如之吉，反身之謂也。」〔註172〕《正義》曰：「上九處家人之
終，家道大成，刑于寡妻，以著於外，信行天下，故曰有孚也。威被海內，故
曰威如。威信並立，上得終於家道，而吉從之，故曰有孚威如」，終吉也。」
〔註173〕《黃敬易經初學義類附觀潮齋詩集校釋》中亦有云：「『上九』，以剛有
正家之才，居上為正家之主，在卦之終，又當家道代大成之日。占者必心存誠
而『有孚』，身著儀範而『威如』，則家道可以長久，而『終吉』矣。」〔註174〕
李易儒云：「家人卦上九，陽剛居陰位，處全卦之終。又居巽順之上，象徵著
家業以成就之象。表示治家之道，必須修身、齊家，以誠信為根本，甚至達到
不惡而嚴，不威而敬，天下服矣！方能有始有終，保持永久之吉，故曰『終
吉』。」〔註175〕

　　李易儒又云：

家人卦☲☴上九爻動，變成既濟卦☵☲。既濟，六爻皆當位，而得吉，故
有「終吉」之象。然而既濟卦，有圓滿之象。治家之道，需要同心
協力，同甘共苦，同心一致，達到既濟圓滿之象。否則錯亂不成體
統，就變成未濟卦（既濟錯與綜皆為未濟）之象。〔註176〕

上九爻居於家人卦的最上爻位，所以處於上九爻的最高位必須要有誠信及威

〔註170〕李易儒，《易經之道》（第三冊），頁35。
〔註171〕唐‧孔穎達等，《周易正義》，頁323。
〔註172〕唐‧孔穎達等，《周易正義》，頁323。
〔註173〕唐‧孔穎達等，《周易正義》，頁323。
〔註174〕清‧黃景寅原著，賴貴三校釋，簡逸光主編，《黃敬易經初學義類附觀潮齋詩
　　　　集校釋》，頁231。
〔註175〕李易儒，《易經之道》（第三冊），頁36。
〔註176〕李易儒，《易經之道》（第三冊），頁36～37。

望且必須不負眾望，而這種尊嚴及威信是要通過嚴格要求自己及戰戰兢兢的實行才能夠得到大家的認同的。故而治家不僅要寬嚴有度，而且要恩威並濟且言而有信，這樣子的結果才能夠獲得吉祥。所以才會說：「治家之道，需要同心協力，同甘共苦，同心一致，達到既濟圓滿之象。」也「方能有始有終，保持永久之吉」。

故而，《白陽易經‧九五爻》云：「心如天地者明」和《白陽易經‧九六爻》云：「形如繩墨者章」，藉由漢‧劉向《說苑‧卷一六‧談叢》：「心如天地者明，行如繩墨者章。位高道大者從，事大道小者凶；言疑者無犯，行疑者無從；蠹蝝仆柱梁，蚊虻走牛羊。」〔註177〕所提及的兩句話作為仙佛的訓勉，希望修持者，要讓心胸像天地一樣寬廣，如此眼睛自然明亮不受蒙蔽；而行為就該像墨線一樣正直，如此名聲才會顯著而能起引導的作用。對於說話不老實行為不正當的人要遠離他，因為蛀蟲蝗子及蚊蟲虻蠅雖然小，但卻能讓柱樑倒塌也能讓牛羊受不了而奔逃。故而李易儒所云：「以身作則能修身、齊家，以光明正大天下自然治理之道。」就是《白陽易經‧九五爻》云：「心如天地者明」及《白陽易經‧九六爻》云：「形如繩墨者章」之真實含意。

第三節　小結

仙佛借竅附身於三才「批訓」，且將此「批訓」的內容拿來講解給道親聽，遵循著訓文內容來做修持，一貫道修持當中重要的一環。在民國三十年代，一貫道的前人輩剛剛由大陸來台灣開荒傳道。在當時，彼此語言不通及政府打壓的情況之下，前賢們還是很努力的開荒及捨身辦道，所以，諸天仙佛菩薩的顯化更是重要的。直到民國七十六年，一貫道才被政府核准為合法的宗教，這都要感謝這些不畏艱難的前輩者的真心修持才有這樣的結果。

其中，在《一貫道疑問解答》中所提及的：「由仙佛之靈性，借人色身，神人合一。以木筆沙盤，垂示訓章，宣揚一貫真道，以期醒迷覺世，謂之飛鸞宣化。」揭櫫「仙佛借竅」在一貫道修持當中的重要地位。其中，借竅降壇批訓的次數，韓湘子大仙一次、南屏濟顛一次、孚佑帝君二次、濟公活佛三次、濟顛瘋僧十七次，《白陽易經》的全部內容，就是藉由「三才」的開沙儀式中，

〔註177〕漢‧劉向原著，王瑛、王天海譯注，《說苑》，臺北：臺灣古籍出版社，1996年，頁750～751。

由三位仙佛二十四次臨壇批訓所完成的。

《白陽易經》的序文中提到：

> 如果說伏羲所開展的是「不易」，文王所闡述的是「變易」，那麼先
> 師所推行的便是「簡易」了。雖然繫辭傳明言：「易簡而天下之理
> 得。」然而，這層道理似乎譚莫如深，難以究詰，看似明白，其實
> 不然。這都是因為氣數未至，加上沒有求道得點，迷失本性的緣
> 故！〔註178〕

《周易·繫辭傳》：「乾以易知，坤以簡能。」〔註179〕《注》曰：「天地之道，
不為而善始，不勞而善成，故曰易簡。」〔註180〕《正義》曰：「〈乾以易知〉
者，易謂易畧，无所造為，以此為知，故曰乾以易知也。〈坤以簡能〉者，簡
謂簡省凝靜，不須繁勞，以此為能，故曰坤以簡能也。若於物艱難，則不可以
知，故以易而得知也。若於事繁勞，則不可能也，必簡省而後可能也。」〔註
181〕李一匡云：「易簡一辭，來自繫辭上傳第一章：「乾以易知，坤以簡能。」
蓋以乾為動能，以平易為人所知，坤能化成萬物，較乾簡明。易簡說明乾坤生
成萬物之道。」〔註182〕

　　故而仙佛在批訓時，陽爻為每一爻辭為六個字，陰爻的爻辭為四個字。
「白陽八卦」「中」字訓中，希望世界最後達到「風調濟雨順大同樂綿綿」的
大同世界。〈洛書〉訓中訓「陽九陰六數原靈」所代表的就是天地之間的眾生
原靈，就是一貫道所說的三曹普渡，等待第三次白陽法期的龍華科期收圓。〈河
圖〉訓中訓勉勵修道人，能藉由去除妄想將萬緣放下，當下能夠頓脫妄想，實
見本性，最後能夠證得自己的如來智慧德相，也就是明心見性之後，達到佛的
完美境界。在〈乾卦〉訓文中提到「龍行乾德自行健，至德明心悟道近」，勉
勵著白修士能夠「至德明心」，去除妄想將萬緣放下，則離體悟大道的真諦的
日子就不遠了。李光地云：「地中有山者，山卑則平夷，而如在地中」〔註183〕
故而，「謙卦」之象是地下有山，在《周易》的卦象當中，以地中有山的生動
的畫面來引導著人們，要懂得隱藏鋒芒，而且必須處處與眾人廣結善緣，讓自

〔註178〕林榮澤編著，《白陽易經讀本》，頁6。
〔註179〕唐·孔穎達等，《周易正義》，頁530。
〔註180〕唐·孔穎達等，《周易正義》，頁531。
〔註181〕唐·孔穎達等，《周易正義》，頁531。
〔註182〕李一匡，《易經解譯》，臺北：維新書局，1997年，頁1。
〔註183〕清·李光地，《周易觀象》，臺北：廣文書局有限公司，1974年，頁129。

己在群體之中，佔有人和這個優勢。游經順云：「家人卦給予的內在精神與外在行動的感召，在人的一生當中佔有極重要地位。家能夠給予溫暖、撫慰、鼓勵、涵養與感動人心，亦是內心受創、受傷的療癒所。一個家要健全，必須在綱常倫理實現的前提下，才能真正達到家的功能。」

第五章 《周易》思想於一貫道場之實踐

王覺一在《大學解》中提及的〈河圖之數〉的方位與五行火、水、木、金、土及禮、智、仁、義、信之結合及因果關係，在各大道場中不斷得闡述及宣導著。其中所分析的「理、氣、象」三界理論，更是「一貫道」的基本論述的來源，也建構出理天、氣天、象天的修行依歸，尤其提到所謂的「正法」及「末法」時期更是道親在渡人求道時的論述基礎。其中所提到的「儒能成聖，釋能成佛，道能成仙」也成為一貫道「五教同源」、「平收萬教」及「萬教歸一」的論述法門。

自民國十九年起，為了整飭道場且順應大開普渡的因緣，張天然師尊於民國二十八年（1939）特頒訂《暫訂佛規》一書，內容分為六大類別，目的就是為了讓古聖先王之道不致偏差。道中一切的佛規，盡量簡單明瞭，使得修辦者方便身體力行，將禮節融入日常生活。各種的儀式的意義、操作及核心精神皆有充分闡釋，是目前道場佛規的主要依據。而隱藏在其中的《易》學精神，就是本篇論文的重點，目的就是要探討兩位祖師隱含在禮節中的《易》學精神及修辦精神由此篇論文中，完整呈現。

《禮記・中庸・二十章》云：「親親之殺，尊賢之等，禮所生也。」〔註

〔註 1〕毛子水，《四書今註今譯》，臺北：商務書局，1995 年，頁 35。

1）整個社會若是能夠各盡所能、人盡其才，則整個社會就是有禮之社會。尊敬賢德，需將尊卑、親疏、貴賤分明，「親」、「尊」秩序井然，此乃「禮節」根源。〔註2〕一貫道一切的教化、正法、活動，都是由後天轉達先天，實踐〈道之宗旨〉，契合「佛規禮節」，以達到《周易・說卦》：「和順於道德，而禮於義。窮理盡性，以至於命。」〔註3〕的境界。「禮」的實踐，講求「時、順、體、宜、稱」，與「多少、大小、高下、文素」等差異。推行「禮儀」，勿膠著於鼓瑟、玉帛，隨時空轉移，因時、因地、因人制宜，逐漸進化、趨向世界大同。〔註4〕返回天心、開啟自己的佛性，此乃修道之最關鍵之處。當全天下之人，都能克制情慾，合乎天道仁德的話，則人人都能回復古禮，彼此以禮相待，讓世界成為富而好禮的大同世界。故而本章分成第一節：佛堂擺設。第二節：「一貫道禮節中的易學思想」。第三節：「小結」來探討其中的《易》學思想。

第一節　佛堂擺設

一貫道佛堂擺設的內容與方式，「就實質意義言，有象徵宇宙生成及體用之秩序。另就有形方面說，佛堂的主要擺設有八寶：上桌、下桌、三盞佛燈、八卦爐、兩個檀香罐，另有其他寶物，皆各具殊勝意義。」〔註5〕以下分成幾點來探討：

一、佛桌

佛桌分為上桌及下桌，「上桌：是置放無極老母燈，亦稱佛燈、中燈、無極燈；及佛尊雕像、光明燈、花瓶等。又名佛桌。下桌：是置放八卦爐、檀香罐、兩儀燈，及擺供果用。也稱供桌。」上桌代表天，下桌代表為地。而人在拜墊以誠敬的心跪拜在佛前，獻上清香素果，以禮敬明明上帝及諸天先佛，天、地、人三才完備，合稱為一條金線。佛堂之擺設如圖5-1-1所示：

〔註2〕詹長順，《中庸心法通論》，高雄：合信印經，1998年，頁197。

〔註3〕唐・孔穎達等，《周易正義》，臺北：新文豐出版公司《十三經注疏》，2001年，頁669。

〔註4〕許淑華，〈從《禮記》、〈禮運〉、〈禮器〉、〈郊特牲〉探討先秦儒家制禮的原理〉，《興大中文研究生論文集》第三輯，頁33。

〔註5〕明德編輯部編輯，《開設佛堂的意義》，新北：明德出版社，2014年，頁10。

圖 5-1-1：佛堂之擺設圖片〔註6〕

　　《周易・繫辭下》云：「易之為書也，廣大悉備。有天道焉，有人道焉，有地道焉。兼三材而兩之，故六。六者非它也，三材之道也。」〔註7〕說卦云：「昔者聖人之作易也，將以順性命之理。是以立天之道，曰陰與陽。立地之道，曰柔與剛。立人之道，曰仁與義，兼三才而兩之，故易六化而成卦。」〔註8〕而「三才」，是一貫道在扶鸞（又稱飛鸞、開沙、扶箕、扶乩）儀式中的三種角色，他們將仙佛或亡魂所要表達的訊息，透過儀式所用的鸞筆和沙盤傳達出

_____

〔註6〕三峽靈隱寺祖師祠照片，住址：新北市三峽區竹崙里紫微南路 11 號。
〔註7〕唐・孔穎達等，《周易正義》，頁 670～671。
〔註8〕唐・孔穎達等，《周易正義》，頁 655。

來。「扶乩」的三才叫「天才」，抄寫的叫「地才」，報字的叫「人才」，合稱「三才」。一貫道的訓文，都是由仙佛藉「三才」之開沙過程中，仙佛的「結緣訓」就是仙佛或仙佛帶已歸空的靈來佛堂跟大家結緣說話，藉著天、地、人，三才開沙，就是天才閉目橫書，用木筆在沙盤快速橫寫草書，即寫出來的字是給所有坐著的班員看的，不是常人能做到的；而人才在這時候報出所寫的字再推沙，最後再由地才執毛筆快速地寫所報的字，三人同時完成開沙這一件事，一字不差的方式來現身說法。

二、燈

「上桌中間的燈，稱為「中燈」：代表明明上帝、無極老中、真理、大道，是「理天」的象徵。下中兩旁的燈，稱為「兩儀燈」，又稱為「日月燈」；代表陰陽兩儀，是「氣天」的象徵。」〔註9〕「燈座」於《易經》為「艮卦」，象徵著「山」或鼻樑的凹陷處「山根」，在一貫道中稱為「玄關」或「谷神」，是人體能量發源地，統領全身精氣神。修行之人，對於現在所發生的事情，就應該當止則止，不失去其時機而謹慎本分。要有主見且勿盲從他人，聽取別人的忠言逆耳，不要失去時機而吃虧在眼前。如果當止不止，就會反受其災禍，造成內心煩躁不安而舉棋不定。所以，自我約束再量力而行，讓自己能夠進退合時宜，靜待正確的時機，自然能辦事穩妥。故而《周易・艮卦》：「《彖》曰：艮，止也，時止則止，時行則行，動靜不失其時，其道光明。艮其止，止其所也。上下敵應，不相與也，是以不獲其身。行其庭不見其人，无咎也。」〔註10〕

下桌兩側的「燈」，稱為「兩儀燈」，代表著日、月或是陰陽兩儀。太極為道之本體，陰陽為道之使用。而孤陽不立，孤陰不生，宇宙萬物的生成之道，就在於陰陽交會之時。大自然萬物之生成要素，係由陰陽所構成。而原本陰陽二元素，明潔純淨，故無不善。這種純然不雜之氣，所化合而成的生命元素，當然就會承繼著原本之純善。《易經・繫辭上》云：「一陰一陽之為道，繼之者善也，成之者性也，仁者見之謂之仁，知者見之為之知。百姓日用而不知，故君子之道顯矣。」〔註11〕因此，代表著無極的佛燈或稱為「中燈」，其象徵的

〔註 9〕明德編輯部編輯，《開設佛堂的意義》，頁 11。
〔註10〕唐・孔穎達等，《周易正義》，頁 435。
〔註11〕唐・孔穎達等，《周易正義》，頁 551～552。

意義就是代表無極及生育萬有萬物的本體，因其無形無相凡人無法得見，故以一盞燈明作為表徵。而在供桌兩旁各有一盞燭台，左邊為「乾」道，右邊代表「坤」道，象徵陰、陽兩儀表徵著萬物生起之「相」，因萬物均緣起於兩儀演化而來，凡人亦無法得知其玄奧，故以兩盞燈明表徵，也代表著男、女有別的禮儀。

若是「中燈」代表著無極，則兩儀燈則帶表著「太極生兩儀」，也就是大道之用，陰陽流行。一貫道道親點燈時，必須先點中央「燈」，再點左側「日燈」，最後點右側「月燈」，表徵無極生太極、太極生兩儀之義，也就是「一本散萬殊」之意。而在佛桌前，通常沒有「辦道」時，放著三個拜墊，由「中燈」、「兩儀燈」到「三個拜墊」，符合《老子道德經》第四十二章所言：「道生一，一生二，二生三，三生萬物。」林安梧云：

> 若以數學式比喻之，此正如「二」之「〇」次方，故其為「一」也。以此類推之「二」之「一」次方，則其為「二」也。「二」之「二」次方，則其為「四」也。「二」之「三」次方，則其為「八」也。由「〇」而「一」，而「二」，而「三」，此是「道生一」、「一生二」、「二生三」之謂也。由「一」，而「二」，而「四」，而「八」，此是「太極生兩儀」、「兩儀生四象」、「四象生八卦」之謂也。〔註12〕

劉笑敢云：「道生一，一生二，二生三，三生萬物」就是老子對世界萬物生發演化過程所作的理論假說的抽象化、模式化表述，反映世界有一共同的起始點，即共同的根源，這個共同的起始階段或最初狀態無法描述，也無法命名，只是勉強，姑且稱之為道，從這個道所指代的那個階段或狀態逐步演化出宇宙最簡單的存在形式，以後，從單一到繁多，從簡樸到複雜，從渾淪到具體，逐步出現了我們所能看到的大千世界。」〔註13〕以「道生一，一生二，二生三，三生萬物」與「太極生兩儀，兩儀生四象，四象生八卦，八卦定吉凶」，此本一體之兩面，彼此有相通之處。「中燈」就代表著純然至善的真如佛性，每一次點傳師傳道時，代理明師以傳香從。「中燈」指引下一條金線，口中唸著「當前即是真陽關」突破生死竅，自此點燃內在光明的心燈。而拿香從「中燈」引火下來，繞一圈道求道者的玄關竅前之後，再從求道者的玄關竅前，

〔註12〕見林安梧，《道的錯置：中國政治思想的根本困結》，臺北：臺灣學生書局，2003 年，頁 12。
〔註13〕劉笑敢，《老子古今》，北京：中國社會科學出版社，2016 年，頁 439。

再繞一圈，回到「毌燈」，代表著靈性由清淨無染的理天佛境來到人間之後，藉由在人世間的修持，排除各種逆境的考驗之後，找回清靜無為的原來佛性，再回到理天佛境當中逍遙自在。由點燃「毌燈」開始，「毌燈」象徵著「先天乾卦」，就是《易經》〈天火・同人卦〉義理。乾為天，離為火，天在上，而火性向上，兩者聲氣相通，於是形成「同人」卦。《皇毌家書》云：「呼吸調順先天氣（炁），涵養本來一點真；此是還源一明路，不修難見老娘親。」〔註14〕辦道完或禮拜叩首完畢時，得將佛燈送熄，首先送「月燈」，再送「日燈」，最後送「毌燈」即是「萬殊歸一本」之意。這就是「一本散萬殊，萬殊皈一本」的修持之路。

　　《達摩寶傳》達摩祖師云：

> 〈乾〉為天、〈坤〉為地，在先天之時，天位於上、地位於下，一離母腹後，臍帶一鬆，一聲啼哭，四相打開，〈乾〉、〈坤〉顛倒，〈乾〉失中陽爻而為〈離〉，離者離也，離了先天家鄉，何日返本？坤得〈乾〉中陽爻而為〈坎〉，坎者陷，一點真陽、陷於後天丹田，不得還原。博厚者，重濁之氣。將離火中之真陰，運送於坎，換出陽，凝結真陰，而為〈坤〉地，極其博厚。高明者，輕清之氣，將〈坎〉水之真陽，吸升於〈離〉，換出真陰，兩者結合為〈乾〉天，極其高明，配天、配地，天地定位，還本還原。天是性之王，地是命之賓，人能常清靜，天地悉皆歸，煉得陰陽合於一，不為天地造化奪，天地不能拘束我，那怕十殿老閻君，打開四方靈山路，逍遙自在古觀音，有人識得造化理，便是靈山會上人。〔註15〕

也就是說，若能將修持「煉得陰陽合於一」，也就是回到「無極」不分陰陽，則「天地不能拘束我，那怕十殿老閻君，打開四方靈山路，逍遙自在古觀音，有人識得造化理，便是靈山會上人。」也就是，一貫道在辦道時，上執禮在焚表時唸道：「從今已脫離閻君關係，不在閻君管界」〔註16〕要好好地存好心、說好話、做好事、就好人，努力修持，將來才可以功圓果滿，「便是靈山會上人」。

〔註14〕陳建良編輯，《無生老・五書彙集》，臺北：正一善書，2012 年，頁 36。
〔註15〕林立仁編，《達摩寶傳》，臺北：正一善書，2012 年，頁 37 至 38。
〔註16〕三峽靈隱寺印贈，《暫定禮節簿》，新北：天道之光出版社，1998 年，頁 16。

三、供茶

「即屮燈兩旁所供奉一清一濁的茶水，及佛像前的茶水。屮燈左邊為上清供茶，右邊為下濁供茶。輕者，代表天，為乾；濁者，代表地，為坤。上清下濁兩杯，亦稱「陰陽水」，象徵一陰一陽之謂道，是言大道的初化體用。」〔註17〕疏曰：「天乃積諸陽氣而成天」〔註18〕《周易·文言》曰：「乾始能以美利利天下，不言所利，大矣哉！大哉乾乎，剛健中正，純粹精也。六爻發揮，旁通情也。時乘六龍，以御天也。雲行雨施，天下平也。」〔註19〕《周易·乾象》曰：「天行健，君子以自強不息。」〔註20〕《文言》曰：「《坤》至柔而動也剛，至靜而德方，後得主而有常，含萬物而化光。坤道其順乎，承天而時行。……陰雖有美含之，以從王事，弗敢成也。地道也，妻道也，臣道也。」〔註21〕「乾」代表著「時乘六龍，以御天也。雲行雨施，天下平也。」而「坤」代表著「其順乎，承天而時行。」所謂「氣清上升為天，氣濁下凝為地」，故上清下濁代表天地位列的呈現，也顯現天地剛柔相摩、生化萬物的內涵。故而「屮燈」兩旁的供茶，左邊為清開水，右邊為放茶葉的茶水，代表著左邊上清有乾卦六龍御天之德，右邊下濁有坤卦順天時行之涵養，亦代表一剛一柔相互激盪，使心念達至中和的狀態。也提醒著修道之人，當內心散亂時，要以智慧來警醒自己；當有我執或法執之時，要以清靜無為之法破之；當我們犯諸惡時，要以諸善補之；當我們心中起貪、瞋、痴三毒之時，要以佈施、持戒、忍辱來化解之。這都是陰陽、清濁、剛柔之間的調整及體悟，使我們的心念能達到中和之道，這也就是修道的功夫。

四、佛聯

「屮燈後上方中央的牆上，一般供奉仙佛菩薩的「畫像」，或「明明上帝」的全名：「明明上帝、無量清虛、至尊至聖、三界十方、萬靈真宰」。如圖5-1-2：

〔註17〕明德編輯部編輯，《開設佛堂的意義》，頁12。
〔註18〕唐·孔穎達等，《周易正義》，頁17。
〔註19〕唐·孔穎達等，《周易正義》，頁50。
〔註20〕唐·孔穎達等，《周易正義》，頁31。
〔註21〕唐·孔穎達等，《周易正義》，頁67。

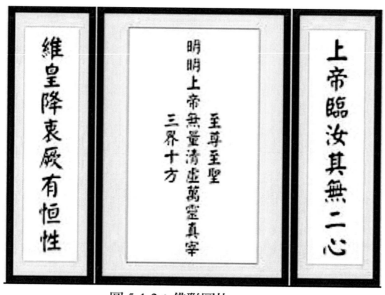

圖 5-1-2：佛聯圖片〔註22〕

「明明上帝」象徵大道乃無形無相，其本源是不生不滅的一團虛靈：先天地而有，是生天生地生萬物的根源，是諸行萬類的總主宰、總樞紐、總根源，故又稱「老中、無生老中、無極老中、上帝、無皇上帝、明明上帝、道。」〔註23〕「一貫道」的主神思想，是由儒、釋、道而來。「老母」在儒則稱「維皇上帝」《尚書・湯誥》：「惟皇上帝，降衷於下民。若有恆性，克綏厥猷惟後」〔註24〕；在釋則稱「西天古佛」；在道則稱「無量清虛」，《文子・自然》也以老子的名義說：「老子曰：清虛者，天之明也，無為者，治之常也。」〔註25〕而什麼叫做三界呢？上至天為上界天曹，下至地為下界地曹，而世間中界為人曹，通稱三曹，也就是天、地、人三界。而什麼叫做十方呢？東、西、南、北為四正方，加上東北、東南、西北、西南四隅方共八方而為八卦再加上，上、下兩方共稱為十方。也就是這二十個字的稱號，實在是已經包含了整個宇宙的空間，並且無限量的向外繼續延伸。其中隱含著大道大開普渡，要渡盡天、地、人三曹的慈悲宏願。一貫道認為「老母」是創造的主宰，其道徒最終的歸向是「認母歸根」，常住「無極理天」，而除了自己要修到功圓果滿之外，更是連陰界的幽冥鬼魂，氣天界的眾神祇一起得道，脫離陰陽五行的束縛限制。

〔註22〕三峽林隱寺無極宮照片，住址：新北市三峽區竹崙里紫微南路 11 號。
〔註23〕明德編輯部編輯，《開設佛堂的意義》，頁 12〜13。
〔註24〕唐・孔穎達，《尚書正義》，北京：北京大學出版社，2000 年，第 238 頁。
〔註25〕王利器，《文子疏義》，北京：中華書局，2000 年，第 344 頁。

五、供果

「指獻在下桌的供品。一般以五盤為一供，每供各奉不同水果或供品，象徵金木水火土之五行；就合理數言，五是陽數，為五行之中央戊己土，有「生生不息」之意。」〔註26〕《修真後辨》中有云：「天之五行，天之陰陽所化，金木水火土各有陰陽之氣。……地之五行，地之剛柔所化，金木水火土亦各具有剛柔之氣。……五行有相生之道，金生水，水生木，木生火，火生土，土生金；又有相剋之道，金剋木，木剋土，土剋水，水剋火，火剋金。」〔註27〕也就說，五行歸於五方，五位相得而相合，萬物自然群分而成長茁壯，天地萬物自然運行於五行之中的道理。五行相生，確定了事物發展的原動力和可能性；五行的相剋，成就了事物發展的控制力和協調性。事物之間這種相生相剋的五行關係，彼此之間相輔相成，互為表用。這樣的互動及彼此的控制力，維持著事物的不斷生長、變化和發展。每個人都存有金、木、水、火、土這五種之性，但是，因為各種因素例如性情變化的影響下，而會偏向於其中之一種或數種特性。而修行，就是先要把此五行之陰性去除，將純陽性留下，讓自己可以超出水土之物相，那麼就可以達到如來清淨法身之境界。

五行的運轉，順則相生，人與人之間會遵循仁、義、禮、智、信會五常德，成就自己的德性，互相扶持成就彼此。逆則相剋，人與人之間會有固執死板、心量狹窄、好生悶氣、急躁爭理、殘忍嫉妒、虛假好辯的性情，互相妨礙產生對立。嚴重時甚至會自身五行走陰，則自傷五臟。怒人傷肝，怨人傷脾，煩人傷腎，恨人傷心，惱人傷肺，以至產生各種病象。故而在獻供之時，能夠參悟人間真理，將仁、義、禮、智、信的基本法則體悟，認識人之根本源頭，身體力行的修持，如此，才能與道相同，與法相應。就像寧伊人、常醉山人所提到：「五行化為五常之德，自然流露無邊之妙智慧，當下頓悟本來面目，氣入大自然之無極本體；此時性心身一貫，而萬物皆備於我矣！」此時的真我與萬物融為一體，當下達到無來無去無惱無憂之無極清淨之地。

六、八卦爐

「代表萬物的造化，是「象天」的象徵。」〔註28〕一般佛堂中，在下桌會

〔註26〕明德編輯部編輯，《開設佛堂的意義》，頁 13～14。
〔註27〕清‧劉一明，《修真後辨》，北京：中國中醫藥出版社（據常郡護國庵本，並以上海翼化堂本校勘補缺），1990 年，頁 28～30。
〔註28〕明德編輯部編輯，《開設佛堂的意義》，頁 14。

放的八卦爐，八卦爐的爐外圍，會有「伏羲八卦」的圖像。因為一貫道強調的
是所傳的道是先天大道，所開設的佛堂是先天佛堂，所以八卦爐會有「先天八
卦」。其中，「八卦爐」在中間，旁邊有「兩儀燈」左陽右陰（日月），而圖像
就是一個先天八卦圖形的呈現，如圖 5-1-3。

圖 5-1-3：家庭佛堂圖片〔註 29〕

所以佛堂的八卦爐外的八卦圖形，要把一卦〈乾卦〉（☰）向前面仙佛方
向，而我們所看到的方向是第八卦〈坤卦〉（☷）這樣的擺放，才是先天八卦
正確位置，因為「明明上帝」及仙佛在先天無極理天，所以〈乾卦〉（☰）向
前，而人位居天地之間，故而第八卦〈坤卦〉（☷）對著眾生，這才符合一貫
道先天佛堂的精神，如圖 5-1-4。

圖 5-1-4：八卦爐圖片〔註 30〕

〔註 29〕新北市蘆洲區黃氏佛堂照片。
〔註 30〕新北市蘆洲區黃氏佛堂照片。

從仙佛佛像的方向往外看，八卦爐的右邊之兩儀燈對著離卦（☲），左邊之兩儀燈對著坎卦（☵），家庭佛堂早上及晚上各獻九柱香，日常生活中，是故，張氏在《一貫道脈圖解》中，對〈伏羲八卦圖〉有這樣的解釋：「伏羲聖人，定其方位，知其吉凶，觀天之道，執天之行，故畫卦之後，人倫於是而立焉。」將大自然中的天「☰」、地「☷」、日「☲」、月「☵」、山「☶」、澤「☱」、雷「☳」、風「☴」之象，定出其方位，然後在其中知道其吉凶、悔吝之情狀，然後和天道之運行契合，配合天道來做運化。將其中所蘊含之陰陽消長，順逆交錯，相反相成的大自然生成之理，融入大自然生成之理，來推斷解釋周遭的一切事物。而人倫剛常自然孕育其中，將無極之真理實踐於人倫剛常之中。八卦之間彼此錯綜，代表著萬物生生不息之理，皇極象也，無極生太極、生兩儀、生四象、生八卦，萬物因此綿綿不絕而生。所以，八卦爐在一貫道中的佛堂中，代表著一切萬物，均由老申化身出來，生生不息地承載無盡的妙用。

七、拜墊

有三只、六只（如圖 5-1-5）、九只，多至數十只、百只，有萬物衍生變化之意。《彌勒救苦真經》云：「每日志心常持念，三災八難不來侵，要想成佛勤禮拜，常持聰明智慧心。」〔註31〕在叩首的時候，除了意念清靜之外，心神必須集中且發菩提心，無人我對待之分別。此時掃除心中妄想，刪除不潔念頭。叩首時的形象就如胎兒一樣，此時懷著赤子之心，用心去體悟感受，此時與上天老申最為接近。因為在叩首的時候，信眾們以主敬存誠的心，有眾生歸根復命之意義，禮敬老申及諸天仙佛，象徵謙下及厚實之精神。在修持的路上，藉肉體有形之叩首，體悟無形靈性的自性本體，感恩天地，懺悔過往罪業，誠心誠意認真修辦，恢復原有的赤子之心，以人與道合一，與彌勒祖師同在。外在的威儀能調攝修道者的行為舉止，再藉由外在的威儀讓自己進止有方，由外而內端正教化自己的內心。因此一位修道者的外在姿態及內在涵養，在行立坐臥、言談舉止中皆可表露無遺。故而，一個人在叩首的時候，應打從內心專注於叩首，讓自己的靈和上天契合，這時，內心的謙卑及崇敬上天的心油然而生，此時才是謙卑所擁有的力量，叩首才更有意義。

〔註31〕明德出版社出版，《彌勒救苦真經》，新北：明德出版社，2013 年，頁 3。

圖 5-1-5：佛堂前拜墊〔註32〕

第二節　一貫道禮節中的易學思想

　　自民國十九年起，一貫道應大開普渡之因緣，師尊張天然於民國二十八年（1939）頒訂《暫訂佛規》一書，內容分為六大類別，將禮節融入道親的日常生活當中。《暫訂佛規》一書將道中的一切佛規禮節，以簡單明瞭的方式記載，目的是使修行者在平時的行、住、坐、臥間方便身體力行。其中，從早晚獻香、獻供、辦道、超拔、拜年……等禮節及儀式的意義、操作及核心精神皆有充分闡釋，是目前一貫道的道場當中，佛規禮節的主要依據。其中的《易》學思想更是隱含在佛規禮節當中，這也是研究者研究的主要原因之一。

一、「乾道」與「坤道」

　　《周易》的第一卦「乾卦」說明了人們的行為要效法大自然的運行法則體悟出由無到有的、由盈到虧的規則，再把握正確的時機判斷出正確的進退存亡之時機。全卦以「龍」為意象，剛健為德性；龍是古代神話中的一種聖獸，善

〔註32〕三峽靈隱寺濟公殿拜墊，住址：新北市三峽區竹崙里紫微南路 11 號。

於變化。乾卦六爻中的龍因為不同的時機而各有不同的形態，有如君子能因時而變，在不同的時機有不同的做為。而第二卦「坤卦」象地，效法並承順天道，廣博的大地，德厚無所不承載，象徵著包容、博愛及廣生。和乾德之剛健而時變比較起來，坤德為柔順而堅貞。孔子在《繫辭上傳》第一章說：「乾道成男，坤道成女，乾知大始，坤作成物。乾以易知，坤以簡能。」〔註33〕周敦頤云：「無極之真，二五之精，妙合而凝。乾道成男，坤道成女。二氣交感，化生萬物。萬物生生而變化無窮焉。」〔註34〕《周易．說卦傳》：「乾為天，……為君、為父……坤為地，為母」〔註35〕北海老人云：「周子曰：「無極之真，二五之精，妙合而凝，乾道成男，坤道成女」，此性之所自來，人之所由生也。」〔註36〕〈乾卦・初九爻〉的爻辭中提到：「潛龍勿用。」〔註37〕《李鼎祚周易集解》中有提到：「潛，隱也，龍下隱地潛德不彰，是以君子韜光待時，未成其行，故曰勿用。」〔註38〕〈乾卦〉初九爻是指人和事變化的初級階段，處於不確定不清晰狀態，就像是潛藏的龍，切勿有任何作為。〈乾卦・九二爻〉的爻辭中提到：「見龍在田，利見大人。」〔註39〕《周易・文言》中提到：「九二曰：『見龍在田，利見大人。』何謂也？子曰：『龍德而正中者也。庸言之信，庸行之謹，閑邪存其誠，善世而不伐，德博而化，易曰：見龍在田，利見大人，君德也。』」〔註40〕傅佩榮云：「九二爻辭說，『龍出現在地上，適宜見到大人』，這是什麼意思？孔子說：『這是指具有龍的德行而處於正中位置的人。平常說話都能守信，平常做事都能謹慎，防範邪惡以保持內心的真誠，為善於世而不誇耀，德行廣被而感化世人。』《易經》說：『龍出現在地上，適宜見到大人』，這是君主的德行啊！」〔註41〕做好自己，靜靜等待時機，將基本功練得扎實，一旦時機到來，才可以把握機會一飛衝天。

〔註33〕唐・孔穎達等，《周易正義》，臺北：新文豐出版公司《十三經注疏》，2001 年，頁 530～531。

〔註34〕宋・周敦頤，陳克明點校，《周敦頤集》卷一，北京：中華書局，1990 年，頁 3～5。

〔註35〕唐・孔穎達等，《周易正義》，頁 678～679。

〔註36〕清・十五代祖師北海老人原著，《理數和解》，頁 10。

〔註37〕唐・孔穎達等，《周易正義》，頁 17。

〔註38〕唐・李鼎祚輯，《周易集解》，頁 1。

〔註39〕唐・孔穎達等，《周易正義》，頁 19。

〔註40〕唐・孔穎達等，《周易正義》，頁 39。

〔註41〕傅佩榮，《傅佩榮談《易經》》，臺北：天下文化，2011 年，頁 52。

〈乾卦・九三爻〉的爻辭中提到：「君子終日乾乾，夕惕若厲，无咎。」
〔註42〕在林益勝的《周易乾卦原始本義試探》中提到：「於西周，九三屬於
「卿」之位，居決策與執行之關鍵位置，司上級決策之推動與執行情形之反
映，乃承上啟下之中間領導人，負安撫、鼓舞、承擔、潤滑之重任，宜日月
自我堅強時懷憂懼，如此雖欲災厄，亦不致發生差錯。」〔註43〕當具備智慧
與德行的君子，就必須時刻奮發，努力不懈，日夜警惕，不休不止地致力於
德業的完成，謹慎小心，才能避免過失與災難。君子為了要當承上啟下之中
間領導人的角色，必須要自我加強本質學能，如此才有能力成為一個好的溝
通者。〈乾卦・九四爻〉的爻辭中提到：「或躍在淵，无咎。」〔註44〕在林益
勝的《周易乾卦原始本義試探》中提到：「九四爻於周為諸侯之位，親近於王，
居其位則如龍之或躍而現其才，或潛而隱其能，皆無過咎。蓋居機要幕僚之
位，如周公之於成王，用則現，不用則晦而藏之。」〔註45〕《繫辭》中指出
「四多懼」〔註46〕，因為四爻離象徵君主之尊的五爻太近，離君位（當權者）
近者，必得恭敬謹懼。如果有九三爻「終日乾乾，夕惕若」的心理素質，那
麼九四爻的進退，就都「无咎」了。〈乾卦・九五爻〉的爻辭中提到：「飛龍
在天，利見大人。」〔註47〕康全誠、張忠智《論李光地釋《易》的方法》中
提到：「九五爻即陽居陽位，君中得正，居尊而有「中庸之德」之君王之位，
故九五爻應為〈乾〉之主卦。」〔註48〕《乾》卦的九五爻所說的情況就是經
過不斷的努力，大人物已經像龍一樣飛上雲天，得到應有的高度，登上了九
五之正位。九五代表陽升而在上，以飛天成功的龍來象徵，所以釋以「飛龍
在天」。「九五」有聖人之德，居聖人之位，如「飛龍」居於天，居高處尊，
聖人為天下所利見。所以在《周易・正義》曰：「言九五陽氣勝於天，故云：
飛龍在天。」〔註49〕第五爻為六爻中最為尊貴的位置，故有「九五之尊」的
成語。因為陽九居於五位，也是「天下」的君位，所以說「在天」，比喻君子

〔註42〕唐・孔穎達等，《周易正義》，頁22。

〔註43〕林益勝，《周易乾卦原始本義試探》，空大人文學報第三期，2003年，頁79。

〔註44〕唐・孔穎達等，《周易正義》，頁23。

〔註45〕林益勝，《周易乾卦原始本義試探》，頁80。

〔註46〕唐・孔穎達等，《周易正義》，頁653。

〔註47〕唐・孔穎達等，《周易正義》，頁25。

〔註48〕康全誠、張忠智，《論李光地釋《易》的方法》，應用倫理教學與研究學刊，第
　　　　七卷第一期，2012年，頁13。

〔註49〕唐・孔穎達等，《周易正義》，頁25。

以極高的才能而身居尊位。〈乾卦‧上九爻〉的爻辭中提到:「亢龍有悔。」
〔註50〕《周易正義》曰:「以人事言之,似聖人有龍德,上居天位,九而亢
極,物極必反,故有悔也。……但聖人至極,終始無虧,故《文言》云:「知
進退存亡而不失其正者,其唯聖人乎?」是知大聖之人,本無此悔。但九五
天位,有大聖而居者,亦有非大聖而居者,不能不有驕亢,故聖人設法以戒
之也。」〔註51〕五位是飛龍在天,已至尊位,而上位則過高,反而有危險。
一條乘雲升高的龍,它升到了最高亢、最極端的地方,四顧茫然,既無再上
進的位置,又不能下降,所以它反而有了憂鬱悔悶了。

　　張天然,一貫道稱之為師尊,曾經說:「應當人人正心修身,克己復禮,
處事和平,出入廉潔,方不負為我教之信徒。以達到己立立人,己達達人之義。
即令有一二不肖之徒,亦當互相勉勵,以期能真正改過。倘若還是執迷難化,
則自甘墮落,只可共棄之而已。總期見賢思齊,見不賢而內自省焉。」〔註52〕
期望一貫道弟子們,以禮門義路最為自己修行的標準,讓日常生活與佛規禮節
相結合,自然將禮儀的修持融入日常生活中。

　　尤其是家中有開設佛堂者,一貫道稱之為壇主。張光璧經常開示一位壇主
應有的職責如下所示:

> 一、凡為壇主,應敬天禮神,尊師重道,恭敬前人為準繩,首先以
> 身作則為道親之表率。二、凡我道親應當抱定五倫八德行事,至於
> 壇主之一言一行,尤須隨時檢點,免遭物議,以致影響道務前途。
> 而待人接物,應謙恭和藹,不可有驕傲粗暴舉動,所謂敬人者人恆
> 敬之是也。三、對於道親,無論貧富,祇要認道誠心者,當一視同
> 仁,竭誠調教,不可有畛域之分,以免厚此薄彼之譏,即有不肖者,
> 亦望盡心感化也。四、對於乾坤道親,應如同胞之相親相愛,隨時
> 指導,並督促行功,以正己化人為前提。五、對於佛堂之內外,應
> 勤加整頓,以重清潔,而壯觀瞻,總以莊嚴肅靜為主要。六、對於
> 各種佛規,應隨時講解,俾便明瞭,而易遵守。七、對於各種書訓,
> 應妥為存放,分發各道親時,亦應特別注意。八、各道親所渡之人,
> 壇主應預先加以考量,是否身家清白,是否良善,勿得草草不察,

〔註50〕唐‧孔穎達等,《周易正義》,頁26。
〔註51〕唐‧孔穎達等,《周易正義》,頁26。
〔註52〕張天然,《暫定佛規》前引書,新北:三峽靈隱寺重印,1991年,頁1。

> 賢愚莫辨，有碍道務。而引保師，接引求道人，亦應首先報告點傳
> 師或壇主，是何等人，具何理想求道，以使用何法成全。九、凡所
> 來之道親壇主及辦事人員，應盡招待迎送之責，以表恭敬，所謂學
> 道愛人之義也。〔註53〕

也就是說，一位壇主要能以身作則、尊敬別人、關懷別人，而且是謹守五倫八德，謙恭和藹的和人相處。且面對道中同修時，能夠將出一番道義，去鼓舞別人及成就別人。在修持的路上，除了度化自己成就自己之外，還要將同修也提升到達成聖成賢的境地。這樣的精神，不就是同體大悲的佛菩薩精神，也就是君子成聖成賢之路。

這樣的角色，不就像〈乾卦〉中所描述的六龍一樣嗎！當渡己未成養精蓄銳的時候，凡事應當靜待時機，不宜行事，切勿躁進。而事情已出現端倪，就不再潛藏，這時最好能積極主動，將基本功練得扎實，一旦時機到來，才可以把握機會一飛衝天。當逐漸具備智慧與德行時，必須時刻奮發，努力不懈，日夜警惕，不休不止地致力於德業的完成，謹慎小心，才能避免過失與災難，如果驕傲自大，就會招致危險。為了要當承上啟下之中間領導人的角色，必須要自我加強本質學能，如此才有能力成為一個好的溝通者，也就是壇主的職位。因為時時的把握時機增進德行與樹立功業，將自己磨練的堅強與有能力，所以就算是有災難發生，也可以用自己的本事解決而沒有災難。只要能自強不息的努力學習及奮鬥，到最後必能排除萬難前途無量，成為人上之人宛如飛龍一般，遨遊在天際當中，睥睨群雄。而提攜後進，知所進退，該放的權力要放，該退下的時候就要退下，不要堅持站在風頭把持著權力不放，這樣的話能夠讓自己順應新生事物的發展規律，掌握新生事物的發展方向，這樣才可以走向成功。

一旦登躋高位或一舉成名天下知，人們往往容易得意忘形，甚至樂極生悲，也就是象傳所說的「盈不可久也」〔註54〕之意。無法持盈保泰，幾乎是飛黃騰達之後的必然走向。因此，《周易》乾卦揭示的正是極寶貴的人生智慧，一旦飛龍在天，如何避免亢龍有悔，其中關鍵便在於「君子終日乾乾，夕惕若厲，無咎」〔註55〕一般中正平和的心境與態度。只有這樣的話，才能

〔註53〕張天然，《暫定佛規》，頁 6～7。
〔註54〕唐·孔穎達等，《周易正義》，頁 34。
〔註55〕唐·孔穎達等，《周易正義》，頁 40。

夠有謙和及穩健的生活體驗。「飛龍在天」居高處尊、睥睨群雄固然是意氣風發，但是之後的人生路仍然十分的長遠。最好的處世原則就是細水長流及慢火微燉的經營方式，以避免暴起暴落，這樣的處世原則才是君子立身處世的原則。

在學研究院文獻館印行的《早期傳道語錄——師尊及弟子法語集》中提到：

> 有事去做、無事收心回來，穩住即安居樂業。天蠶要變，一定要吐
> 絲做網，外面包緊勿漏風，時間一到就展翅高飛，現在正是潛修的
> 好時機。〔註56〕

看到這段話，和《周易》〈乾卦・初九爻〉的潛龍勿用，及〈乾卦・九五爻〉的飛龍在天，利見大人的道理不是相通嗎？當自己的實力不夠時，就該學「潛龍」及「天蠶」一樣，把握時機，好好地培養自己。一旦時機出現時，就展翅高飛，成就自己。

在張德輔〈孫錫堃道長簡傳〉中也提到：

> ……化人心，救劫運，使人人正心修身，己所不欲，勿施於人。為
> 人父止於慈，為人子止於孝，與朋友交止於信，男耕女織，鰥寡孤
> 獨，各得其養。挽回人類末運，進化大同，當指期可待。〔註57〕

也就是說一貫道弟子，除了要正心修身之外，更要挽回世道人心，讓世界成為大同。這樣的修持及努力的方向，不就是〈乾卦・九五爻〉所期勉的一位君子，只要能自強不息的努力學習及奮鬥，到最後必能排除萬難前途無量，成為人上之人宛如飛龍一般，遨遊在天際當中，睥睨群雄嗎！由此可見，一貫道的道場中，稱男信眾為「乾道」，女信眾為「坤道」，目的就是希望在修持的路上，除了度化自己成就自己之外，還要將同修也提升到達成聖成賢的境地。這樣的精神，不就是同體大悲的佛菩薩精神，也就是君子成聖成賢之路。

二、河圖洛書與請壇禮的關係

一貫道在點道之前，都有請壇的儀式。恭請明明上帝臨壇，並恭請十方諸

〔註56〕林榮澤主編，《早期傳道語錄——師尊及弟子法語集》，一貫道義理編輯苑，新北：2019年，頁202。

〔註57〕蔣國聖編，《一貫道紀念專輯》，臺中：國聖出版社，1989年，頁86。

佛，萬仙菩薩，及雷部、風部、虎部、龍部，和廿八星宿降壇護法護道，讓諸
邪退避，庇佑辦理平順。恭誦請壇經是非常的神聖莊嚴，期間，大眾必須肅靜，
不得喧嘩，以示敬重，才能感召仙佛降臨法壇，且所有參加人員務必排列整齊，
男女分班，誠敬的恭聽宣請經文。其意義就是讓求道人的冤孽暫緩討報，讓求
道人的心放下雜念，並傳授三寶心法，方不致洩露天機，妄傳匪人及精靈鬼
怪，經過請壇儀式，在天人合一的作業下，新求道人天榜掛號，地府抽丁的手
續，才算正式完成。其中，請壇禮在一開始排班時，其在排班時就已顯出河圖
之數，如圖 5-2-1：

下執禮　　　　　上執禮

②　　　　　①

④　　　　　③

⑥　　　　　⑤

⑧　　　　　⑦

⑩　　　　　⑨

圖 5-2-1：河圖洛書與請壇禮的關係圖

在最前面喊口令者為上執禮及下執禮，所有的禮節進行都是在上、下執
禮的口令後才開始進行。所以，上、下執禮代表著兩儀，陰陽分立，也就是
太極之動。其中，左邊之 1、3、5、7、9 為〈河圖〉之陽數，1＋3＋5＋7＋
9＝25，就是《周易‧繫辭傳》中的「天數五」；而右邊之 2、4、6、8、10 為
河圖的陰數，2＋4＋6＋8＋10＝30，就是《周易‧繫辭傳》中的「地數五」。
25＋30＝55，為河圖之全數，分列兩邊，分陰分陽。《周易‧繫辭傳》：「天一、
地二，天三、地四，天五、地六，天七、地八，天九、地十。」〔註58〕，為
河圖本體不動之數。當上執禮喊「對面作揖，各就拜位」時，其走動方式如
圖 5-2-2：

〔註58〕〔唐〕孔穎達等，《周易正義》，頁 585。

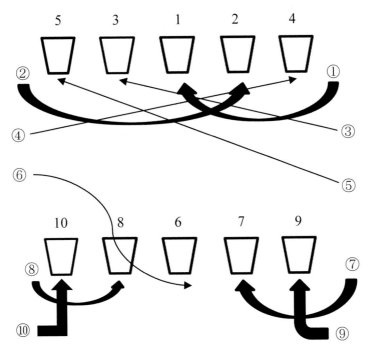

圖 5-2-2：請壇禮走動方式圖

由左而右，五、三、一、二、四為河圖生數，在前面。十、八、六、七、九為河圖成數，在後面。這即是河圖先天陰陽之氣運化五行，兩氣並行化為十，以成數減生數，各存為五。以一、六立於中，陽氣為左，故一、三、五相加為九，而陰氣在右，二、四相加為六。《易經證釋》中云：「陽數用九，陰數用六」〔註59〕又云：「知乾坤之用在九與六，故取九六以代乾坤，全易无非由乾坤生，則全易之數无非自九六出。」〔註60〕又云：「是也人不知九六之來自河圖之數，而不明用九用六與━之為九，╍之為六之何意，實由不習河圖，遂不解九六之陽陰主數。」〔註61〕正義曰：「天得三合，謂一、三、五也；地得兩合，謂二與四也。」〔註62〕吳秋文云：「故陽氣一、三、五相加為九。陰氣二、四相加為六。亦即說卦傳所謂的「參天兩地而倚數」，陽數以生數為參天→天一、天三、天五相加為九數，為順，為左，為陽終之數。陰數以生數為兩地，即地二、地四相加而為六，為逆、為右，為陰陽之數，

〔註59〕古聖先賢，《易經證釋》，臺南：靝巨出版社，民82年，頁61。

〔註60〕古聖先賢，《易經證釋》，頁61。

〔註61〕古聖先賢，《易經證釋》，頁62。

〔註62〕〔唐〕孔穎達等，《周易正義》，頁667。

河圖之陽數終九，陰數終六。故乾爻取之為九，坤爻取之為六。九六為乾坤之大用，含意在此。」〔註63〕其中，右邊之數，4（☴）、9（☲）、2（☷）、7（☱），其人象分別為長女、中女、坤母、少女，聚集一方，均屬陰卦。左邊之數，6（☰）、1（☵）、8（☶）、3（☳），其人象分別為乾父、中男、少男、長男，均為陽卦，正是洛書排列之數。「四奇四偶數八個方位相應後天八卦震三、巽四、離九、坤二、兌七、乾六、坎一、艮八。其中五行的順序是由中→北→南→西→東，土尅水、水尅火、火尅金、金尅木、木尅土，分別主脾、腎、心、肺、肝之旺及腎、心、肺、肝、脾之虧。五行生尅知道理是以不同的運化特質，展現出太極陰陽二氣的順逆之不同運轉狀況。」〔註64〕而其中之數字排列，符合河圖之數字排列，天一生水，地六成之；地二生火，天七成之；天三生木，地八成之；地四生金，天九成之；天五生土，地十成之。上下兩排之數相合得一陰一陽、一生一成，如此之安排，陰陽相交而能生化萬物。就像是天一陽數生水，地六陰數，盛接天一所生之水，而水才得以成。所以，〈河圖〉以生數為體，成數為用，得以相生及相化。

故而吳秋文云：

> 請壇禮與河圖之數形成不謀而合，是河圖所謂的「此所以成變化而
> 行鬼神也。」的最佳顯像。也由此可見出祭天地之禮的真諦，是在
> 發揚先王聖德以及本著一顆赤誠之心，方能讚化鬼神的。〔註65〕

由此可知，一貫道的請壇禮，將洛書及河圖之數隱含在其中，將周公大禮在請壇禮中表現出來，是天人合一的橋樑，也是敬天祭祖的無上禮儀。其中，更有三跪九叩大禮，符合「發揚先王聖德以及本著一顆赤誠之心，方能讚化鬼神」的精神，建中立極，運化陰陽，將天道寓於自然生活之中，達到天人合一的目的。

三、玄關竅

「玄關」又稱「通天竅」，一貫道認為玄關竅乃是人類靈性的根源，是靈性所居住之處，統精氣神，是五官百骸的總主宰，是天人相通的地方，也是靈

〔註63〕吳秋文主講，孟穎校勘，《易經心傳與天道》，臺南：靝巨出版社，民74年，頁139。
〔註64〕見本論文第三章第二節，頁77。
〔註65〕吳秋文主講，孟穎校勘，《易經心傳與天道》，頁141。

性生來死去出入的門戶。〔註66〕此竅在儒教曰：「至善寶地，率性之所。」佛教曰：「正法眼藏，涅槃妙心。」道教稱：「玄牝之門，天地之根。」點開了此竅，即可超生了死，脫了六道輪迴之苦。〔註67〕《金剛般若波羅蜜集註》云：「一切諸佛及諸佛阿耨多羅三藐三菩提法，皆從此經出」〔註68〕此竅又稱為「玄關」、「關竅」、「玄牝」、「玄牝之門」等等名稱。而五行和天干相配，在方位上形成東方甲乙木，南方丙丁火，西方庚年金，北方壬癸水，中央戊己土。韓雨霖云：「呂祖說：「一二三四五，二人守一土，解開其中意，便是西來祖。」中央戊己土，二人守一土，你一竅通，百竅通。萬法不離自性，迴光返照，返躬自省，合乎大自然。這是內功——真人靜坐。」〔註69〕以五行圖來看，十天干中的戊己方位在正中央土的位置。而「玄關竅」是靈性生來死去出入的門戶，為天地人之中心。宋光宇云：「所謂「點玄關」，是指信徒在求道儀式中，由點傳師用右手的中指在求道者玄關竅按捺一下，同時口中唸「一指中央會」再用左掌在求道者面前抹一下，象徵著洗心革面，同時口中說「萬八得超然」。按一貫道中認為「玄關竅」是天地人間的大秘密，人類靈性的根源，點破破玄關竅是會通天人的唯一法門。而且又說，玄關點開之後，靈魂在死後直升理天」〔註70〕得了這一指點，兩眼的瞳仁守著這中央戊己土。此時，二目守玄，肩膀一鬆，氣貫丹田，精神集中，靈性真人靜坐於蓮臺之上，心平氣和、靈氣相通、迴光返照。

四、合同

在所傳的合同中，口訣為「子亥相掐懷中抱」，也就是將兩首之大拇指，分別掐在右手中，十二地支子及亥的位置，稱之為合同，如圖5-2-3為右手十二地支圖，將右手的大拇指掐在子的位置，再將左手的大拇指掐在亥的位置，即為一貫道所傳的子亥相掐合同。

〔註66〕正一編輯室，《三寶道義補充教材》，新北：正一善書出版社，2010年，頁44。
〔註67〕慈無量編著，《三寶道義》，臺中市：三德書局，1993年，頁30。
〔註68〕明·朱棣，《金剛般若波羅蜜經集註》，臺北：文津出版社1992年，頁82。
〔註69〕韓雨霖，《白水老人道義輯要》，南投，埔里天元佛院，1996年，頁329。
〔註70〕宋光宇著，《天道鈎沈》，臺北市：元祐出版社，1985年，頁95。

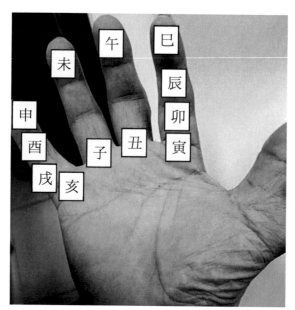

圖 5-2-3：十二地支掌中圖〔註71〕

一貫道將十二地支的位置在右手中做一呈現，因為子和亥合起來為「孩」這個字，就像觀音菩薩手抱孩子一樣，希望我們拳拳服膺，像赤子一樣，天真無邪，沒有善惡對待分別之心。而合同者，合天地之理，由子開始，而亥結束，也就是希望信眾們做任何事都要有始有終，就像易經云：「天行健，君子以自強不息。」合同也有圓滿之意義，《周易‧文言》云：「夫大人者，與天地合其德，與日月合其明，與鬼神合其凶，先天而天弗為，後天而奉天時，天且弗為，而況人乎？況於鬼神乎？。」〔註72〕保持著內心與日月一樣的光明潔淨，讓自己的內心坦然無愧，那麼，在這個天地中永遠都有他自己的生命所展現的智慧之光。十二地支中，子代表著一天的開始，亥代表著一天的結束，象徵著求得大道的人，要有始有終的修持，達到身心靈都圓滿的境地。當我們手抱合同的時候，左手在外右手在內，左手屬善，右手屬惡，有隱惡揚善，諸惡莫作，眾善奉行的意思。當將子亥合同抱在胸懷時，彷彿就是將太極圖抱在胸懷。而陽氣始於子，陰氣之終於亥，陽中有陰，陰中有陽，左右陰陽互相交流，由子到亥，由亥到子，循環不已。也代表著我們的手中有天地，子、丑、寅、卯、辰、巳、午、未、申、酉、戌、亥、二六時中涵養自己的本性、天性，在修持的路上，能脫出氣數之外，不受五行的束縛。

〔註71〕研究者的手，配合十二地支的手掌位置圖。
〔註72〕唐‧孔穎達等，《周易正義》，頁53～54。

五、獻香禮

一貫道早、中、晚獻香中，每天獻給上天老叩共獻香九柱，分別為五柱、三柱、一柱。此不離〈河圖〉一、三、五三數，為「天數」，象徵「自性佛」，純陽之生數。而純陽之數代表的是是剛健、積極、奮發及自強不息生命能源。而這九柱香的排列，如圖 5-2-4，為一個中字，《禮記鄭注》云：「中也者，天下之大本也；和也者，天下之達道也。致中和，天地位焉，萬物育焉。」〔註73〕又云：「中為大本者，以其含喜怒哀樂，禮之所由生，政教自此出也。」〔註74〕「中」之意涵，能讓人有一種「平衡、不偏不倚」之價值感。而為了守住中位，合乎禮儀，於是產生出一種「持節」、「中和」、「平衡」之內在情感，使之不偏不倚。更能讓修持之人，更有容人之雅量，因而能接納更多更廣的人、事、物。《易經證釋》云：「天地以五為中心。五行以土為根本。萬物萬事以中一為立極。皆自此象見之。以天道言之。則一切生化之數。不離于中五。而用以廣。德以大。萬物所倚。萬數所持。皆此五也。故曰天地心。亦陰陽之中氣。五行之中道也。以人道言之。五者眾德之本。即中和也。」〔註75〕故而一貫道的獻香禮，目的是希望道親在獻香時，能夠體會「致中和」之理，能夠達到不偏不倚、無過無不及，將自己的道德修養提高到至高的境界。且要推己及人，通過實踐「致中和」之理，追求社會之平和，以使得現實與理想能夠達至融合且無縫接軌。

3

4　1　2

5

8　6　7

9

圖 5-2-4：獻香順序圖

〔註73〕〔漢〕鄭玄注，《禮記鄭注》，臺北：新興書局，1967年，頁183。
〔註74〕〔漢〕鄭玄注：《禮記鄭注》，頁183。
〔註75〕古聖先賢，《易經證釋》，臺南：靝巨出版社，1993年，頁78。

第三節　小結

　　《禮記·仲尼燕居》:「禮也者,理也」,朱子云:「禮者,天理之節文,人事之儀則也。和者,從容不迫之意。蓋禮之為體雖嚴,而皆出於自然之理,故其為用,必從容不迫,乃為可貴。先王之道,此其所以為美,而小事大事無不由之也。」〔註76〕一貫道一切的教化、正法、活動,都是由後天轉達先天,實踐〈道之宗旨〉,契合「佛規禮節」,以達到《周易·說卦》:「和順於道德,而禮於義。窮理盡性,以至於命。」的境界。「禮」的實踐,講求「時、順、體、宜、稱」,與「多少、大小、高下、文素」等差異。推行「禮儀」,勿膠著於鼓瑟、玉帛,隨時空轉移,因時、因地、因人制宜,逐漸進化、趨向世界大同。故而禮節之實踐,是修持者形於外的最直接表現。

　　《開設佛堂的意義》中提到:

> 招待道親方面,要親自「送往迎來,親切服務」,讓道親友有「賓至如歸」的感覺,有如回到申娘的懷抱。態度上,要真誠有理、和藹可親、不卑不亢;招待上,要一視同仁,切不可有親疏愛憎的對待;言語上,要誠實謙下、正面引導。〔註77〕

濟公活佛老師說:「如果一點禮節也沒有,如何彰顯道之尊貴?……是否依照佛歸禮節而行,日日檢討?是否寬柔以教道親?……是否尊師重道?有否責任負起?自己的責任若沒守好,又如何成全道親?」〔註78〕《禮記·曲禮》云:「夫禮者,所以定親疏,決嫌疑,別同異,明是非也。」〔註79〕所以說,禮節就應該是有尺度、有規範的表現,代表著一個守禮節的人,所擁有的謙卑、恭敬及辭讓的態度。若是修道人,皆能以佛規禮節做為待人接物的準則的話,那麼必能顯現修道人高尚之氣質,也才能得到別人的尊敬與仰慕。

　　而修道之人,當內心散亂無法平靜之時,應該要以無上的智慧來警醒自己;當有我執或法執鑽牛角尖之時,更應該要以清靜無為之修持心法破除之。當不小心觸犯諸惡之時,要以多行諸善來彌補之;當心中升出貪、瞋、痴三毒之時,要以佈施、持戒、忍辱來化解之。這些方法,都是陰陽、清濁、剛柔之間的調整及體悟,使我們的心念能達到中和之道,這也就是修道的功夫。

〔註76〕朱熹:《論語集注》,收入《朱子全書》第6冊,卷6,臺北:中華書局,1983年,頁167。

〔註77〕明德編輯部編輯,《開設佛堂的意義》,頁73。

〔註78〕明德編輯部編輯,《開設佛堂的意義》,頁72。

〔註79〕《禮記·曲禮》,台北:藝文印書館,十三經注疏本,頁14。

　　《論語·季氏篇十六》有云:「不學禮,無以立」,學習禮儀就是我們立身處世待人接物的基本功夫,進而才可以敬天地禮神明。藉外在的行為規範,來洗滌內在的身心,如此成就自我,將深層的自性如來顯現,使得道之尊貴被彰顯出來。

第六章 結 論

　　一貫道自民國十九年起大開普渡，於民國二十八年（1939）元月，十八代祖師張天然特頒訂《暫訂佛規》一書，將道場各種佛規禮節的核心精神與行禮步驟充分闡釋。而一貫道所說的天命領受，對於張氏而言，是千斤萬兩的巨大壓力及使命，也是三曹普渡的重責大任。所謂的三曹，為人、鬼、仙，亦即一貫道能渡人、渡鬼、渡仙。一貫道從 1945 年抗日戰爭勝利後開始向台灣傳播的同時，也開始不斷向韓國、日本、泰國、緬甸……等東亞及東南亞國家傳播。根據不完全統計，一貫道現已在全世界 80 多個國家和地區傳播，成為目前最具國際化的中國本土型信仰實體。而這樣的一個蓬勃發展的宗教，被稱為師尊張天然的《易》學思想卻沒有被發揚光大，甚至在有關於一貫道學術研究的學位論文中，對於師尊張天然全盤的《易》學思想的研究也寥若晨星，這是相當遺憾的事情。其中，十五代祖北海老人的《易》學著作對張天然的《易》學思想有很大的影響，且在一貫道的修持當中，禮節、佛堂擺設也都富含著《易》學思想。故而，研究者當成為研究十五代祖北海老人及師尊張天然易學思想的一員，將其有關易學的著作及易學在一貫道禮儀上的運用系統性地呈現。

第一節　研究成果

　　一貫道的前賢所著作的經典當中，有些著作蘊含著一貫道的《易》學思想，尤其當中亦包含著普渡眾生的救世思想。而一貫道之佛堂擺設及禮節中所蘊含之易學思想，更是將《易》學思想實現於實際的生活及一貫道的禮節當中。而了解前賢們的《易》學思想，對於身為一貫道道親是有必然的直接關係。但

是，一提到《周易》，不明白的人馬上就和算命連結在一起。這樣的觀念將無法將《周易》的真正精神了解，且將窮理盡性知天道性命的易經哲學拒之門外了。所以在初探北海老人及張天然的易學思想時，兩位祖師為了闡述大道的玄妙，對於無極太極、陰陽八卦、河圖洛書、五行生剋等皆有獨到的見解。其主要的內容及目的，是要勸人早悟性命之理，能早早修道，讓眾生明白人來到世間的意義及目的，達到達本還原，返回靈性的家鄉。將六十四卦中所提及的吉、凶、悔、吝的因緣示現給人們，將其中所包含修持的準繩、趨吉避凶的準則及寡過知幾的行持之路，呈現給世人。

一、王覺一

　　王覺一在理數合解序中提到：「北海老人，生平所得力以示人者，彙集成編，分為四卷：知理之本於學、庸，故以「學、庸」為先。知數之本於大易也，故「三易探源」又次之。知理不離數，數不離理；體用同歸，顯微一致也，故「一貫探源」又次之。凡以釋性理之疑也，故以「理性釋疑」終焉。」〔註1〕

　　（一）王覺一在《大學解》中的闡述，就是要修到人在修行的過程中，隨時要體悟感動人心的過程，不斷的精進。在無極而太極的一個變化中，讓我們去尋回我們的至善本心，這也是王覺一為修行人無極而太極的生發過程及心性的體悟。

　　（二）王覺一在《中庸解》中將四象生八卦，八八六十四卦，到三百八十四爻，再到一萬一千五百二十策數及萬物之總數之形成的過程在著作中講述清楚。且將天數五者，為一、三、五、七、九此五個數，地數五者，二、四、六、八、十亦是五個數，所代表之意義有所發揮，讓後學們在學習時，能夠有所參考。

　　（三）在《三易探原》中將一貫道修持的最終目標，回到「無極理天」聖域的理想給勾勒出來。而其所謂的「無極理天」是超越三界，代表至高無上之真理，是萬物真靈之主宰。也就是說，無極老中（明明上帝）是至高無上的真主宰，可以生天、生地、生萬物。以超脫超乎慾界、色界、無色界這樣的概念來傳達「無極理天」的無限性。王覺一認為，大多數的人只知道「太極」這一說法，但是這已經落入陰陽。例如性善及性惡之說之爭論，即是落入是非對錯

〔註1〕清‧十五代祖師北海老人原著，《理數和解》，新北：正一善書出版社，2005年，頁3。

之分別，差之毫釐，而有天淵之別，因此成為道之所以易失其傳之原因。故而，一貫道之修持過程中，從存好心、講好話、做好事、救好人做起，再由經典的論述當中體悟仙佛的慈悲妙意，再將自己的脾氣毛病徹底的鏟除。回復到最原始且清靜無為的赤子之心，答本還源，返回本來的面目。這樣，才可以返回無極裡天，回到靈性的故鄉。

其中，《三易探原》有一段精彩的論述：「《清靜經》以清靜為主，《金剛經》亦言清靜，《大學》以定靜為入手。道曰「虛無」，佛曰「寂滅」，而《中庸》亦曰：「上天之載，無聲無臭。」道曰「守一」，佛曰「歸一」，而儒亦曰「貫一」。佛曰「色空」，道曰「有無」，儒曰「顯微」。佛曰「觀音」，道曰「觀心」，儒曰「顧諟天之明命」。道曰「覆命」，儒曰「復禮」，佛曰「亦復如是」。佛曰「明心見性」，道曰「修心煉性」，儒曰「存心養性」。下手之法，究竟之處，三聖同源。」〔註2〕王覺一認為，三教歸一是必然的趨勢，就像是個枝葉再怎麼茂盛，但是源頭只有一個。這也是在現今的一貫道論述中，五教同源的基礎。因為佛教講「萬法歸一，明心見性」，道教講「抱元守一，修心煉性」，儒教講「執中貫一，存心養性」，三教所講的一，一貫道的論述當中認為就是所謂的道也。道就是真理，而真理就是自己的本性及良心，這本性及良心就是原本的佛性，而這個佛性就是原本靈性的真面目。一貫道所講的三教合一，就是世界大同之收圓之象，就是要返本還原，捨棄成見與我執，成聖成佛。

（四）在《一貫探原》中，除了將「不易之易」、「變易之易」、「交易之易」做了一番詮釋之外，對於〈乾〉、〈離〉、〈坎〉、〈坤〉之動靜變化亦有所闡釋。故而王覺一在《三易探原》中亦云：「何為不易？河圖是也。何為變易？洛書是也。」〔註3〕

（五）北海老人在《理性釋疑》中云：「無極而太極，是為天命之謂性，先天變後天，自天而人，即河圖之順行相生，乃原其始之所自來也。太極還無極，是為窮理盡性以至命，後天返先天，超凡入聖，即洛書之逆行相剋，乃要其終之所由歸也。」〔註4〕說明了修行的目的就是反其道而行，將落入後天的混濁之心，經由修行的約束及體悟，回復原始的面目。即所謂的：「一本散萬殊，萬殊歸一本」。

〔註2〕清·十五代祖師北海老人原著，《理數和解》，頁84～88。
〔註3〕清·十五代祖師北海老人原著，《理數和解》，頁64。
〔註4〕清·十五代祖師北海老人原著，《理數和解》，頁172。

　　（六）在《理性釋疑》中王覺一云：「人身之氣，呼吸升降，本於自然；如必升者使降，降者使升，妄動氣血，有乖天常」〔註5〕也就是北海老人認為，人本就該崇尚自然，返回自然。若是一味的違反天常，則會「不惟不能成道，妄動氣血之病，從此生矣！」故而，在一貫道的修持當中，常常會提醒修道人不要去學習神通，也就是「妄動氣血」之修行方式。而是應該多加注重於心性的修持，看破紅塵苦海之迷茫，澈悟諸法的事實真相及真理。心不會隨著這些外在的變化而動，任憑順境或是逆境也都不會受任何的影響。將自己的心，藉由佛理的了悟而成為如如不動支境界。北海老人又云：「理也、氣也、象也，此不易、變易、交易，三易之所自來也；亦愚人、賢人、聖人之所由分也。」〔註6〕這一段的論述，可以說是奠定了一貫道的理天、氣天及象天的基本思想及論述的基礎。修天道，應該是尊崇自然，道創生萬物由無到有，由一到多，由簡單到複雜的過程。而修行的目的就是反其道而行，將落入後天的混濁之心，經由修行的約束及體悟，回復原始的面目。

　　三教都各有所遵守的基本教條及成立的條件，但是，在基本的源頭及理論上，三教之教義原本就有相通之處。如果相互攻擊傷害毀謗，是為忘記道之根本才會有這樣的情形出現。所以，北海老人才會提到「當時三教分門，互相牴牾，各執其見，不能歸一者，囿於人不達於天，各據枝葉，迷忘根本也。」〔註7〕儒、釋、道三教，同出一源，各教平等，皆傳聖賢道脈，究其根本，實乃同源。

　　王覺一的宗教思想橫跨三教，除了將所學擷取精華寫入著述當中，更將自己的見解在著作中呈現給後進。且將《周易》之思想融會貫通於道中，引導修道人回歸無極，不為氣稟所雜，達本還源。其思想觀念及研究心得是融匯貫通各教的精華而成，對於一貫道的發展實具有承前啟後、繼往開來的重要地位。

二、張天然

　　張天然的救世思想，源於自幼喜讀十五代祖王覺一《理數合解》一書。其中，張氏所繪製懸掛在崇華總壇的《一貫道脈圖解》八章，內容有「先天無極理圖」、「太極炁天圖」、「兩儀乾坤圖」、「皇極圖」、「氙四象圖」、「渾天圖」、「五星緯天圖」、「五行圖」、「伏羲八卦圖」、「八八圖」、「文王八卦圖」、「節炁

〔註5〕清‧十五代祖師北海老人原著，《理數和解》，頁164。
〔註6〕清‧十五代祖師北海老人原著，《理數和解》，頁177。
〔註7〕清‧十五代祖師北海老人原著，《理數和解》，頁88。

圖」、「白陽八卦圖」、「返本圖」等十四幅圖中有十六個圖，說明了張氏承繼了北海老人的易學思想及源流。以下以無極先天、太極氣天、皇極象天即白陽圖來做歸納及分類：

（一）無極先天

1. 先天無極理圖

張天然對〈先天無極理〉圖的解釋為：「無極者，無形也、無名也、無量無邊、至虛至靈，極靜不動之理天也。」〔註8〕《一貫道脈圖解心性釋義》有云：「無極乃無形、無名、無可言、無可說，然不言不說不足以明道，不足以明無極之真，故強以一圓圈「○」象之。」〔註9〕也就是希望修道人在修持當中，重新找回純然無暇的善良本性，則將能契合宇宙天地之運化，太極返還無極，窮理盡性以至尋回天命，回返無極，不被陰陽二氣困於五形之中，由後天返回先天，逍遙自在，無拘無束。

2. 河圖生圖

張氏對此圖的解釋為：「生成各以其序，休旺各以其時，陰陽相合，而變化無窮矣。」〔註10〕《一貫道脈圖解心性釋義》云：「河圖主生，蘊化萬事萬物，於人曰自性本體；本體主其位而居其所，自然星拱之。」〔註11〕生數為一、二、三、四、五，成數為六、七、八、九、十。內層為一、二、三、四、五，外層為六、七、八、九、十。內外兩層之數相合得一陰一陽、一生一成，如此之安排，陰陽相交而能生化萬物。將河圖以生數為體，成數為用的運化說明給後學們了解。

3. 伏羲八卦圖

張氏有如下之解說：「伏羲八卦者，以先天氿象陰陽消長，自然之位置，對待而言也。」〔註12〕聖人在先天八卦中，安排乾、坤、離、坎四正卦與天、地、日、月之對應，且將陰陽上下，天地交合之萬物之生成及自然而然之運化來由做一說明，讓天地之造化得以展現。

〔註8〕張天然，《一貫道脈圖解》，頁1。
〔註9〕寧伊人、常醉山人合著，《一貫道脈圖解心性釋義》，臺北：游經祥，2012年，頁14。
〔註10〕張天然，《一貫道脈圖解》，頁2。
〔註11〕寧伊人、常醉山人合著，《一貫道脈圖解心性釋義》，頁27。
〔註12〕張天然，《一貫道脈圖解》，頁10。

4. 八八圖

張氏有如下之解說：「六十四卦者，由先天八卦而生也。左方三十二陽卦，為乾一、兌二、離三、震四，四卦而生之。自復一陽，馴至乾六陽而止，即子、丑、寅、卯、辰、巳六字而應之也。右方三十二陰卦，為巽五、坎六、艮七、坤八，四卦而生之。自姤一陰，馴至坤六陰而止，即午、未、申、酉、戌、亥六字而應之也。此即邵子倍一為二，倍二為四，倍四為八，倍八為十六，倍十六為三十二，倍三十二為六十四卦也。」〔註13〕透過這中每次都加一倍之方法，以太極為一，分化為陰陽二氣之後，進而推出四象分列。而後，陰陽迭進成八卦，進而十六、三十二至六十四，如此正為自然天道的完備展現。

（二）太極氣天

1. 太極炁天圖

張氏對此圖的解釋：「太極者，陰陽之炁，升降之理，流行之炁天也。白者，陽儀也；黑者，陰儀也。黑白二儀者，乃陰陽之屆限也。」〔註14〕張氏的「太極炁天圖」，除了參考王覺一祖師《一貫探原》「太極圖」（圖1-6）之外，再將前人輩所傳下之「太極圖」融會貫通之後所繪，將陰中有陽，陽中有陰，雖然分陰分陽，卻又相貫相連，互相對立卻又可以互相轉化，說是壁壘分明，又是無時無刻密不可分的《易》學哲理，以最簡潔的方式，傳達給眾生。

2. 洛書死圖

張氏有如下之解說：「洛水靈龜出現，亦主伏羲氏時為確也。其背甲紋斑宛如斯圖。凡陽數五五，陰數六。洛書虛十，五陽居中，四奇居正，四偶居隅，分別八方，以應八卦。」〔註15〕其中五行的順序是由中→北→南→西→東，土尅水、水尅火、火尅金、金尅木、木尅土，分別主脾、腎、心、肺、肝之旺及腎、心、肺、肝、脾之虧。五行生尅知道理是以不同的運化特質，展現出太極陰陽二氣的順逆之不同運轉狀況。在河圖中，五十居於中央，到洛書時卻見五不見十，但是卻隱藏在兩兩相對的數字當中，呈現出用五藏十之道理。

3. 兩儀乾坤圖

張氏有如下之解說：「兩儀者，天地也，陰陽也。有動、有靜、有清、有濁之變道也。輕清上升而為天，乾道也。為萬物之父，開於子，而沒於戌。重

〔註13〕張天然，《一貫道脈圖解》，頁12。

〔註14〕張天然，《一貫道脈圖解》，頁3。

〔註15〕張天然，《一貫道脈圖解》，頁4。

濁下凝而為地，坤道也。為萬物之母，闢於丑，而沒於酉。」〔註16〕輕清之氣上升為乾陽之象，而重濁之氣下降為坤陰之象，而產生大自然之盈虛消長，伸縮生死之變化，此乃大宇宙之自然運化。而天地運行之氣數與萬物之盈虛消長，有生就有死，有死就有生，是大自然運行之氣數也。

4. 文王八卦圖

張氏有如下之解說：「伏羲八卦之方位，乾、坤、坎、離，列於四正；震、兌、巽、艮，列於四隅，謂之先天。文王八卦，坎、離、震、兌，列在四正；乾、坤、艮、巽，列在四隅，謂之後天。先天標明陰陽之對待，後天標明陰陽之流行。對待者，常道也；流行者，變道也。」〔註17〕在「文王八卦」中，南與北是離、坎兩卦的相對，東南與西南是巽、乾兩卦的相對，西與東是震、巽兩卦的相對，西北與東北是艮、坤兩卦的相對，和「伏羲八卦」原來的排列位置與方向不同了。

5. 節氣圖

張氏有如下之解說：「節氣者，一年之內，有四時八節，二十四氣，七十二候之變易也。天地相去八萬四千里，五日為一候，三候為一氣，三氣為一節，其陽自冬至為始一氣上升七千里，乃小寒之際也。」〔註18〕在「節氣圖」中，第四圈的地支及最外圈二十四節氣的排列方式和「十二辟卦配二十四節氣及伏羲圓圖」相同。其中，在「節氣圖」中，隱含著冬春、春夏、夏秋、秋冬之交，且將東方甲乙木、西方庚辛金、南方丙丁火、北方壬癸水五行配合天干隱含在時節之交當中。

（三）皇極象天

1. 皇極圖

張氏有如下之解說：「皇極者，三也，象也，天地之人也。人受父母之精血以凝成象也；得天地之靈秀以生長，氣也。稟無極之真常以成性，理也。三五凝結，體用兼全，故人為萬物之靈也。」〔註19〕人處於天地之間，得天地之靈秀以生長，和天地並稱為三才，因此在皇極中以人為貴。由「皇極圖」中展現陰陽自然之消長變化，將張氏隱含在圖形中的真正意涵，呈現給後學了解。

〔註16〕張天然，《一貫道脈圖解》，頁 5。
〔註17〕張天然，《一貫道脈圖解》，頁 13。
〔註18〕張天然，《一貫道脈圖解》，頁 14。
〔註19〕張天然，《一貫道脈圖解》，頁 6。

2. 氤氳四象圖（陰陽四象圖）

張氏有如下之解說：「四象者，一炁流行，四時變化，寒暑代謝之炁天也。春為少陽，乃陰中之陽也。故春溫，正、二、三月以應之。夏為太陽，乃陽中生陽也。故夏熱，四、五、六月以應之。秋為少陰，乃陽中產陰也。故秋涼，七、八、九月以應之。冬為太陰，乃陰中產陰也，故冬寒。」〔註20〕在《周易》中，四象指的就是從兩儀（陽儀和陰儀）衍生出來的太陽、少陰、少陽、太陰，而在天地間則產生春、夏、秋、冬四時之變化。但是，四時雖然是多有變化，但是卻是變而有常。雖然有春、夏、秋、冬之四時變化，但是卻有著年年如此的恆常。

3. 渾天圖

張氏有如下之解說：「渾天者，紊而不亂，繁而有序，各生其生，各長其長，胎卵濕化各從其類也。天地之間，動植之物，莫不由道而生之。強弱之殊，薰蕕之異，無不由炁而別之。」〔註21〕人為萬物之靈，可以成為聖人。而玄關藏於中心五之中，為自性出入之門戶，在處事方面，為信德之展現。而這些，統稱為萬物，只是五行分化蘊育而成的。所以，修道人該時時注意自己的所言所行，「守真行正，修真行德」，成就自己的修持之路。

4. 五星緯天圖

張氏有如下之解說：「五星者，水一、火二、木三、金四、土五之精華也。」〔註22〕天之五星運行於天空中，就像是人之五臟運行於人體之中，各居其位但又互相配合。

5. 五行圖

張氏有如下之解說：「五行者，水、火、木、金、土是也。甲、乙為木，木旺於春。丙、丁為火，火旺於夏。庚、辛為金，金旺於秋。壬、癸為水，水旺於冬。戊、己為土，土旺於四季。此五行之利也。」〔註23〕張氏藉由此圖，將五行生剋之循環規及休囚之情狀則在圖中展現出來，讓修行者對五行之聲剋變化有所了解。

〔註20〕張天然，《一貫道脈圖解》，頁 7。
〔註21〕張天然，《一貫道脈圖解》，頁 8。
〔註22〕張天然，《一貫道脈圖解》，頁 9。
〔註23〕張天然，《一貫道脈圖解》，頁 10。

（四）白陽

1. 白陽八卦圖

張氏有如下之解說：「白陽八卦者，天地之正炁也。……而今午盡未初，否極泰來，一元內有大三陽之運，曰：青陽、紅陽、白陽，三會收圓之普渡，先天、後天、末後一著之果證。炁運至此，卦位復移，故東坤，西乾，南離，北坎。」〔註24〕「白陽八卦圖」雖然因為轉動而位置有所變化，但是，其本身的卦象並沒有改變。這樣的將先天八卦轉九十度改變，在一貫道中，象徵後天要返回先天的時候契機已經來到，白陽大開普度的時運已經到來。

2. 返本圖

張氏有如下之解說：「大道一理，三教一家，先覺者聖賢仙佛也。立德、立功以救世。後覺者，賢人、君子也。繼往開來，以道統。嗟乎！人孰不由道而生之，人誰不畏危欲安之，趁此普渡時機，早修大道，返本還原，逍遙物外，方為有始有終之大丈夫也。」〔註25〕這個性是「本然之性」，「堯舜與我同焉」「道心之謂也」。為善在此「性」，為惡也在此「性」，亙古以來就存在，不生不滅、不垢不淨，就在一念之間。

由以上十六個圖可以知道，張天然在繪圖時，將十五代祖師王覺一的理、氣、象三天的內容，透過圖形的表達及文字的說明，做有條理及深入的分析，讓白陽修士在修身、心、意時，能有所參考及方向。

三、《白陽易經》

《白陽易經》是由韓湘子大仙、南屏濟顛、孚佑帝君借竅降壇批訓。《白陽易經》的全部內容，就是藉由「三才」的開沙儀式中，經由天人合一的方式，由三位仙佛二十四次臨壇批訓所完成的。其中，南屏濟顛、濟公活佛、濟顛瘋僧都是師尊的道號及果位封號，但是卻以不同的稱號來借竅批訓。研究者認為，此舉就是為了要破除白陽修士的執著之心，以不同的稱號，實質是同一位老師的方式，破除凡心的執著，找回清靜無為的道心。所以研究者選擇〈乾〉、〈謙〉、〈家人〉三卦來做說明及綜合整理及結論。「因為〈乾〉卦代表天，也就是靈性的源頭，而仙佛批訓時，卦序和《周易》一樣都是第一卦，是具有先導位置的一卦。其二、第二卦為〈謙〉卦，是道場中最強調的一個行為及禮儀，

〔註24〕張天然，《一貫道脈圖解》，頁 15。

〔註25〕張天然，《一貫道脈圖解》，頁 16。

且是延續《白陽易經》六十四卦的第二卦，代表著一生二的作用。其三、〈家人〉卦是最後一卦，代表著收圓的意思。因為白陽時期的修行法，就是要由家庭做起。因為家齊之後，才有治國及平天下的延續。」〔註26〕其中，仙佛在批訓的時候，每一陽爻爻辭以六個字來說明意義，而每一陰爻的爻辭以四個字來說明其中所代表的意思。這就是仙佛在批訓時，將《周易》的內容化繁為簡，將「簡易」的精神蘊含在其中。而六十四卦的卦名沒有做改變，繼承了「不易」的精神。但是，整體的卦序，做了很大的改變，和原本的《周易》卦序差異很大，這就是「變易」的精神。在六十四卦當中，卻有一卦卦序一樣，就是〈乾〉卦。除了凸顯〈乾〉為天之高之外，也展現出變中有不變的「變易」及「不易」的深層《易》學思想。

故而在本論文中，研究者認為：

> 《白陽八卦》「申」字訓中，希望世界最後達到「風調濟雨順大同樂綿綿」的大同世界。〈洛書〉訓中訓「陽九陰六數原靈」所代表的就是天地之間的眾生原靈，就是一貫道所說的三曹普渡，等待第三次白陽法期的龍華科期收圓。〈河圖〉訓中訓勉勵修道人，能藉由去除妄想將萬緣放下，當下能夠頓脫妄想，實見本性，最後能夠證得自己的如來智慧德相，也就是明心見性之後，達到佛的完美境界。在〈乾卦〉訓文中提到「龍行乾德自行健，至德明心悟道近」，勉勵著白修士能夠「至德明心」，去除妄想將萬緣放下，則離體悟大道的真諦的日子就不遠了。〔註27〕

《白陽八卦》是仙佛借竅慈悲所批訓文，其中所蘊含的精神，目的就在指引白陽修士一個明確的修行方向，是一貫道弟子的靈性之寶。

四、儀典

一貫道佛堂擺設的內容與方式，「就實質意義言，有象徵宇宙生成及體用之秩序。」〔註28〕上桌代表天，下桌代表為地。而人在拜墊以誠敬的心跪拜在佛前，獻上清香素果，以禮敬明明上帝及諸天先佛，天、地、人三才完備，合稱為一條金線。「上桌中間的燈，稱為「申燈」：代表明明上帝、無極老申、真

〔註26〕見本論文，頁133。
〔註27〕見本論文，頁165。
〔註28〕明德編輯部編輯，《開設佛堂的意義》，新北：明德出版社，2014年，頁10。

理、大道，是「理天」的象徵。下中兩旁的燈，稱為「兩儀燈」，又稱為「日月燈」；代表陰陽兩儀，是「氣天」的象徵。」〔註29〕

「中燈兩旁所供奉一清一濁的茶水，及佛像前的茶水。燈左邊為上清供茶，右邊為下濁供茶。輕者，代表天，為乾；濁者，代表地，為坤。上清下濁兩杯，亦稱「陰陽水」，象徵一陰一陽之謂道，是言大道的初化體用。」〔註30〕所謂「氣清上升為天，氣濁下凝為地」，故上清下濁代表天地位列的呈現，也顯現天地剛柔相摩、生化萬物的內涵。

「中燈」後上方中央的牆上，一般供奉仙佛菩薩的「畫像」，或「明明上帝」的全名：「明明上帝、無量清虛、至尊至聖、三界十方、萬靈真宰」。這二十個字的稱號，實在是已經包含了整個宇宙的空間，並且無限量的向外繼續延伸。其中隱含著大道大開普渡，要渡盡天、地、人三曹的慈悲宏願。

由點燃「中燈」開始，「中燈」象徵著「先天乾卦」，就是《易經》〈天火‧同人卦〉義理。乾為天，離為火，天在上，而火性向上，兩者聲氣相通，於是形成「同人」卦。禮拜叩首完畢時，得將佛燈送熄，首先送「月燈」，再送「日燈」，最後送「燈」即是「萬殊歸一本」之意。這就是「一本散萬殊，萬殊皈一本」的修持之路。

「獻在下桌的供品。一般以五盤為一供，每供各奉不同水果或供品，象徵金木水火土之五行；就合理數言，五是陽數，為五行之中央戊己土，有『生生不息』之意。」〔註31〕五行相生，確定了事物發展的原動力和可能性；五行的相剋，成就了事物發展的控制力和協調性。

一般佛堂中，在下桌會放的八卦爐，八卦爐的爐外圍，會有「伏羲八卦」的圖像。因為一貫道強調的是所傳的道是先天大道，所開設的佛堂是先天佛堂，所以八卦爐會有「先天八卦」。八卦之間彼此錯綜，代表著萬物生生不息之理，皇極象也，無極生太極、生兩儀、生四象、生八卦，萬物因此綿綿不絕而生。所以，八卦爐在一貫道中的佛堂中，代表著一切萬物，均由老中化身出來，生生不息地承載無盡的妙用。

拜墊有三只、六只、九只，多至數十只、百只，有萬物衍生變化之意。在叩首的時候，除了意念清靜之外，心神必須集中且發菩提心，無人我對待之分

〔註29〕明德編輯部編輯，《開設佛堂的意義》，頁11。
〔註30〕明德編輯部編輯，《開設佛堂的意義》，頁12。
〔註31〕明德編輯部編輯，《開設佛堂的意義》，頁13～14。

別。此時掃除心中妄想，刪除不潔念頭。叩首時的形象就如胎兒一樣，此時懷著赤子之心，用心去體悟感受，此時與上天老中最為接近。

孔子在《繫辭上傳》第一章說：「乾道成男，坤道成女，乾知大始，坤作成物。乾以易知，坤以簡能。」易經的第一卦「乾卦」，全卦以「龍」為意象，剛健為德性；龍是古代神話中的一種聖獸，善於變化。乾卦六爻中的龍因為不同的時機而各有不同的形態，有如君子能因時而變，在不同的時機有不同的做為。而第二卦「坤卦」象地，效法並承順天道，廣博的大地，德厚無所不承載，象徵著包容、博愛及廣生。和乾德之剛健而時變比較起來，坤德為柔順而堅貞。故而，一貫道的道場中，稱男信眾為「乾道」，女信眾為「坤道」，目的就是希望在修持的路上，除了度化自己成就自己之外，還要將同修也提升到達成聖成賢的境地。

一貫道的請壇禮，將洛書及河圖之數隱含在其中，將周公大禮在請壇禮中表現出來，是天人合一的橋樑，也是敬天祭祖的無上禮儀。其中，更有三跪九叩大禮，符合「發揚先王聖德以及本著一顆赤誠之心，方能讚化鬼神」的精神，建中立極，運化陰陽，將天道寓於自然生活之中，達到天人合一的目的。

「玄關竅」是天地人間的大秘密，人類靈性的根源，一貫道中認為點破破玄關竅是會通天人的唯一法門。而且又說，玄關點開之後，靈魂在死後直升理天」得了這一指點，兩眼的瞳仁守著這中央戊己土。此時，二目守玄，肩膀一鬆，氣貫丹田，精神集中，靈性真人靜坐於蓮臺之上，心平氣和、靈氣相通、迴光返照。

而所傳的合同，當將子亥合同抱在胸懷時，彷彿就是將太極圖抱在胸懷。而陽氣始於子，陰氣之終於亥，陽中有陰，因中有陽，左右陰陽互相交流，由子到亥，由亥到子，循環不已。也代表著我們的手中有天地，子、丑、寅、卯、辰、巳、午、未、申、酉、戌、亥、二六時中涵養自己的本性、天性，在修持的路上，能脫出氣數之外，不受五行的束縛。

一貫道早、中、晚獻香中，每天獻給上天老中共獻香九柱，分別為五柱、三柱、一柱。此不離〈河圖〉一、三、五三數，為「天數」，象徵「自性佛」，純陽之生數。一貫道的獻香禮，目的是希望道親在獻香時，能夠體會「致中和」之理，能夠達到不偏不倚、無過無不及，將自己的道德修養提高到至高的境界。且要推己及人，通過實踐「致中和」之理，追求社會之平和，以使得現實與理想能夠達至融合且無縫接軌。

　　因此，不管是前賢的研究心得，或是一貫道中佛堂擺設及道中所用的禮節，在在都和《周易》的內容息息相關。故而筆者將有關於一貫道中的易經思想與觀念在本論文中提出來，目的就是要將一貫道師尊張天然的易學思想能夠完整的呈現。讓道中前賢及未來的道親，能夠得窺師尊的易學思想。其中或許有許多遺漏或是思考不周延之處，但是也算是在師尊的易學思想研究上，踏出自己的一小步。

　　本論文在研究成果方面，其一、系統的呈現王覺一及張天然的易學思想。其二、歸結出王覺一的《易》學思想的主要特色為「不易為理、變易為氣、交易為象，建構出理天、氣天、象天的道義基礎」〔註32〕。而張天然所繪的《一貫道脈圖解》八章中，將無極、太極、二儀、四象、陰陽五行變化及四象、八卦……等的《易》學內容，參考王覺一的思想加入自己的理解，在《一貫道脈圖解》八章中表現出來。所表現出的主要特色。林榮澤云：「無極一理，而生太極，太極生二儀，二儀生四象，陰陽五行變化，四象生八卦，八八相重而六十四，萬物生成化育盡在其中矣。」〔註33〕。其三、在研究兩位祖師的各種圖形時，會發現有參考歷來各《易》學大家所繪的圖形再加上自己的心得而有所變化。就像張天然的「八八圖」和明‧章潢的《圖書編》中的「六十四卦內方外圓圖」究有相同的外圈六十四卦及不同的圓內部的內容。其四、梳理出王覺一將前人之著作中所論述的「河圖」、「洛書」之說，以自己研究的心得將這些解釋清楚，讓後者得以了解《易》學中，數的來源及使用。而張天然將「河圖生」之五行相生及「洛書死」之五行相剋展現出太極陰陽二氣的順逆之不同運轉狀況，以其自己研究的心得，論述清楚。其五、整理出《白陽易經》與儀典中的《易》學觀，成為修持之參考。

第二節　研究展望

　　仙佛借竅附身於三才「批訓」就是一貫道修持當中重要的一環。其中在《一貫道疑問解答》中有云：「時至三期，浩劫將至。上帝不忍九二原子，同罹浩劫，於是普降一貫大道，挽救善良。……由仙佛之靈性，借人色身，神人合一。以木筆沙盤，垂示訓章，宣揚一貫真道，以期醒迷覺世，謂之飛鸞

〔註32〕見本論文，頁 31。
〔註33〕林榮澤，《師尊張天然傳》，臺北：一貫義理編輯苑，天書訓文研究中心，2010年，頁 168。

宣化。」〔註34〕《白陽易經》的全部內容，就是藉由「三才」的開沙儀式中，由三位仙佛，韓湘子大仙一次、南屏濟顛一次、孚佑帝君二次、濟公活佛三次、濟顛瘋僧十七次，總共二十四次臨壇批訓所完成的。其中訓文之奧妙及內容之深入，雖然有一貫道弟子做研究，但是仙佛的心意，能真正體會的信眾又有幾何？

從「白陽八卦」「中」字訓開始，〈洛書〉訓中訓、〈河圖〉訓中訓及卦序為乾、謙、渙、泰、歸妹、升、頤、剝、中孚、恆、夬、需、大有、大壯、小畜、大畜、履、明夷、否、隨、損、同人、復、師、賁、巽、坎、艮、噬嗑、益為上經三十卦；坤、兌、離、震、既濟、未濟、蒙、蠱、比、觀、咸、萃、解、遯、訟、姤、革、大過、困、臨、節、屯、豫、小過、豐、无妄、晉、旅、蹇、井、漸、鼎、睽、家人為下經三十四卦。這六十四卦，仙佛將卦序調整為如此的涵義，及陽爻六個字，陰爻四個字的意義及實質內涵，在在都是需要深入研究的一個課題。雖然已經有前賢對這些課題有所研究，但是仙佛的用心豈止是表面上所看到的表層意義？

民國19年（1930年）7月10日（夏曆六月十五日），在單縣的八卦爐會揭示「聖訓」中（扶鸞），弓長師尊與子系師母同奉老母命，開始三曹大開普渡（三曹為人、鬼、仙，亦即一貫道能渡人、渡鬼、渡仙），師尊師母同被尊為「道統」中的第十八代祖師。於是，弓長師尊與子系師母，共同為天道的普渡揭開序幕。這是多麼沉重又神聖的任務啊！故而仙佛的搭幫助道及三曹的普渡重任，豈止是表面上的文字意思就可以體會呢？

鄭志明云：「一貫道這種形上靈體與人相互溝通與交通的宗教經驗，其實是所有宗教最為核心的本質所在。」〔註35〕尤其在一貫道道場中，諸天仙佛所批的訓文，除了原本的訓文中有令人深思的佛理及含意之外，訓文中還有的「訓中訓，或訓中又訓的妙文」讓人在研究這些訓文之時，深深覺得諸天先佛佛法無邊及智慧的無極限。

就像在「白陽八卦」「中」字訓（圖4-1-1）中，本體訓文提到「熙隆運開天地人同光，跳出三界正等居上乘。」、「數到氣盡更使花草順，民共整理三曹大事情。」、「潔身了劫覺醒花雨夢，得一入聖關關做賢英。」、「孽海無期羔羊

〔註34〕南屏道濟，《一貫道疑問解答》，頁24。
〔註35〕鄭志明，《傳統宗教的文化詮釋——天地人鬼神五位一體》，臺北：文津出版社，2009年，頁41～42。

出迷關，上下悠遊不拘五行中。」將一貫道弟子修行的境界勾勒的清楚明白，從「跳出三界」、「整理三曹」、「得一入聖」、「不拘五行」、「正等居上乘」，一步一步往聖賢仙佛的境界提升，且要有同體大悲的精神普渡三曹，讓人、鬼、仙同露天恩師德，一起跳出五行返回無極理天。訓文中的所表露的含意深遠，而仙佛期待一貫道弟子們精進的佛心深露，這也是一貫道道場中，訓文的理解及修持是如此的重要。

其中的訓中訓，更是藉由先天八卦之轉九十度成為白陽八卦，將八卦的形狀在訓文中顯示出來，其中〈白陽八卦〉「中」字訓，訓中訓內容為：「實值午未交，三期末劫年，天開大普渡，慈航載皇原。分化關合盡，一元運乾坤，日月相對照，正氣貫自然。午盡未之初，白陽辦收圓，否極開泰來，剝極必復焉。娑婆化蓮邦，花花改淨園，人人佛心面，家家出聖賢。天下共一家，萬國一理纘，風調濟雨順，大同樂綿綿。」描述世界由午未交加末劫年，上天大開普度，眾一貫道弟子努力精進修道之後，齊心幫辦白陽道務，最後否極泰來，剝極而復，將娑婆世界化為蓮花邦，將蓮花佛國在人間實現，真正成為大同世界。

〈洛書〉訓中訓（圖4-1-2）中亦是如此，在本篇訓文中，提到「陽九陰六數原靈盡於中須臾不離道可見萬事空」所代表的就是天地之間的眾生原靈，就是一貫道所說的三曹普渡。而「洛書」訓中訓：「戴九，心經為般若法門精隨；履一，空；左三，戒定慧；右七，時時觀照正見成；二四為肩，二六時中觀照；六八為足，照見五蘊皆空度一切苦厄；五居中，色受想行識。」最終的目標，就是要修道人能夠在修持當中，顯發「般若智慧」，最後由此岸回彼岸。

〈河圖〉訓中（圖4-1-3）其中開宗明義便云：「明心見其性，開啟萬端智，達致事遂通，身心俱無損。可生正見聞，智並達萬法，少思慾念無，妄為心生疲。……隨其心自淨，即是佛土淨，佛性本無分，……惟君一悟行。」也就是說，修道人藉由去除妄想將萬緣放下，當下能夠頓脫妄想，實見本性，最後能夠證得自己的如來智慧德相，也就是明心見性之後，達到佛的完美境界。「河圖」訓中訓：「天一生水地六成之：生滅無常者為心；地二生火天七成之：恒常不變者其為性本；天三生木地八成之：心性道心是惡源形是罪藪；地四生金天九成之：多慾為苦少欲無為身心皆自在；天五生土地十成之：道可解諸苦卷之藏於密放之彌六合。」訓中訓文中提到「道可解諸苦卷之藏於密放之彌六合」一切都能夠順於天心的本質去行事，且能夠將各種惡緣幻想拋之九霄雲外，放下身心世界的捨施，達到照見五蘊皆空的智慧，則可以達到「少欲無為身心皆

自在」的清淨聖域。

〈河圖〉與〈洛書〉因為天地之數與陰陽的變化而分布陳列形成,而八卦之生成亦由陰陽之推衍而成。在〈河圖〉與〈洛書〉之間,必然可以互相推衍而進行聯繫。萬物的生成與發展,必經由陰陽之相交變化才能夠形成。一陰一陽之陰陽消長,順逆交錯,才是大自然生成之理,然後才能運其妙用而成變化。

由此可知,這樣的訓文的表現方式,就和《繫辭上傳》所云:「此所以成變化而行鬼神也。」讓人讚嘆文字安排之巧妙。這樣的顯化方式,是一貫道信眾所能相信及接受的方式之一。在借竅的時候,不會像乩童借竅時,身體一直抖動且說話沒有人聽清楚,只有宮廟人員能了解內容。一貫道之仙佛借竅,和平常人說話沒有兩樣,信眾們相信是師尊濟公活佛直接和徒兒們面對面的溝通,還有諸天仙佛藉由借竅來和信眾們直接慈勉,這樣的方式,是一貫道很獨特的方式。

以一貫道發一靈隱組為例,很大特色的是鼓勵求道者在開完三天法會之後,六條大愿讓道親自己決定勾選幾條,將自己開完法會熾熱的心,在發愿時表現出來,其中有一條就是開設佛堂。因為一貫道的道義認為,以前是君王有道,再來是過渡到師儒有道,到現今大道普傳,三曹普渡,道降火宅,使得在家修持成為天意與定數。所以將佛堂開設在一般的家庭當中,除了可以方便修道之外,更可以走入群眾,渡化眾生。故而《白陽易經》的最後一卦就是《家人》卦,正是仙佛藉由這樣的顯化方式,將白陽修士在家修道的家庭重要性,傳達給修道人知道,以家庭為單位,家家都成為「道化家庭」,再由家庭拓展到社會及國家世界,讓蓮花佛國在世上重現。

而在本論文中,受限於篇幅的關係,僅僅舉出孚佑帝君於民國 75 年歲次甲寅 1 月 4 日時在新豐關聖宮所批的〈乾〉及〈謙〉卦訓文及濟顛瘋僧於民國 76 年歲次丁卯 2 月 9 日,在新豐關聖宮所批的〈家人〉卦訓文來作探討,其中仙佛在批訓時,陽爻為每一爻辭為六個字,陰爻的爻辭為四個字。《白陽易經》的序文中提到:「如果說伏羲所開展的是『不易』,文王所闡述的是『變易』,那麼先師所推衍的便是『簡易』了。」〔註36〕將《周易》的精神及內涵,融會於所批的訓文當中,希望白陽修士們,能夠由師尊所推衍的「簡易」精神,了解〈白陽易經〉的真正精神,進而將這樣的精神,實現於平日的修行當中,以身宏道。

〔註36〕林榮澤編著,《白陽易經讀本》,頁 6。

　　白陽修士的修持方式及佛堂擺設都和《周易》息息相關，而自己都不知道
的道理，要怎麼推廣給未渡化的眾生呢？所以，為了不要成為《周易・繫辭上》
所說的：「百姓日用而不知，故君子之道鮮矣。」的白陽修士，故而，在未來
的展望中，研究者期望能將〈白陽易經〉當中所隱含的師尊及仙佛的禪理佛意
深入理解，再將六十四卦中，古聖先賢所研究的心得和《白陽易經》中的六十
四卦做完整的對照及整理，進而將心得及感想呈現給世人，讓仙佛及師尊的慈
悲佛心做最完整的研究，這是未來對《一貫道易學研究——以王覺一、張天
然、白陽易經及儀典為核心》論文的延續及展望。

參考文獻

一、古籍文獻

1. 漢・孔安國傳，孔穎達疏，《尚書正義》，收入李學勤主編：《十三經注疏整理本》，第 54 冊，臺北：臺灣古籍出版公司，2001 年。

2. 漢・劉向原著，王瑛、王天海譯注，《說苑》，臺北：臺灣古籍出版社，1996 年。

3. 東漢・班固撰，顏師古注，《漢書》，臺北：鼎文書局，1977 年。

4. 東漢・鄭玄注，《禮記鄭注》，臺北：新興書局，1967 年。

5. 東漢・魏伯陽，章偉文譯注，《周易參同契》，北京：中華書局，2014 年。

6. 東漢・鍾離權，《靈寶畢法》，收錄於《重刊道藏輯要》，二僊庵版刻，清光緒三十二年（1906）成都二僊庵住持閻永和、新津彭翰然重刻，井研賀龍驤校訂。

7. 唐・孔穎達等，《周易正義》，臺北：新文豐出版公司《十三經注疏》，2001 年。

8. 唐・孔穎達，《尚書正義》，北京：北京大學出版社，2000 年。

9. 唐・三藏法師玄奘譯，《房山石經》，《般若波羅蜜多心經》，661 年。

10. 唐・般剌蜜帝譯，《大佛頂如來密因修証了義諸菩薩萬行首楞嚴經》。

11. 唐・李鼎祚集解，清・李道平纂疏，《周易集解纂疏》，臺北：中華書局，2011 年。

12. 宋・邵雍，《皇極經世》，臺北：中國子學名著集成編印基金會，1978 年。

13. 宋・周敦頤，《周敦頤集》，梁紹輝點校，長沙：湖湘文庫出版社，2007 年。

14. 宋・周敦頤，《周子全書》，臺北：臺灣商務印書館，1978 年。

15. 宋・程頤，《易程傳》，臺南：贛巨出版社，2007 年。

16. 宋・朱震，《漢上易傳・卦圖》，臺北：臺灣商務印書館景印文淵閣四庫全書本第 11 冊，1986 年。

17. 宋・沈該，《易小傳》，臺北：臺灣商務印書館景印文淵閣四庫全書本第 10 冊，1983 年。

18. 宋・朱熹著，陳俊民校編，《朱子文集》第六冊，卷 58，臺北：德富文教基金會，1990 年。

19. 宋・朱熹著，《周易本義》，臺北：大安出版社，1997 年。

20. 宋・朱熹，《論語集注》，收入《朱子全書》第 6 冊，卷 6，臺北，中華書局，1983 年。

21. 宋・朱熹，《朱子文集》，本文採版本為陳俊民校編：臺北：德富文教基金會，2000 年，卷 58。

22. 宋・朱熹，《朱子全書・拾參》，上海：古籍出版社安徽教育出版社，2002 年。

23. 宋・朱熹著，黎靖德編，王星賢點校，《朱子語類》，北京：中華書局，1986 年。

24. 宋・佚名，《周易圖》採道藏本，臺北：新文豐出版公司正統道藏本第 4 冊卷上，1988 年再版。

25. 宋・朱熹，《點校四書章句集注》，北京：中華書局，2003 年。

26. 宋・黎靖德，《朱子語類》，北京：中華書局，1986 年。

27. 宋・楊輝，《楊輝算法》《續古齋奇算法》。

28. 宋・沙門慧嚴等依泥洹經加之，《大涅槃經》，中華電子佛典協會，2021 年。

29. 宋・張行成撰，《皇極經世》，杭州：浙江大學圖書館，2009 年。

30. 宋・佚名，《大易象數鈎深圖》，《景印文淵閣四庫全書》冊 25。

31. 明・朱棣，《金剛般若波羅蜜經集註》，臺北：文津出版社 1992 年。

32. 明・萬民英，《三命通會》，臺北：武陵出版，2019 年。

33. 明・黃宗羲著，沈善洪主編，吳光執行主編，《黃宗羲全集》，杭州：浙江古籍出版社，2005 年。

34. 明・黃宗羲，《宋元學案濂溪學案下》，臺北：世界書局，1973 年。

35. 清・黃宗羲撰，《易學象數論》，北京：中華書局，2010 年。

36. 清・王船山，《周易內傳》，《船山全書》，長沙：嶽麓書社，1998 年。

37. 清・陳夢雷所編輯，《欽定古今圖書集成》，1650～1741 年。

38. 清・劉一明，《修真後辨》，北京：中國中醫藥出版社（據常郡護國庵本，並以上海翼化堂本校勘補缺），1990 年。

39. 清・陳夢雷，《周易淺述》，北京：中央編譯出版社，2012 年。

40. 清・卿彬，《洛書洪範解》，《故宮珍本叢刊》，第 8 冊。

41. 清・王覺一著，林立仁編，《十五代祖北海老人全書》，新北：正一善書出版社，2002 年。

42. 清・黃景寅原著，賴貴三校釋，簡逸光主編，《黃敬易經初學義類附觀潮齋詩集校釋》，臺北：萬卷樓圖書股份有限公司，2021 年。

43. 清・小野玄妙等人負責編輯校勘，《大正藏》卷 48，1934 年。

44. 清・王覺一著，林立仁編，《十五代祖北海老人全書》，臺北：正一善書出版社，1994 年。

二、近人著作

1. 王利器，《文子疏義》，北京：中華書局，2000 年。

2. 王邦雄編，《中國哲學史》，臺北：國立空中大學出版社，2005 年。

3. 中華民國一貫道總會，《一貫道簡介》，臺南：靝巨書局，1988 年。

4. 中村璋八、安居香山輯，《緯書集成》，石家莊：人民出版社，1993 年。

5. 毛子水，《四書今註今譯》，臺北：臺灣商務書局，1995 年。

6. 白水老人，《祖師師尊師母略傳》，彰化：光明國學圖書館印行，2013 年。

7. 仙佛降鸞修訂，《一貫道疑問解答》，青島：德昌印刷局，1937 年。

8. 正一編輯室，《三寶道義補充教材》，新北：正一善書出版社，2010 年。

9. 朱伯崑主編，《國際易學研究》第 5 輯，北京：華夏出版社，1999 年。

10. 宇克承，《易經證釋精析妙解》，臺北：若意出版社，1994 年。

11. 汪學群，《清初易學》，北京：商務印書館，2004 年。

12. 宋光宇著，《天道鉤沈》，臺北：元祐出版社，1985 年。

13. 李一匡，《易經解譯》，臺北：維新書局，1997 年。

14. 吳秋文主講，《易經心傳與天道》，臺南：靝巨出版社，1985 年。

15. 吳秋文，《易讀論語》，北京：中國紡織出版社，2015 年。

16. 孚佑帝君,《中庸淺言新註》,於西京乾元堂扶鸞著書,1947 年。

17. 李易儒,《易經之道》,臺北:藍燈文化事業股份有限公司,2002 年。

18. 林榮澤,《師尊張天然傳》,臺北:一貫義理編輯苑,天書訓文研究中心,2010 年。

19. 林榮澤主編,《早期傳道語錄——師尊及弟子法語集》,新北:一貫道義理編輯苑,2019 年。

20. 林榮澤,《一貫道學研究》,新北:一貫義理編輯苑,2013 年。

21. 林榮澤編著,《白陽易經讀本》,新北:一貫道學研究院文獻館,2017 年。

22. 林榮澤講述,書苑編輯室整理,《白陽易經講解本》,臺北:仁風文創書苑印行,2018 年。

23. 林榮澤編著,《白話白陽易經上經》,新北:一貫義理編輯苑,2018 年。

24. 林立仁整編,〈理數合解〉,收錄於《北海老人全書》,臺北:正一善書出版,1994。

25. 林立仁編,《達摩寶傳》,臺北:正一善書,2012 年。

26. 林安梧,《道的錯置:中國政治思想的根本困結》,臺北:台灣學生書局,2003 年。

27. 明德編輯部編輯,《開設佛堂的意義》,臺北:明德出版社,2014 年。

28. 明德出版社出版,《彌勒救苦真經》,臺北:明德出版社,2013 年。

29. 《皇母訓子十誡》,新竹:崇華堂,1941 年。

30. 陳來(1952~),《有無之境——王陽明哲學精神・心學傳統人的神祕主義問題》,北京:人民出版社,1991 年。

31. 修行前賢,《認理歸真》,臺北:靈隱寺重印本,1992 年。

32. 洪頤煊撰集,《經典集林》,臺北:藝文印書館,1968 年。

33. 唐華,《中國易經全書》,臺北:正一善書出版社,1993 年。

34. 唐明邦,《邵雍評傳》,南京:南京大學出版社,2001 年。

35. 徐芹庭,《易經深入》,桃園:普賢出版社,1991 年。

36. 唐君毅,《人文精神之重建》,桂林:廣西師範大學出版社,2005 年。

37. 張天然,《暫定佛規》,濟南:崇華堂,1939 年。

38. 張天然,《暫定佛規》,新北:三峽靈隱寺重印,1991 年。

39. 張天然,《一貫道脈圖解》,天津:崇華堂,1937 年。

40. 張立文,《中國哲學範疇發展史(天道)》,臺北:五南書局,1996 年。

41. 張崇俊，《易經皇極經世辨釋》，臺北：上英印刷股份有限公司，1993 年。

42. 陳建良編輯，《無生老‧五書彙集》，臺北：正一善書，2012 年。

43. 陸仲偉，《中國祕密社會》（第五卷），福州：福建人民出版社，2002 年。

44. 許紹龍，《易經的奧秘》，新北：大臺北出版社，1985 年。

45. 陳炳元，《易鑰》，臺南：博元出版社，1992 年。

46. 黃壽祺、張善文，《周易譯註》，上海：上海古籍出版社，1990 年。

47. 崔寶豐整理，《易經證釋》，臺南：贛巨出版社，1993 年。

48. 馮友蘭，《中國哲學史新編》第 1 冊，北京：人民出版社，1992 年。

49. 傅佩榮，《傅佩榮談《易經》》，臺北：天下文化，2011 年。

50. 慈無量編著，《三寶道義》，臺中市：三德書局，1993 年。

51. 詹長順，《中庸心法通論》，高雄：合信印經，1998 年。

52. 寧伊人、常醉山人合著，《一貫道脈圖解心性釋義》，臺北：游經祥，2012 年。

53. 寧伊人、常醉山人合著，《周易六十四卦心性釋義》，臺北：游經祥，2015 年。

54. 寧伊人、常醉山人合著，《周易四傳集註心性釋義》，臺北縣：游經祥，2010 年。

55. 蔣國聖編，《一貫道紀念專輯》，臺中：國聖出版社，1989 年。

56. 劉文典撰，馮逸、喬華點校，《淮南鴻烈集解》，北京：中華書局，1989 年。

57. 鄭吉雄，《易圖象與易詮釋》，上海：華東師範大學出版社，2008 年。

58. 蔡保田，《教育研究方法論》，臺北：師大書苑有限公司，1989 年。

59. 劉笑敢，《老子古今》，北京：中國社會科學出版社，2016 年。

60. 韓雨霖，《白水老人道義輯要》，南投：埔里天元佛院，1996 年。

61. 鍾雲鶯，《王覺一生平及其《理數合解》理天之研究》，臺北：花木蘭出版社，2011 年。

62. 蕭冬然，《易傳新解》，臺北：正一善書出版社，1993 年。

63. Altrichter，Posch&Somekh 著，夏林清等譯，《行動研究方法導論——教師動手做研究》，臺北：遠流出版事業股份有限公司，1997 年。

64. Geoffrey E.Mills 著，蔡美華譯，《行動研究法——教師研究者的指引》，臺北：學富文化事業有限公司，2008 年。

65. 《中華易學大辭典》編輯委員會編，《中華易學大辭典》，上海：上海古籍
出版社，2008 年。

三、期刊論文

1. 李京源，〈韓國一貫道發展概述〉，《華人宗教研究》第 4 期（2014 年 12
月，頁 147～166。

2. 李皇穎，〈《易經證釋》之義理探討：以乾、坤二卦所揭示的宇宙論〉，《一
貫道研究》第 5 期（2016 年 9 月），頁 173～188。

3. 李皇穎，〈論《易》道與《易》教：以救世新教《易經證釋》乾卦為例〉，
《一貫道研究》第 4 期（2015 年 8 月），頁 192～211。

4. 李皇穎，〈北海老人《三易探原》義理探頤——以宇宙論為探討核心〉，
《一貫道研究》第 6 期（2017 年 8 月），頁 194～211。

5. 李興華，〈北海老人《理數合解》之「無極理天」析論〉，《一貫道研究》
第 8 期（2019 年 10 月），頁 44～66。

6. 李皇穎，〈《一貫道脈圖解》義理探析——以「太極炁天圖」為探討範圍〉，
南投：一貫道崇德學院，《中華道統文化的傳承與創新學術研討會，第九
屆國際學術研討會論文集》（2018 年 12 月 15 日），頁 C2-1-C-26。

7. 李皇穎，〈北海老人《三易探原》義理探頤——以宇宙論為探討核心〉，
《一貫道研究》第 6 期（2017 年 8 月），頁 194～211。

8. 沈曄瀅，〈坤道應運：一貫道的女性觀〉，《華人宗教研究》第 7 期（2016
年 6 月），頁 175～198。

9. 林榮澤，〈一貫道聖訓之研究：以《白陽易經》為例〉，一貫道崇德學院：
《中華道統文化的傳承與創新，第八屆國際學術研討會論文集》（2017 年
12 月 16～17 日），頁 53～77。

10. 林益勝，〈周易乾卦原始本義試探〉，《空大人文學報》第三期，2003 年，
頁 65～84。

11. 康全誠、張忠智，〈論李光地釋《易》的方法〉，《應用倫理教學與研究學
刊》第七卷第一期，2012 年，頁 1～14。

12. 陳丁立，〈「白陽三聖」的時代使命——大陸時期（1919～1948）皇母聖訓
研究〉，《一貫道研究》第 3 期（2014 年 6 月），頁 161～197。

13. 陳永革，〈心識與種性：論唐代法藏華嚴教義闡釋與玄奘唯識學之交涉〉，

《玄奘佛學研究》第十九期，2013 年，頁 1～24。

14. 游經順，〈《白陽易經》編輯詮釋問題與論要〉，南投：一貫道崇德學院，《中華道統文化的傳承與創新學術研討會，第九屆國際術研討會論文集》（2018 年 12 月 15 日），頁 C1-1～C1-40。

15. 鍾雲鶯，〈論一貫道《學庸淺言新註》的注疏意義〉，《臺灣東亞文明研究學刊》第 3 卷第 1 期（2006 年 6 月），頁 163～187。

16. 許淑華，〈從〈禮記〉、〈禮運〉、〈禮器〉、〈郊特牲〉探討先秦儒家制禮的原理〉，《興大中文研究生論文集》第三輯頁，頁 13～35。

17. 鄭志明，〈一貫道的社會福利事業〉，《一貫道研究》第 1 期（2011 年 11 月），頁 65～93。

18. 謝居憲，〈一貫道玄關修持管窺〉，《一貫道研究》第 3 期（2014 年 6 月），頁 65～88。

19. 鍾雲鶯，〈一貫道《道統寶鑑》的道統觀與王覺一的宗教改革〉，《台灣宗教研究》，第 15 卷第 2 期（2016 年 12 月），頁 123～156。

四、學位論文

1. 沈春木，《生命美學研究》國立彰化師範大學國文學系博士論文，2017 年。

2. 林榮澤，《臺灣民間宗教之研究：一貫道「發一靈隱」的個案分析》，國立臺灣大學三民主義研究所碩士論文，1991 年。

3. 林浴沂，《一貫道天命道統傳承的研究》，佛光人文社會學院宗教學研究所碩士論文，2004 年。

4. 周甘逢，《周易教育思想研究》，國立高雄師範大學教育學系研究所博士論文，1995 年。

5. 陳秋林，《淺談一貫道獻香禮節的修持觀》，一貫道天皇學院一貫道學研究所碩士論文，2020 年。

6. 黃學日，《一貫道「十六字心法」義諦之研究》，一貫道崇德學院一貫道研究所碩士論文，2020 年。

7. 楊雁智，《探析一貫道《白陽聖訓——大學》之「大學之道」》，一貫道崇德學院一貫道研究所碩士論文，2018 年。

8. 鄭展志，《一貫道的生死觀——以張天然時期（1930～1947）為主要的探討》，輔仁大學宗教學系研究所碩士論文，2012 年。

9. 蔡中駿，《一貫道禮儀實踐研究——以發一崇德組為例》，玄奘人文社會學院宗教學研究所碩士論文，1999 年。

10. 樊儀蓮，《《一貫道疑問解答》的修行觀》，一貫道天皇學院一貫道學研究所碩士論文，2021 年。

11. 鍾國偉，《從《周易》憂患九卦論君子成立之道》，東海大學哲學研究所碩士論文，2016 年。

五、網路資料

1. key666（jhyshyan）：〈何謂白陽八卦〉
   檢索網址：https://blog.xuite.net/key666/twblog/156575998
   檢索日期：2019 年 12 月 25 日。

2. 陳孟軒，〈幻方：神秘的數字方陣〉
   檢索網址：https://sites.google.com/site/chen3398123/home/ke-zhan/wubiaoti
   dewenzhang-1?overridemobile=true
   檢索日期：2022 年 6 月 7 號。

3. 網路文章：〈何謂白陽八卦〉
   檢索網址：https://h9q92000.pixnet.net/blog/post/226567775
   檢索日期：2022 年 6 月 21 日。

4. 網路文章：〈明心見性〉
   檢索網址：https://sites.google.com/site/jingtufamenjung/17-sheng-yan-fa-shi/
   ming-xin-jian-xing
   檢索日期：2022 年 7 月 11 日。

5. 網路文章：〈《周易正義-謙》：六五：不富以其鄰，利用侵伐，無不利〉
   檢索網址：https://kknews.cc/news/2eeyz5g.html
   檢索日期：2022 年 7 月 14 日。

附錄一：《白陽易經》內容綜整表

內　容	批示仙佛	農　曆	國　曆	節　氣	佛　堂
白陽八卦	韓湘子大仙	67.12.03	1979.01.01	冬至～小寒	三峽靈隱寺
洛書	南屏濟顛	74.11.11	1985.12.22	冬至當天	土城宣德佛堂
河圖	濟顛瘋僧	74.11.21	1986.01.01	冬至～小寒	新豐關聖宮
正乾己謙	孚佑帝君	75.01.04	1986.02012	立春～雨水	新豐關聖宮
成渙仁心	孚佑帝君	75.01.22	1986.03.02	雨水～驚蟄	土城宣德佛堂
泰歸妹升	濟顛瘋僧	75.04.24	1986.06.01	小滿～芒種	中壢信德佛堂
頤剝中孚	濟顛瘋僧	75.05.09	1986.06.15	芒種～夏至	土城宣德佛堂
恒夬需大有大壯	濟公活佛	75.05.16	1986.06.22	夏至當天	台中廣妙佛堂
小畜大畜履	濟顛瘋僧	75.05.22	1986.06.28	夏至～小暑	高學至德佛堂
明夷否隨損同人	濟顛瘋僧	75.06.05	1986.07.11	小暑	新豐關聖宮
復師賁	濟顛瘋僧	75.06.20	1986.07.26	大暑後三天	臺南宣禮佛堂
巽坎艮	濟顛瘋僧	75.07.19	1986.08.24	處暑第二天	基隆彝德佛堂
噬嗑益	濟顛瘋僧	75.08.11	1986.09.14	白露～秋分	花蓮崇德佛堂
坤兌	濟公活佛	75.08.24	1986.09.27	秋分第四天	新豐關聖宮
離震	濟顛瘋僧	75.10.01	1986.11.02	霜降～立冬	土城宣德佛堂
既濟未濟蒙	濟顛瘋僧	75.10.11	1986.11.12	立冬～小雪	新豐關聖宮
蠱比觀	濟顛瘋僧	75.10.15	1986.11.16	立冬～小雪	臺南宣禮佛堂
咸萃解	濟顛瘋僧	75.11.13	1986.12.14	大雪～立至	臺中廣妙佛堂
遯訟姤	濟顛瘋僧	75.11.24	1986.12.25	冬至後三天	高學至德佛堂

革大過困	濟顛瘋僧	75.12.02	1987.01.01	立冬～小寒	新豐關聖宮
臨節屯	濟公活佛	76.01.04	1987.02.01	大寒～立春 （前3天）	土城宣德佛堂
豫小過豐无妄晉旅	濟顛瘋僧	76.02.16	1987.03.15	驚蟄～春分	臺南宣禮佛堂
蹇井漸	濟顛瘋僧	76.02.23	1987.03.22	春分～清明	臺南仁德佛堂
鼎暌家人	濟顛瘋僧	76.02.29	1987.03.28	春分～清明	新豐關聖宮

附錄二：張天然事蹟年譜

西　元	年　歲	重要事記	備　註
1889	1	生於山東省濟寧城外南鄉雙留店的小康之家。	
1894	6	開始上家鄉的私塾。	甲午戰爭
1907	19	閱讀完儒學四書五經及朱子、陸子、王陽明之理學。尤其喜好王覺一祖師之道學、堯舜之心法及道佛之玄理等。	
1910	22	到南京與上海一帶，投入江房兵營，擔任過清朝時的低階軍官。	
1911	23	父親過世	
1912	24	元配朱氏過世	
1913	25	與劉氏結婚	
1914	26	日軍攻佔青島，飽受戰火	第一次世界大戰
1915	27	褚老師渡化，正式求道	
1918	30	渡化 64 人，老申慈悲，恩准超渡亡父，且由師尊開始，渡 64 人就可以超拔父母	
1919	31	為方便渡人，舉家遷到濟寧市，樓下開店，樓上開設佛堂	
1920	32	褚老師歸空，跟著路祖中一修辦道，成為代表師，跟隨路祖四方傳道	
1930	43	和孫氏同領天命「崇華堂」作為展開道物的中樞	中原大戰

1937	50	頒定《一貫道疑問解答》	
1939	52	開辦了為期35天的「順天大會」，又稱為「爐會」，奠定開荒闡道的人才基礎	仙佛到處搭幫助道，顯化很多
1930～1939	43～52	將道傳遍華北、華中、東北、西南各地	列強及日本侵略
1940	53	師尊說：這是末後辦收圓的時候	抗日戰爭轉趨激烈，大道傳播更快速
1941	54	耶穌訓文：弓長月慧代天辦理末殘	
1942	55	穆罕默德訓文：東魯弓長承天命	
1945	58	派陳文祥前人開荒台灣，為台灣開荒第一人	抗戰勝利
1947/8/15	60	公圓果滿回天交旨，師尊殯天	
1946～1947	59～60	各組線陸續到台灣開荒